《金融市场基础知识》机考题库·真题

一、选择题(共50题，每题1分，共50分)以下备选项中只有1项符合题目要求，不选、错选均不得分。

1. 封闭式基金的期限是指基金的(　　)。
   A. 清算期限　　B. 存续期限　　C. 发行期限　　D. 赎回期限
2. (　　)是指报价方就某一券种同时报出买入和卖出价格及数量的报价。
   A. 双向报价　　B. 对话报价　　C. 双边报价　　D. 单边报价
3. 合格境外投资者委托(　　)个以上托管人的，应指定1个主报告人，负责代其统一办理资格申请、重大事项报告、主体信息登记等事项。
   A. 1　　B. 3　　C. 2　　D. 5
4. 证券公司为期货公司提供中间介绍业务(IB业务)时，可以提供的服务是(　　)。
   A. 期货交易的结算和风险控制　　B. 协助办理开户手续
   C. 期货交易的代理　　D. 办理期货保证金业务
5. 开立证券账户应坚持(　　)原则。
   A. 合法性和同一性　　B. 合法性和真实性
   C. 同一性和真实性　　D. 合法性和有效性
6. 股指期货竞价交易中采用最大成交量原则确定成交价格的制度是(　　)。
   A. 连续竞价　　B. 集合竞价　　C. 拍卖竞价　　D. 委托竞价
7. 社会公众股是指社会公众依法以其拥有的财产投入公司时形成的(　　)股份。
   A. 可上市流通　　B. 限制流通　　C. 可在柜台交易　　D. 分散持有
8. 公司债券的利率比相同期限政府债券的利率高，这是对(　　)的补偿。
   A. 通货膨胀风险　　B. 利率风险　　C. 政策风险　　D. 信用风险
9. 在中央银行的业务中，货币发行属于中央银行资产负债表的(　　)。
   A. 资产业务　　B. 不属于资产负债表业务
   C. 表外业务　　D. 负债业务
10. 目前我国A股交易印花税按(　　)税率收取。
    A. 成交金额的0.2%　　B. 成交金额的0.4%
    C. 成交金额的0.1%　　D. 成交金额的0.3%
11. 在我国，H股、N股、S股等为(　　)的简称。
    A. 境内上市外资股　　B. 境外上市外资股
    C. 红筹股　　D. 社会公众股
12. 目前最为流行的结构化金融衍生产品主要是由(　　)开发的各类结构化理财产品以及在交易所市场上市交易的各类结构化票据，它们通常与某种金融价格相联系，其投资收益随该价格的变化而变化。
    A. 中央银行　　B. 商业银行　　C. 保险公司　　D. 证券交易所
13. 下列不属于独立衍生工具的是(　　)。

A. 期权合约　　B. 期货合约
C. 可转换公司债券　　D. 互换交易合约

14. 1602年成立的世界上第一个证券交易所是(　　)。
A. 伦敦证券交易所　　B. 阿姆斯特丹证券交易所
C. 纽约证券交易所　　D. 费城证券交易所

15. 当前我国商业银行的主要业务不包括(　　)。
A. 表外业务　　B. 资产业务　　C. 负债业务　　D. 证券经纪业务

16. 损失和风险二者的关系是(　　)。
A. 风险是确定性的，损失是不确定性的
B. 损失和风险是两个没有任何联系的概念
C. 风险是事前概念，损失是事后概念
D. 风险和损失是等同的

17. 不同发行人发行的相同期限和票面利率的债券，其市场价格会不同，从而计算出的债券收益率也不一样。反映在收益率上的这种区别，被称为(　　)。
A. 利率的期限结构　　B. 利率的结构期限
C. 利率的风险结构　　D. 利率的结构风险

18. 下列关于证券的说法，不正确的是(　　)。
A. 我国发行的各类中长期债券通常每年付息一次，欧美国家则习惯半年付息一次
B. 每期利息等于票面利率乘以付息间隔和债券面值
C. 一般来说，凡是有利于持有人的条款都会相应降低债券价值
D. 政府债券比可比的公司债和资产证券化债券价值大是源于税收优惠

19. 我国的基金管理费是按照前一日基金资产净值的一定比例逐日计算，(　　)支付。
A. 逐日　　B. 按季　　C. 每周　　D. 按月

20. 上海证券交易所在《上海证券交易所科创板企业上市推荐指引》中指出，根据科创板定位，保荐机构优先推荐的高端装备领域中的企业不包括从事(　　)的科技创新企业。
A. 先进轨道交通　　B. 大型风电　　C. 智能制造　　D. 航空航天

21. 根据《中华人民共和国证券投资基金法》的规定，基金托管人通常由依法设立并取得基金托管资格的(　　)及其他金融机构担任。
A. 商业银行　　B. 基金管理公司　　C. 证券登记公司　　D. 证券交易所

22. 证券公司发行公司债券，发行人的董事、监事、高级管理人员及持股比例超过(　　)的股东，可以视同专业投资者参与发行人相关公司债券的认购、交易与转让。
A. 5%　　B. 10%　　C. 8%　　D. 6%

23. 股份有限公司溢价发行股票时，所募集的资金中等于面值的部分记入资本账户，超过股票票面金额的发行价格发行股份所得的溢价款列为公司的(　　)。
A. 应付款项　　B. 资本公积金　　C. 实收资本　　D. 留存收益

24. 我国创业板在深圳证券交易所开市的时间为(　　)年10月。
A. 2009　　B. 2011　　C. 2012　　D. 2010

25. 选举和罢免会员理事属于我国证券交易所(　　)的职权。
A. 专门委员会　　B. 理事会　　C. 监察委员会　　D. 会员大会

26. 信用风险最低的债券是(　　)。

A. 长期金融债券　B. 短期公司债券　C. 国库券　D. 短期金融债券

27. 在金融期货的主要交易制度中，能使套期保值者用少量资金为价值量很大的现货找到回避价格风险的手段的是(　　)。

A. 保证金制度　B. 集中交易制度　C. 断路器规则　D. 限仓制度

28. 政府发行证券的品种一般仅限于(　　)。

A. 股票　B. 优先股　C. 债券　D. 优先股和债券

29. 主板上市公司非公开发行股票，其发行价格应不低于定价基准日前(　　)个交易日公司股票均价的(　　)。

A. 20；80%　B. 10；90%　C. 20；90%　D. 10；80%

30. 全国首家获准扩大经营范围的外资保险经纪机构是(　　)。

A. 韦莱保险经纪公司　B. 香港友邦保险公司

C. 香港富卫人寿保险公司　D. 安联(中国)保险控股有限公司

31. 下列属于直接融资方式的是(　　)。

A. 银行贷款　B. 抵押贷款　C. 发行债券　D. 银团贷款

32. 不动产抵押公司债券属于(　　)。

A. 抵押债券　B. 信用债券　C. 质押债券　D. 担保债券

33. 下列关于拟募集基金应当具备的条件的说法中，错误的是(　　)。

A. 基金品种符合中国证监会的相关规定

B. 有明确、合法的投资方向

C. 对基金名称是否表明基金的类别和投资特征不作要求

D. 运作方式明确

34. 在我国，个人投资者作为证券市场最广泛的投资者，是指从事证券投资的(　　)。

A. 法人　B. 社会自然人　C. 专业人士　D. 组织

35. 中国银行保险监督管理委员会成立时间为(　　)。

A. 2015 年　B. 2016 年　C. 2017 年　D. 2018 年

36. 关于期权的说法，错误的是(　　)。

A. 预计价格下跌的投机者可以卖出看涨期权

B. 预计价格上涨的投机者可以卖出看跌期权

C. 买入看跌期权的损失是无限的

D. 价格发现功能指在一个公开、公平、高效、竞争的市场中，通过集中竞价形成期权价格的功能

37. 货币政策是(　　)利用其掌握的利率、汇率、借贷、货币发行、外汇管理及金融法规等工具，采用的各种控制和调节货币供给量或信贷规模的方针、政策和措施的总称。

A. 商业银行　B. 财政部　C. 中央政府　D. 中央银行

38. 上市交易的证券，有证券交易所规定的终止上市情形的，由(　　)按照业务规则终止其上市交易。

A. 证监会　B. 证监会派出机构

C. 证券业协会　D. 证券交易所

39. 下列关于证券交易竞价原则的说法中，错误的是(　　)。
A. 较低价格买入申报优先于较高价格买入申报
B. 不同价位申报，价格较高的买入申报优先价格较低的买入申报
C. 买卖方向、价格相同的，先申报者优先于后申报者
D. 不同价位申报，价格较低的卖出申报优先于价格较高的卖出申报

40. 不能发行金融债券的主体是(　　)。
A. 中国人民银行　B. 国有商业银行　C. 政策性银行　D. 证券公司

41. 在转融通业务中，向证券金融公司借入资金和证券的是(　　)。
A. 证券交易所　B. 证券登记结算公司
C. 证券公司　D. 证券市场投资者

42. 上海证券交易所和深圳证券交易所分别于(　　)正式营业。
A. 1991 年 7 月和 1992 年 10 月　B. 1991 年 7 月和 1990 年 12 月
C. 1992 年 10 月和 1991 年 7 月　D. 1990 年 12 月和 1991 年 7 月

43. 发行金融债券没有强制担保要求的机构是(　　)。
A. 消费金融公司　B. 财务公司　C. 金融租赁公司　D. 商业银行

44. 一般情况下，未被对冲或未加保护的风险被称为(　　)。
A. 风险源　B. 风险损失　C. 风险敞口　D. 风险事件

45. 以科学的投资组合降低风险是证券投资基金的(　　)特点。
A. 风险转嫁　B. 风险转移　C. 集合投资　D. 分散风险

46. 银行间债券市场参与者不包括(　　)。
A. 地方政府　B. 商业银行　C. 证券公司　D. 保险公司

47. (　　)年以上的债券为长期债券。
A. 7　B. 8　C. 9　D. 10

48. 目前，财政部以承购包销方式发行的债券是(　　)。
A. 记账式国债　B. 金融债券
C. 储蓄国债(凭证式)　D. 市政债

49. 按照《中华人民共和国证券法》的规定，证券公司可以通过从事(　　)和证券资产管理业务，以自己的名义或代其客户进行证券投资。
A. 吸收存款业务　B. 发行债券业务　C. 证券自营业务　D. 发放贷款业务

50. 下列不是我国普通国债发展趋势特征的是(　　)。
A. 发行规模越来越大　B. 债券期限越来越多样化
C. 发行方式越来越趋于市场化　D. 发行品种越来越丰富

二、组合型选择题(共 50 题，每题 1 分，共 50 分)以下备选项中只有 1 项最符合题目要求，不选、错选均不得分。

1. 根据《中华人民共和国保险法》，保险公司资金运用范围包括(　　)。
Ⅰ. 股票　Ⅱ. 债券　Ⅲ. 基金　Ⅳ. 不动产
A. Ⅲ、Ⅳ　B. Ⅰ、Ⅱ　C. Ⅰ、Ⅱ、Ⅲ　D. Ⅰ、Ⅱ、Ⅲ、Ⅳ

2. 中小非金融企业集合票据在注册之后发行之前，信用级别发生降级，下列表述符合法律规定的有(　　)。

Ⅰ. 集合票据发行注册自动失效　　Ⅱ. 集合票据发行注册继续有效
Ⅲ. 发行人应自行公告　　Ⅳ. 应由交易商协会对此事项作出公告
A. Ⅱ、Ⅲ、Ⅳ　　B. Ⅱ、Ⅲ　　C. Ⅰ、Ⅳ　　D. Ⅰ、Ⅱ、Ⅲ、Ⅳ

3. 基金募集申请需要提交的主要文件包括(　　)。
Ⅰ. 申请募集基金的申请报告　　Ⅱ. 基金合同草案
Ⅲ. 招募说明书　　Ⅳ. 法律意见书
A. Ⅰ、Ⅱ、Ⅲ　　B. Ⅰ、Ⅱ、Ⅳ　　C. Ⅱ、Ⅲ、Ⅳ　　D. Ⅰ、Ⅱ、Ⅲ、Ⅳ

4. 下列可以有效降低风险的策略为(　　)。
Ⅰ. 风险分散　　Ⅱ. 风险对冲　　Ⅲ. 风险转移　　Ⅳ. 风险补偿
A. Ⅰ、Ⅱ、Ⅲ　　B. Ⅰ、Ⅲ、Ⅳ　　C. Ⅱ、Ⅳ　　D. Ⅰ、Ⅱ、Ⅲ、Ⅳ

5. 下列选项中，属于投服中心主要业务的是(　　)。
Ⅰ. 持股行权　　Ⅱ. 投资者教育　　Ⅲ. 调解纠纷　　Ⅳ. 维权服务
A. Ⅰ、Ⅱ、Ⅲ　　B. Ⅱ、Ⅲ、Ⅳ　　C. Ⅰ、Ⅲ、Ⅳ　　D. Ⅰ、Ⅱ、Ⅲ、Ⅳ

6. 量化分析法的主要约束有(　　)。
Ⅰ. 对使用者的定量分析技术有较高要求
Ⅱ. 对基本面数据的真实完整性具有较强依赖
Ⅲ. 所采用的各种数理模型本身存在模型风险
Ⅳ. 对交易系统的速度和市场数据的精确度有较高要求
A. Ⅰ、Ⅱ、Ⅲ　　B. Ⅱ、Ⅲ、Ⅳ　　C. Ⅲ、Ⅳ　　D. Ⅰ、Ⅲ、Ⅳ

7. 金融市场的功能主要包括(　　)。
Ⅰ. 降低搜寻成本和信息成本　　Ⅱ. 价格发现
Ⅲ. 风险管理　　Ⅳ. 宏观调控
A. Ⅱ、Ⅳ　　B. Ⅰ、Ⅱ、Ⅲ、Ⅳ
C. Ⅰ、Ⅱ、Ⅲ　　D. Ⅰ、Ⅲ、Ⅳ

8. 互换可以分为(　　)。
Ⅰ. 货币互换　　Ⅱ. 利率互换　　Ⅲ. 股权类互换　　Ⅳ. 信用违约互换
A. Ⅰ、Ⅱ、Ⅲ、Ⅳ　　B. Ⅰ、Ⅱ、Ⅲ
C. Ⅰ、Ⅲ、Ⅳ　　D. Ⅱ、Ⅲ、Ⅳ

9. 一般情况下，在证券公司柜台市场，证券公司可以采取(　　)等方式发行、销售与转让私募产品。
Ⅰ. 协议　　Ⅱ. 做市　　Ⅲ. 拍卖竞价　　Ⅳ. 集中竞价
A. Ⅰ、Ⅱ、Ⅳ　　B. Ⅱ、Ⅲ、Ⅳ　　C. Ⅰ、Ⅲ、Ⅳ　　D. Ⅰ、Ⅱ、Ⅲ

10. 开放式基金合同生效的条件有(　　)。
Ⅰ. 基金募集期限届满，基金募集份额总额不少于 2 亿份
Ⅱ. 基金份额持有人的人数不少于 100 人
Ⅲ. 基金募集期限届满，基金募集金额不少于 2 亿元人民币
Ⅳ. 验资后，基金托管人向中国证监会提交验资报告，办理基金备案手续
A. Ⅱ、Ⅲ、Ⅳ　　B. Ⅰ、Ⅱ、Ⅳ　　C. Ⅱ、Ⅲ　　D. Ⅰ、Ⅲ

11. 普通股票股东行使资产收益权有一定的限制，除了法律方面的限制，还有其他方面的限

制包括(　　)。

Ⅰ. 公司对现金的需要　　Ⅱ. 股东所处的地位

Ⅲ. 公司的经营环境　　Ⅳ. 公司进入资本市场获得资金的能力

A. Ⅰ、Ⅱ、Ⅲ、Ⅳ　　B. Ⅰ、Ⅲ、Ⅳ

C. Ⅱ、Ⅲ　　D. Ⅰ、Ⅳ

12. 美国全美期货业协会要求，对于(　　)等，期货经纪商除了要求客户签署风险揭示书外，还要再签署一份附加风险揭示书。

Ⅰ. 已退休人士　　Ⅱ. 年收入低于2.5万美元者

Ⅲ. 净资产低于2.5万美元者　　Ⅳ. 无期货期权投资经验者

A. Ⅰ、Ⅱ、Ⅲ　　B. Ⅰ、Ⅲ、Ⅳ　　C. Ⅲ、Ⅳ　　D. Ⅰ、Ⅱ、Ⅲ、Ⅳ

13. 下列关于混合资本债券特征的说法中，正确的有(　　)。

Ⅰ. 是商业银行为补充附属资本发行的

Ⅱ. 清偿顺序位于股权资本之前但列在一般债务和次级债务之后

Ⅲ. 期限在15年以上

Ⅳ. 发行之日起10年内不可赎回

A. Ⅰ、Ⅱ、Ⅲ、Ⅳ　　B. Ⅰ、Ⅱ、Ⅲ

C. Ⅱ、Ⅲ、Ⅳ　　D. Ⅰ、Ⅳ

14. 下列说法中，错误的有(　　)。

Ⅰ. 有些证券化交易中，采用超额抵押等方法进行内部增级

Ⅱ. 选择特定目的机构或受托人时，通常要求满足破产隔离条件

Ⅲ. 资产证券化交易中，承销人接受发起人转让的资产，并以该资产为基础发行证券化产品

Ⅳ. 信用评级机构负责提升证券化产品的信用等级

A. Ⅰ、Ⅱ　　B. Ⅲ、Ⅳ　　C. Ⅰ、Ⅱ、Ⅲ　　D. Ⅱ、Ⅲ、Ⅳ

15. 金融衍生工具的基本特征包括(　　)。

Ⅰ. 杠杆性　　Ⅱ. 跨期性

Ⅲ. 不确定性或高风险性　　Ⅳ. 联动性

A. Ⅰ、Ⅱ、Ⅲ、Ⅳ　　B. Ⅱ、Ⅲ、Ⅳ

C. Ⅰ、Ⅱ、Ⅲ　　D. Ⅰ、Ⅳ

16. 下列关于普通股股东依法享有公司重大决策参与权的说法，正确的有(　　)。

Ⅰ. 行使这一权利的途径是参加股东大会，行使表决权

Ⅱ. 股东可以亲自出席股东大会，也可以委托代理人出席股东会议

Ⅲ. 股东出席股东大会，所持每一股份有一表决权

Ⅳ. 股东大会作出增加或减少注册资本的决议，经出席会议的股东所持表决权过半数通过即可

A. Ⅰ、Ⅲ　　B. Ⅱ、Ⅲ、Ⅳ　　C. Ⅱ、Ⅳ　　D. Ⅰ、Ⅱ、Ⅲ

17. 当股份公司因解散或破产进行清算时，在对公司剩余资产的分配上，优先股股东排在(　　)。

Ⅰ. 债权人之后　　Ⅱ. 债权人之前

Ⅲ. 普通股股东之前　　Ⅳ. 普通股股东之后

A. Ⅰ、Ⅳ　B. Ⅱ、Ⅳ　C. Ⅰ、Ⅲ　D. Ⅱ、Ⅲ

18. 证券投资基金的当事人包括(　　)。

Ⅰ. 基金业协会　Ⅱ. 基金投资者　Ⅲ. 基金管理人　Ⅳ. 基金托管人

A. Ⅰ、Ⅱ、Ⅳ　B. Ⅱ、Ⅲ、Ⅳ

C. Ⅰ、Ⅱ、Ⅲ、Ⅳ　D. Ⅰ、Ⅱ、Ⅲ

19. 下列自然人和法人中,(　　)可以将证券交给登记结算机构保管。

Ⅰ. 资深股民王某　Ⅱ. 深圳证券交易所

Ⅲ. 互联网金融企业甲公司　Ⅳ. 证券公司乙公司

A. Ⅰ、Ⅱ、Ⅲ、Ⅳ　B. Ⅰ、Ⅱ、Ⅳ

C. Ⅱ、Ⅳ　D. Ⅳ

20. 委托受理的手续和过程,目前包括(　　)。

Ⅰ. 验证　Ⅱ. 审单　Ⅲ. 查验密码　Ⅳ. 查验资金及证券

A. Ⅰ、Ⅱ、Ⅲ、Ⅳ　B. Ⅱ、Ⅲ、Ⅳ

C. Ⅰ、Ⅱ、Ⅳ　D. Ⅰ、Ⅲ

21. 目前,我国国债发行的方式包括(　　)。

Ⅰ. 向国债一级承销商发行可上市国债

Ⅱ. 向商业银行和财政部所属国债经营机构等销售不上市的凭证式储蓄国债

Ⅲ. 由财政部委托中国人民银行将国债推销给各级银行

Ⅳ. 向社会保障机构和保险公司定向出售国债

A. Ⅱ、Ⅲ　B. Ⅰ、Ⅳ

C. Ⅰ、Ⅱ、Ⅲ、Ⅳ　D. Ⅰ、Ⅱ、Ⅳ

22. 科创板上市公司可能强制退市的情形主要包括(　　)。

Ⅰ. 重大违法强制退市　Ⅱ. 交易类强制退市

Ⅲ. 财务类强制退市　Ⅳ. 规范类强制退市

A. Ⅰ、Ⅲ　B. Ⅰ、Ⅱ、Ⅳ　C. Ⅱ、Ⅲ、Ⅳ　D. Ⅰ、Ⅱ、Ⅲ、Ⅳ

23. 下列属于我国发行的国债品种的有(　　)。

Ⅰ. 普通国债　Ⅱ. 特别国债　Ⅲ. 长期建设国债　Ⅳ. 无期国债

A. Ⅰ、Ⅱ、Ⅲ　B. Ⅰ、Ⅲ　C. Ⅱ、Ⅲ、Ⅳ　D. Ⅱ、Ⅳ

24. 按照中国证监会2020年6月12日发布的《创业板上市公司证券发行注册管理办法(试行)》,创业板上市公司增发股票需要满足(　　)。

Ⅰ. 上市公司不存在擅自改变前次募集资金用途未作纠正,或者经股东大会认可的

Ⅱ. 发行价格不低于公告招股意向书前二十个交易日或者前一个交易日公司股票均价

Ⅲ. 最近三个会计年度的加权平均净资产收益率平均不低于6%

Ⅳ. 最近一年财务报表的编制和披露在重大方面符合企业会计准则或者相关信息披露规则的规定

A. Ⅰ、Ⅱ　B. Ⅰ、Ⅱ、Ⅲ　C. Ⅰ、Ⅱ、Ⅳ　D. Ⅰ、Ⅱ、Ⅲ、Ⅳ

25. 下列关于深圳证券交易所股价指数的说法中,正确的有(　　)。

Ⅰ. 深证成分股指数以总股本为权数

Ⅱ. 深证成分股指数采用加权平均法

Ⅲ. 深证综合指数以总股本为权数

Ⅳ. 深证综合指数采用派许加权法

A. Ⅱ、Ⅲ、Ⅳ B. Ⅰ、Ⅱ C. Ⅲ、Ⅳ D. Ⅰ、Ⅲ、Ⅳ

26. 关于开放式基金和封闭式基金，下列说法正确的有(　　)。

Ⅰ. 开放式基金规模不固定；封闭式基金规模固定

Ⅱ. 开放式基金存续期限不确定，理论上可以无期限存续；封闭式基金存续期限确定

Ⅲ. 开放式基金按照每日基金单位资产净值计价；封闭式基金根据市场行情变化，相对于单位资产净值可能折价或溢价，多为折价

Ⅳ. 开放式基金每周公布基金单位资产净值，每季度公布资产组合；封闭式基金每日公布基金单位资产净值，每季度公布资产组合，每6个月公布变更的招募说明书

A. Ⅰ、Ⅳ B. Ⅰ、Ⅱ、Ⅳ C. Ⅰ、Ⅱ、Ⅲ D. Ⅱ、Ⅲ

27. 证券金融公司的职责包括(　　)。

Ⅰ. 为证券公司融资融券业务提供资金和证券的转融通服务

Ⅱ. 对证券公司融资融券业务运作情况进行监控

Ⅲ. 监测分析全市场融资融券情况，运用市场化手段防控风险

Ⅳ. 为证券公司融资融券业务提供担保

A. Ⅱ、Ⅲ、Ⅳ B. Ⅰ、Ⅱ C. Ⅰ、Ⅱ、Ⅲ D. Ⅰ、Ⅲ

28. 下列关于期货交易的说法中，错误的有(　　)。

Ⅰ. 期货合约在交易所内交易，具有公开性

Ⅱ. 期货合约是标准化合约

Ⅲ. 期货合约的结算通过专门的结算公司，投资者需要对双方负责，存在信用风险

Ⅳ. 期货合约具备对冲机制，履约回旋余地较大，实物交割比例极低，交易价格不受最小价格变动单位限定和日交易振幅限定

A. Ⅰ、Ⅳ B. Ⅰ、Ⅲ C. Ⅲ、Ⅳ D. Ⅱ、Ⅲ

29. 证券市场监管是指证券管理机关运用(　　)，对证券的募集、发行等行为以及证券投资中介机构的行为进行监督管理。

Ⅰ. 法律手段 Ⅱ. 经济手段 Ⅲ. 行政手段 Ⅳ. 刑事手段

A. Ⅲ、Ⅳ B. Ⅰ、Ⅱ、Ⅲ C. Ⅰ、Ⅱ、Ⅳ D. Ⅰ、Ⅱ、Ⅲ、Ⅳ

30. 可转换债券和可交换债券的区别是(　　)。

Ⅰ. 可转债由公司股东发行，可交换债由公司本身发行

Ⅱ. 可交换债由公司股东发行，可转债由公司本身发行

Ⅲ. 可转债转股时股票总股本扩大，可交换债转股时股票总股本不扩大

Ⅳ. 可交换债转股时股票总股本扩大，可转债转股时股票总股本不扩大

A. Ⅰ、Ⅲ B. Ⅱ、Ⅲ C. Ⅱ、Ⅳ D. Ⅰ、Ⅳ

31. 目前全球比较重要的股票价格指数期货品种有(　　)。

Ⅰ. 纽约证券交易所综合指数期货系列

Ⅱ. 伦敦国际金融期权期货交易的富时100种股票价格指数期货系列

Ⅲ. 恒生指数期货

Ⅳ. 上证综合指数期货

A. Ⅱ、Ⅳ　B. Ⅰ、Ⅲ、Ⅳ　C. Ⅰ、Ⅱ、Ⅲ　D. Ⅰ、Ⅱ、Ⅲ、Ⅳ

32. 下列关于证券交易所的说法中，正确的有(　　)。

Ⅰ. 自律管理的法人

Ⅱ. 依法对基金在交易所的投资交易实行监控

Ⅲ. 依法对基金上市及相关信息披露等活动进行管理

Ⅳ. 指导和监督中国证券投资基金业协会的活动

A. Ⅰ、Ⅱ、Ⅲ、Ⅳ　B. Ⅰ、Ⅱ、Ⅳ

C. Ⅲ、Ⅳ　D. Ⅰ、Ⅱ、Ⅲ

33. 与一般的公司债务相比，公司债券的特点有(　　)。

Ⅰ. 公司债券是公司与不特定的社会公众形成的债权债务关系

Ⅱ. 公司债券是一种可转让的债权债务关系

Ⅲ. 公司债券通过债券的方式表现

Ⅳ. 同次发行的公司债券的偿还期是一样的

A. Ⅱ、Ⅲ　B. Ⅰ、Ⅱ、Ⅲ　C. Ⅰ、Ⅳ　D. Ⅰ、Ⅱ、Ⅲ、Ⅳ

34. 下列关于道·琼斯指数计算中修正股价平均数的说法中，正确的有(　　)。

Ⅰ. 是在简单算术股价平均数的基础上进行

Ⅱ. 是通过变动除数，使股价平均数保持连贯性

Ⅲ. 标准普尔指数使用这一方法

Ⅳ. 修正后的除数，又被称为“新基期”

A. Ⅰ、Ⅱ　B. Ⅰ、Ⅲ、Ⅳ　C. Ⅰ、Ⅱ、Ⅳ　D. Ⅱ、Ⅳ

35. 目前我国资本市场互联互通机制已逐步健全，现主要有(　　)。

Ⅰ. 沪港通

Ⅱ. 深港通

Ⅲ. 上海证券交易所与日本交易所集团签署 ETF 互通协议

Ⅳ. 香港与内地债券通

A. Ⅰ、Ⅱ、Ⅲ、Ⅳ　B. Ⅰ、Ⅲ、Ⅳ

C. Ⅰ、Ⅱ、Ⅲ　D. Ⅱ、Ⅳ

36. 下列关于财政部代理发行地方政府债可选择的托管单位的说法中，正确的有(　　)。

Ⅰ. 在中央国债登记结算有限责任公司托管

Ⅱ. 在中国证券登记结算有限责任公司上海分公司托管

Ⅲ. 在证券交易所办理登记托管

Ⅳ. 在中国证券登记结算有限责任公司深圳分公司托管

A. Ⅱ、Ⅲ　B. Ⅰ、Ⅱ、Ⅳ

C. Ⅰ、Ⅱ、Ⅲ、Ⅳ　D. Ⅰ、Ⅲ、Ⅳ

37. 目前国内外关于风险的定义较多，其中主要有(　　)。

Ⅰ. 风险是结果的不确定性　Ⅱ. 风险是波动性或对期望值的偏离度

Ⅲ. 风险是未来损失的可能性　Ⅳ. 风险不包括盈利的可能性

A. Ⅰ、Ⅱ、Ⅲ　B. Ⅰ、Ⅱ、Ⅲ、Ⅳ

C. Ⅰ、Ⅱ　　D. Ⅲ、Ⅳ

38. 自《证券投资基金法》实施以来，我国基金业的发展变化有(　　)。

Ⅰ. 基金业监管的法律体系日益完善　　Ⅱ. 公募基金规模快速增长

Ⅲ. 提高基金公司股东门槛　　Ⅳ. 将私募基金纳入监管

A. Ⅰ、Ⅲ、Ⅳ　　B. Ⅰ、Ⅱ、Ⅳ　　C. Ⅱ、Ⅲ　　D. Ⅰ、Ⅱ、Ⅲ、Ⅳ

39. 我国证券投资者保护基金制度设立的意义在于(　　)。

Ⅰ. 在证券公司出现关闭、破产等重大风险时，依据国家政策用于保护投资者权益

Ⅱ. 有助于稳定市场，防止市场风险的传递和扩散

Ⅲ. 是对现有多层次监管体系的一个重要补充，在监测证券公司风险、推动证券公司积极稳妥地解决遗留问题和处置证券公司风险方面发挥着重要作用

Ⅳ. 为我国建立国际成熟市场通行的证券投资者保护机制搭建了平台

A. Ⅱ、Ⅳ　　B. Ⅰ、Ⅲ、Ⅳ　　C. Ⅰ、Ⅱ、Ⅲ　　D. Ⅰ、Ⅱ、Ⅲ、Ⅳ

40. 在西方货币政策传导机制理论中，托宾 q 理论的传导机制基本思路是(　　)。

Ⅰ. 企业的市场价值小于重置成本

Ⅱ. 企业的市场价值大于重置成本

Ⅲ. 此时企业很容易以相对较高的价格来发行较少的股票

Ⅳ. 此时企业难以相对较高的价格来发行较少的股票

A. Ⅰ、Ⅱ　　B. Ⅱ、Ⅲ　　C. Ⅲ、Ⅳ　　D. Ⅰ、Ⅲ

41. 按照国际货币基金组织《金融稳健指标编制指南》，全球金融体系的主要参与者包括(　　)。

Ⅰ. 金融公司　　Ⅱ. 非金融公司　　Ⅲ. 住户　　Ⅳ. 政府、公共部门

A. Ⅰ、Ⅱ、Ⅲ　　B. Ⅰ、Ⅱ、Ⅳ

C. Ⅰ、Ⅱ、Ⅲ、Ⅳ　　D. Ⅰ、Ⅲ、Ⅳ

42. 科创板的制度设计，最终希望能实现的平衡体现在(　　)。

Ⅰ. 交易机制平衡　　Ⅱ. 投融资平衡

Ⅲ. 一二级市场平衡　　Ⅳ. 新老股东利益平衡

A. Ⅰ、Ⅱ、　　B. Ⅰ、Ⅱ、Ⅲ　　C. Ⅲ、Ⅳ　　D. Ⅱ、Ⅲ、Ⅳ

43. 间接融资通过金融中介可以减少资金供给方的风险，具体表现为(　　)。

Ⅰ. 在间接融资中，资金需求者和资金初始供应者之间不发生直接借贷关系

Ⅱ. 相对于直接融资来说，间接融资的信誉程度较高

Ⅲ. 通过金融中介的间接融资均属于借贷性融资，到期均必须返还，并支付利息，具有可逆性

Ⅳ. 间接融资的主动权在很大程度上受金融中介支配，世界各国对于金融机构的管理一般都较严格，使间接融资风险性相对较小，融资的稳定性较强

A. Ⅲ、Ⅳ　　B. Ⅰ、Ⅱ、Ⅳ　　C. Ⅱ、Ⅳ　　D. Ⅰ、Ⅱ、Ⅲ、Ⅳ

44. 关于运用金融期权与金融期货进行风险管理，下列说法错误的有(　　)。

Ⅰ. 金融期权与金融期货都是人们常用的风险管理工具，它们的作用与效果基本相同

Ⅱ. 人们利用金融期货进行风险管理，在避免价格不利变动造成的损失的同时，也可在相当程度上保住价格有利变动而带来的利益

Ⅲ. 金融期权是比金融期货更有利的一种风险管理工具

Ⅳ. 在现实的风险管理活动中，人们往往将金融期权与金融期货结合起来，通过一定的组合搭配来实现某一特定目标

A. Ⅰ、Ⅲ　　B. Ⅰ、Ⅱ、Ⅲ、Ⅳ

C. Ⅰ、Ⅱ、Ⅲ　　D. Ⅱ、Ⅳ

45. 短期融资券发行前的信息披露，发行文件至少应包括(　　)。

Ⅰ. 发行公告　　Ⅱ. 募集说明书

Ⅲ. 信用评级报告和跟踪评级安排　　Ⅳ. 法律意见书

A. Ⅰ、Ⅱ、Ⅳ　　B. Ⅰ、Ⅱ、Ⅲ、Ⅳ

C. Ⅰ、Ⅲ　　D. Ⅱ、Ⅲ、Ⅳ

46. 在资产证券化过程中，证券化资产包括(　　)。

Ⅰ. 企业贷款　　Ⅱ. 学生贷款

Ⅲ. 资产支持商业票据(ABCP)　　Ⅳ. 担保债务凭证(CDO)

A. Ⅱ、Ⅲ、Ⅳ　　B. Ⅰ、Ⅱ

C. Ⅰ、Ⅱ、Ⅲ、Ⅳ　　D. Ⅰ、Ⅲ、Ⅳ

47. 公开发行的证券公司债券，可以在(　　)上市交易。

Ⅰ. 银行间债券市场

Ⅱ. 证券交易所

Ⅲ. 国务院批准的其他全国性证券交易场所

Ⅳ. 中证机构间报价系统

A. Ⅰ、Ⅱ、Ⅲ、Ⅳ　　B. Ⅰ、Ⅲ、Ⅳ

C. Ⅰ、Ⅱ、Ⅳ　　D. Ⅱ、Ⅲ

48. 资产证券化自20世纪70年代在美国问世后因其能够为参与各方带来好处，获得了迅猛发展。对于证券化的发起人而言，资产证券化的好处包括(　　)。

Ⅰ. 增加资产的流动性，提高资本使用效率

Ⅱ. 提升资产负债管理能力，优化财务状况

Ⅲ. 实现低成本融资

Ⅳ. 增加收入来源

A. Ⅰ、Ⅱ、Ⅲ、Ⅳ　　B. Ⅰ、Ⅱ、Ⅳ

C. Ⅰ、Ⅲ、Ⅳ　　D. Ⅱ、Ⅲ、Ⅳ

49. 股票发行监管制度主要有(　　)。

Ⅰ. 审批制　　Ⅱ. 核准制　　Ⅲ. 审核制　　Ⅳ. 注册制

A. Ⅱ、Ⅲ　　B. Ⅰ、Ⅲ、Ⅳ　　C. Ⅱ、Ⅳ　　D. Ⅰ、Ⅱ、Ⅳ

50. 货币市场基金利润分配的规定有(　　)。

Ⅰ. 可以在基金合同中将收益分配的方式约定为红利再投资

Ⅱ. 当日申购的基金份额自下一个交易日起享有基金的分配权益

Ⅲ. 当日赎回的基金份额自下一个交易日起不享有基金的分配权益

Ⅳ. 应当每日进行收益分配

A. Ⅰ、Ⅱ、Ⅲ、Ⅳ　　B. Ⅰ、Ⅲ、Ⅳ　　C. Ⅱ、Ⅲ　　D. Ⅰ、Ⅱ、Ⅳ

《金融市场基础知识》机考题库·真题试卷(一)
参考答案及详解

一、**选择题**(共50题，每题1分，共50分)以下备选项中只有1项符合题目要求，不选、错选均不得分。

1. 【答案】B

【解析】封闭式基金和开放式基金的期限不同。封闭式基金有固定的存续期，通常在5年以上，一般为10年或15年，经持有人大会通过并经监管机构同意可以适当延长期限。开放式基金没有固定期限，投资者可向基金管理人申购、赎回基金份额。

2. 【答案】C

【解析】双边报价是银行间债券市场开展双边报价业务的交易员进行现券买卖报价时，在中国人民银行核定的债券买卖差价范围内连续报出该券种的买卖实价，并同时报出该券种的买卖数量、清算速度等交易要素。双边报价的报价要素与公开报价要素相同，只是须同时填报相应券种的买入和卖出两个交易方向的报价。

3. 【答案】C

【解析】《合格境外机构投资者和人民币合格境外机构投资者境内证券期货投资管理办法》规定，合格境外投资者委托2个以上托管人的，应指定1个主报告人，负责代其统一办理资格申请、重大事项报告、主体信息登记等事项。

4. 【答案】B

【解析】证券公司受期货公司委托从事中间介绍业务，应当提供的服务包括：协助办理开户手续；提供期货行情信息、交易设施；中国证监会规定的其他服务。证券公司不得代理客户进行期货交易、结算或者交割，不得代期货公司、客户收付期货保证金，不得利用证券资金账户为客户存取、划转期货保证金。

5. 【答案】B

【解析】开立证券账户应坚持合法性和真实性的原则。合法性是指只有国家法律允许进行证券交易的自然人和法人才能开立证券账户。真实性是指投资者开立证券账户时所提供的资料必须真实有效，不得有虚假隐匿。

6. 【答案】B

【解析】股指期货竞价交易采用集合竞价交易和连续竞价交易两种方式。集合竞价交易采用最大成交量原则确定成交价，即以此价格成交能够得到最大成交量。连续竞价交易按照价格优先、时间优先的原则撮合成交。以当前价格波动限制申报的指令，按照平仓优先、时间优先的原则撮合成交。

7. 【答案】A

【解析】社会公众股是指社会公众依法以其拥有的财产投入公司时形成的可上市流通的股份。在社会募集方式下，股份公司发行的股份，除了由发起人认购一部分外，其余部分应该向社会公众公开发行。

8. 【答案】D

【解析】如果债券发行人的资信状况差，债券信用等级低，投资者的风险大，债券票面利率就需要定得高一些。政府债券发行人的资信状况比公司债券发行人的高，此时的利率差异反映了信用风险的大小，高利率是对高风险的补偿。

9. 【答案】D

【解析】中央银行的负债业务包括储备货币、不记入储备货币的金融性公司存款、发行债券、国外负债、政府存款、自有资金、其他负债。储备货币包括货币发行和其他存款性公司存款。中央银行的资产业务包括国外资产、对政府债权、对其他金融性公司债权、对非金融性部门债权。

10. 【答案】C

【解析】证券交易印花税，是从普通印花税中发展而来的，属于行为税类，根据一笔股票交易成交金额单独对卖方收取的，A 股基本税率为0.1%且单向征收，基金和债券不征收印花税。

11. 【答案】B

【解析】境外上市外资股主要由 H 股、N 股、L 股和 S 股等构成。H 股是指在中国内地注册的公司在香港上市的外资股，认购和交易均用港币。香港的英文是 HONG KONG，取其首字母，在中国香港上市的外资股被称为“H 股”。依此类推，纽约的第一个英文字母是 N，新加坡的第一个英文字母是 S，伦敦的第一个英文字母是 L，因此，在纽约、新加坡、伦敦上市的外资股分别被称为“N 股”“S 股”“L 股”。

12. 【答案】B

【解析】结构化金融衍生产品是运用金融工程结构化方法，将若干种基础金融商品和金融衍生产品相结合设计出的新型金融产品。目前最为流行的结构化金融衍生产品主要是由商业银行开发的各类结构化理财产品以及在交易所市场上市交易的各类结构化票据，它们通常与某种金融价格相联系，其投资收益随该价格的变化而变化。

13. 【答案】C

【解析】ABD 三项，根据我国《企业会计准则第 22 号——金融工具确认和计量》的规定，常见的衍生工具包括远期合同、期货合同、互换合同和期权合同等。

14. 【答案】B

【解析】16 世纪中叶，随着资本主义经济的发展，所有权和经营权相分离的生产经营方式——股份公司出现，使股票、公司债券及不动产抵押债券依次进入有价证券交易的行列。1602 年，荷兰东印度公司在阿姆斯特丹创建了世界上最早的证券交易所——阿姆斯特丹证券交易所。

15. 【答案】D

【解析】D 项属于证券公司的业务，ABC 三项属于商业银行的主要业务。

16. 【答案】C

【解析】风险与损失是有着密切联系的，但是又存在本质的区别。传统的风险定义认为风险是潜在的损失，即损失的可能性。但是，风险只是损失的可能性，并不等于损失。损失是偏事后的概念，反映的是风险事件发生后的状况，但风险是一个明确的事前概念，反映的是损失发生前的事物发展状态。

17. 【答案】C

【解析】不同发行人发行的相同期限和票面利率的债券，其市场价格会不相同，从而计算出的债券收益率也不一样，反映在收益率上的这种区别，称为“利率的风险结构”。实践中，通常采用信用评级来确定不同债券的违约风险大小，不同信用等级债券之间的收益率差(Yield Spread)则反映了不同违约风险的风险溢价，因此也被称为信用利差。

18.【答案】C

【解析】C 项，通常，债券条款中可能包含发行人提前赎回权、债券持有人提前返售权、转股权、转股修正权、偿债基金条款等嵌入式期权。一般来说，凡是有利于发行人的条款都会相应降低债券价值；反之，有利于持有人的条款则会提高债券价值。

19.【答案】D

【解析】基金管理费是指基金管理人管理基金资产而向基金收取的费用。我国的基金管理费、基金托管费及基金销售服务费均是按照前一日基金资产净值的一定比例逐日计提，按月支付。

20.【答案】B

【解析】保荐机构优先推荐上市的高端装备领域的科技创新企业包括：智能制造、航空航天、先进轨道交通、海洋工程装备及相关技术服务等。B 项，大型风电属于新能源领域，该领域还包括：先进核电、高效光电光热、高效储能及相关技术服务等。

21.【答案】A

【解析】担任公募基金的基金管理人只能由基金管理公司或者中国证监会按照规定核准的其他机构担任。基金托管人由依法设立的商业银行或者其他金融机构担任。从事公募基金的销售、销售支付、份额登记、估值、投资顾问、评价、信息技术系统服务等基金服务业务的机构，应按照中国证监会的规定进行注册或者备案。

22.【答案】A

【解析】《公司债券发行与交易管理办法》规定，证券公司发行公司债券，发行人的董事、监事、高级管理人员及持股比例超过5%的股东，可以视同专业投资者参与发行人相关公司债券的认购或交易、转让。

23.【答案】B

【解析】发行价格高于面值被称为溢价发行，募集的资金中等于面值总和的部分计入资本账户，以超过股票票面金额的发行价格发行股份所得的溢价款列为公司资本公积金。如果以面值作为发行价，则称为平价发行，此时公司发行股票募集的资金等于股本的总和，也等于面值总和。

24.【答案】A

【解析】经国务院同意、中国证监会批准，我国创业板市场于2009 年 10 月 23 日在深圳证券交易所正式启动。我国创业板市场主要面向成长型创业企业，重点支持自主创新企业，支持市场前景好、带动能力强、就业机会多的成长型创业企业，特别是支持新能源、新材料、电子信息、生物医药、环保节能、现代服务等新兴产业的发展。

25.【答案】D

【解析】《中华人民共和国证券法》规定，会员大会作为证券交易所的最高权力机构，行使下列职权：①制定和修改证券交易所章程；②选举和罢免会员理事、会员监事；③审议和通过理事会、监事会和总经理的工作报告；④审议和通过证券交易所的财务预算、决算报告；⑤法律、行政法规、部门规章和证券交易所章程规定的其他重大事项。

26. 【答案】C

【解析】通常情况下，中央政府发行的本币债券基本不存在违约风险，所以这类债券被视为“无风险资产”，它们的收益率也被金融市场当作“无风险收益率”，对其他金融资产的定价和交易产生重大影响。

27. 【答案】A

【解析】在金融期货的保证金交易制度中，由于期货交易的保证金比率很低，因此有高度的杠杆作用，这一杠杆作用使套期保值者能用少量的资金为价值量很大的现货资产找到回避价格风险的手段，也为投机者提供了用少量资金获取营利的机会。

28. 【答案】C

【解析】随着国家干预经济理论的兴起，政府（中央政府和地方政府）和中央政府直属机构已成为证券发行的重要主体之一，但政府发行的证券品种一般仅限于债券。

29. 【答案】A

【解析】《上市公司证券发行管理办法》规定，上市公司非公开发行股票，发行价格不低于定价基准日前20 个交易日公司股票均价的80%。

30. 【答案】A

【解析】2018 年 4 月 27 日，上海保监局对英国韦莱集团控股的韦莱保险经纪公司变更经营范围的申请进行了批准，韦莱保险经纪公司是全国首家获准扩大经营范围的外资保险经纪机构。

31. 【答案】C

【解析】直接融资是指资金盈余单位通过直接与资金需求单位协议，或在金融市场上购买资金需求单位所发行的股票、债券等有价证券，将货币资金提供给需求单位使用。常见的直接融资方式有股票市场融资、债券市场融资、风险投资融资、商业信用融资、民间借贷等。

32. 【答案】A

【解析】不动产抵押公司债券是以公司的不动产（如房屋、土地等）作抵押而发行的债券，是抵押证券的一种。

33. 【答案】C

【解析】ABD 三项，申请募集基金，拟募集基金应当具备的条件包括：①有明确的基金运作方式。②有合法、明确的投资方向。③符合中国证监会关于基金品种的规定等。C 项，基金名称应当表明基金的类别和投资特征。

34. 【答案】B

【解析】个人投资者是指从事证券投资的社会自然人，他们是证券市场最广泛的投资主体，具有分散性和流动性。

35. 【答案】D

【解析】2018 年 3 月 17 日，第十三届全国人民代表大会第一次会议通过《关于国务院机构改革方案的决定》，批准《国务院机构改革方案》，决定组建中国银行保险监督管理委员会。

36. 【答案】C

【解析】A 项，看涨期权，指期权的买方具有在约定期限内按行权价格买入一定数量基础金融工具的权利；如果买方行权，期权的卖方具有对应的卖出一定数量基础金融工具的义务。交易者预期价格上涨，则买入看涨期权；预期价格下跌，则卖出看涨期权。B 项，看跌期权，指期权的买方具有在约定期限内按行权价格卖出一定数量基础金融工具的权利；如果买方行权，期权的卖方具有对应的买入一定数量基础金融工具的义务。交易者预期价格下跌，则买入看跌期权；预期价格上涨，则卖出看跌期权。C 项，买入看跌期权后，如果判断失误可放弃行权，仅损失期权费。D 项，价格发现功能是期权的基本功能之一，是指在一个公开、公平、高效、竞争的市场中，通过集中竞价形成期权价格的功能。

37. 【答案】D

【解析】货币政策是政府重要的宏观经济政策，中央银行通常采用存款准备金政策、再贴现政策和公开市场业务等工具调控货币供应量，从而实现稳定物价、充分就业、经济增长等目标。中央银行采取宽松性货币政策，增加货币供给，股市资金增加，对股票的需求增加，立即促使股价上升；反之，中央银行采取紧缩性货币政策，减少货币供应，股市资金减少，对股票的需求减少，股价下跌。

38. 【答案】D

【解析】《中华人民共和国证券法》规定，上市交易的证券，有证券交易所规定的终止上市情形的，由证券交易所按照业务规则终止其上市交易。

39. 【答案】A

【解析】成交时价格优先的原则为：较高价格买入申报优先于较低价格买入申报，较低价格卖出申报优先于较高价格卖出申报。成交时时间优先的原则为：买卖方向、价格相同的，先申报者优先于后申报者。先后顺序按证券交易所交易主机接受申报的时间确定。

40. 【答案】A

【解析】在我国，按照 2005 年 4 月 27 日颁布的《全国银行间债券市场金融债券发行管理办法》的规定，金融债券是指“依法在中华人民共和国境内设立的金融机构法人在全国银行间债券市场发行的、按约定还本付息的有价证券”。其中，该办法所指的金融机构法人包括政策性银行、商业银行、企业集团财务公司及其他金融机构。我国的金融债券包括政策性金融债券、商业银行债券、证券公司债券、保险公司债券、财务公司债券和金融租赁公司债券等。

41. 【答案】C

【解析】转融通业务是指证券金融公司将自有或者依法筹集的资金和证券出借给证券公司，以供其办理融资融券业务的经营活动，可理解为证券金融公司与证券公司之间的融资融券业务。

42. 【答案】D

【解析】1990 年 12 月 19 日和 1991 年 7 月 3 日，上海证券交易所和深圳证券交易所先后正式营业，各证券经营机构的业务开始转入集中交易市场。

43. 【答案】D

【解析】商业银行发行金融债券没有强制性担保要求；财务公司发行金融债券需要由财

务公司的母公司或其他有担保能力的成员单位提供相应担保，经原中国银保监会批准免于担保的除外；对于商业银行设立的金融租赁公司，资质良好但成立不满 3 年的，应由具有担保能力的担保人提供担保。

44. 【答案】C

【解析】风险敞口是指未加保护的风险，即因债务人违约行为导致的可能承受风险的信贷余额，指实际所承担的风险，一般与特定风险相连。

45. 【答案】D

【解析】证券投资基金的特点包括：①集合理财、专业管理。②组合投资、分散风险。对中小投资者而言，由于资金有限，很难通过购买多种证券达到有效分散投资风险的目的。为降低投资风险，有关法律法规通常会要求基金进行组合投资，投资者购买基金就相当于用很少的投资购买了一篮子股票，从而享受到组合投资、分散风险的好处。③利益共享、风险共担。④严格监管、信息透明。⑤独立托管、保障安全。

46. 【答案】A

【解析】BCD 三项，《全国银行间债券市场债券交易管理办法》规定，下列机构可成为全国银行间债券市场参与者，从事债券交易业务：①在中国境内具有法人资格的商业银行及其授权分支机构。②在中国境内具有法人资格的非银行金融机构和非金融机构。③经中国人民银行批准经营人民币业务的外国银行分行。证券公司和保险公司属于非银行金融机构。A 项，政府不是银行间债券市场的参与者。

47. 【答案】D

【解析】按照到期期限分类，偿还期限在 1 年以下的债券为短期债券，1 年以上、10 年以下(包括 10 年)的债券为中期债券，10 年以上的债券为长期债券。

48. 【答案】C

【解析】目前，储蓄国债(凭证式)发行完全采用承购包销方式，储蓄国债(电子式)发行可采用包销或代销方式，记账式国债发行完全采用公开招标方式。

49. 【答案】C

【解析】《中华人民共和国证券法》的规定，证券公司可以通过从事证券自营业务和证券资产管理业务，以自己的名义或代其客户进行证券投资。证券公司从事自营业务，其投资的范围包括股票、基金、认股权证、国债、公司或企业债券等上市证券以及证券监管机构认定的其他证券。

50. 【答案】D

【解析】我国普通国债发行的总体情况：①规模越来越大。②期限趋于多样化。目前，我国国债期限种类包括 3 个月、6 个月、1 年、2 年、3 年、5 年、7 年、10 年、30 年和 50 年期，期限结构较为完善。③发行方式趋于市场化。目前，我国国债发行方式包括招标方式、承销方式、定向招募方式。

二、组合型选择题(共 50 题，每题 1 分，共 50 分)以下备选项中只有 1 项最符合题目要求，不选、错选均不得分。

1. 【答案】C

【解析】《中华人民共和国保险法》规定，债券、股票、证券投资基金份额等有价证券均属保险公司资金运用范围。

2. 【答案】C

【解析】在注册有效期内，对于已注册但尚未发行的集合票据，债项信用级别低于发行注册时信用级别的，集合票据发行注册自动失效，交易商协会将有关情况进行公告。

3. 【答案】B

【解析】基金募集申请所需要的文件中应该是募集基金的申请报告、基金合同草案、基金托管协议草案、招募说明书草案、法律意见书等。

4. 【答案】D

【解析】风险管理策略，是指金融机构面临风险时可以选择采用的应对方法，主要包括风险控制、风险分散、风险对冲、风险转移、风险规避和风险补偿与准备金。

5. 【答案】D

【解析】投服中心的主要业务有：①投资者教育。是指面向投资者开展公益性宣传和教育。②持股行权。是指投服中心持有沪深交易所每家上市公司一手股票，行使质询、建议、表决、诉讼等股东权利，通过发挥示范作用，引领中小投资者主动行权、依法维权，规范上市公司治理。③纠纷调解。由中证资本市场法律服务中心有限公司承担。④维权服务。主要包括证券支持诉讼、股东诉讼、证券代表人诉讼和损失核算业务。

6. 【答案】D

【解析】量化分析法较多采用复杂的数理模型和计算机数值模拟，能够提供较为精细化的分析结论。但它对使用者的定量分析技术有较高要求，不易为普通公众所接受。此外，量化分析法所采用的各种数理模型本身存在模型风险，一旦外部环境发生较大变化，原有模型的稳定性就会受影响。量化分析法往往需要和程序化交易技术相结合，对交易系统的速度和市场数据的精确度有较高要求，这也在一定程度上限制了其应用范围。

7. 【答案】C

【解析】与产品市场不同，金融市场是要素市场的一种。金融市场是创造和交易金融资产的市场，是以金融资产为交易对象而形成的供求关系和交易机制的总和。金融市场的五大功能包括：①资金融通；②价格发现；③提供流动性；④风险管理；⑤降低搜寻成本和信息成本。

8. 【答案】A

【解析】互换分类有：货币互换、利率互换、股权类互换、信用违约互换和其他类型互换。

9. 【答案】D

【解析】《证券公司柜台市场管理办法(试行)》规定，证券公司可以采取协议、报价、做市、拍卖竞价、标购竞价等方式发行、销售与转让私募产品，不得采用集中竞价方式，法律法规有明确规定的除外。

10. 【答案】D

【解析】基金募集期限届满，基金募集份额总额不少于 2 亿份，基金募集金额不少于 2 亿元人民币；基金份额持有人的人数不少于 200 人，基金管理人应当自募集期限届满之日起 10 日内聘请法定验资机构验资，向中国证监会提交验资报告，办理基金备案手续。基金备案自中国证监会书面确认之日起，基金合同生效。基金管理人应当在收到中国证监会确认文件的次日发布基金合同生效公告。

11. 【答案】A

【解析】普通股股东行使资产收益权在其他方面的限制包括公司对现金的需要、股东所处的地位、公司的经营环境、公司进入资本市场获得资金的能力等。

12. 【答案】D

【解析】美国全美期货业协会(简称“NFA”)要求，对于特定人群(如已退休人士、年收入低于2.5万美元者、净资产低于2.5万美元者、无期货期权投资经验者、年龄低于23周岁者等)，期货经纪商除了要求客户签署风险揭示书外，还要再签署一份附加风险揭示书。

13. 【答案】A

【解析】我国的混合资本债券，是指商业银行为补充附属资本发行的、清偿顺序位于股权资本之前但列在一般债务和次级债务之后、期限在15年以上、发行之日起10年内不可赎回的债券。商业银行发行混合资本债券应具备的条件与其发行金融债券完全相同。

14. 【答案】B

【解析】Ⅰ项，有些证券化交易中，并不需要外部增级机构，而是采用超额抵押等方法进行内部增级。Ⅱ项，选择特定目的机构或受托人时，通常要求满足所谓破产隔离条件，即发起人破产对其不产生影响。特定目的机构或特定目的受托人，是指接受发起人转让的资产，或受发起人委托持有资产，并以该资产为基础发行证券化产品的机构。Ⅲ项，特殊目的机构(SPV)是以资产证券化为目的而特别组建的独立法律主体，其负债主要是发行的资产支持债券，资产则是向发起人购买的基础资产。SPV是介于发起人和投资者之间的中介机构，是资产支持证券的真正发行人。Ⅳ项，信用增级机构负责提升证券化产品的信用等级。

15. 【答案】A

【解析】金融衍生工具又称为金融衍生产品，是与基础金融产品相对应的一个概念，指建立在基础产品或基础变量之上，其价格取决于基础金融产品价格(或数值)变动的派生金融产品。由金融衍生工具的定义可以看出，它们具有四个显著特性：①跨期性；②杠杆性；③联动性；④不确定性或高风险性。

16. 【答案】D

【解析】Ⅳ项，股东大会作出修改公司章程、增加或者减少注册资本的决议，以及公司合并、分立、解散或者变更公司形式的决议，必须经出席会议的股东所持表决权的2/3以上通过。

17. 【答案】C

【解析】当股份公司因解散或破产进行清算时，在对公司剩余资产的分配上，优先股股东排在债权人之后、普通股股东之前。但与公司债权人不同，优先股股东不可以要求无法支付股息的公司进入破产程序，不能向人民法院提出企业重整、和解或者破产清算申请。

18. 【答案】B

【解析】我国的证券投资基金依据基金合同设立基金份额持有人(即基金投资者)、基金管理人与基金托管人是基金合同的当事人，简称基金当事人。

19. 【答案】D

【解析】证券存管是指证券公司将投资者交给其保管的证券以及自身持有的证券统一交给证券登记结算机构保管，并由后者代为处理有关证券权益事务的行为。

20. 【答案】C

【解析】委托受理的手续和过程包括：①验证与审单。验证主要是对客户委托时递交的相关证件（如身份证件等）进行核实；审单主要是检查客户填写的委托单。②查验资金及证券。在不采用信用交易的情况下，客户必须用自己账户上的资金买入证券，或者卖出自己账户上实际存在的证券。因此，证券经纪商在受理客户委托买卖证券时，要查验证实客户的资金及证券。

21. 【答案】D

【解析】我国国债发行方式趋于市场化，包括：①以招标方式，向国债一级承销商发行可上市国债；②以承销方式，向商业银行和财政部所属国债经营机构等销售不上市的凭证式储蓄国债；③以定向招募方式，向社会保障机构和保险公司定向出售国债。

22. 【答案】D

【解析】科创板上市公司可能强制退市的情形主要包括：①重大违法强制退市；②交易类强制退市；③财务类强制退市；④规范类强制退市。

23. 【答案】A

【解析】1981 年后，我国发行的普通国债有记账式国债、储蓄国债（凭证式）和储蓄国债（电子式）。1987 年以来，财政部曾发行多种其他类型国债，主要有国家重点建设债券、国家建设债券、财政债券、特种债券、保值债券、基本建设债券、特别国债、长期建设国债等。

24. 【答案】C

【解析】中国证监会于 2020 年 6 月 12 日发布的《创业板上市公司证券发行注册管理办法（试行）》，对创业板上市公司发行股票作出以下规定：①上市公司擅自改变前次募集资金用途未作纠正，或者未经股东大会认可，不得向特定对象发行股票；②最近一年财务报表的编制和披露在重大方面不符合企业会计准则或者相关信息披露规则的规定，不得向特定对象发行股票。创业板上市公司增发股票除了要满足发行股票的一般规定还应当满足：发行价格不低于公告招股意向书前二十个交易日或者前一个交易日公司股票均价。Ⅲ项，属于主板（中小企业板）上市公司增发股票需要满足的条件。

25. 【答案】A

【解析】深证成分股指数以成分股的可流通股数为权数，采用加权平均法编制而成。深证系列综合指数均为派许加权股价指数，即以样本股发行总股本为权数进行加权逐日连锁计算。

26. 【答案】C

【解析】Ⅳ项，开放式基金每日公布基金单位资产净值。每季度公布资产组合，每 6 个月公布变更的招募说明书；封闭式基金每周公布基金单位资产净值，每季度公布资产组合。

27. 【答案】C

【解析】证券金融公司不以营利为目的，履行下列职责：①为证券公司融资融券业务提供资金和证券的转融通服务；②对证券公司融资融券业务运行情况进行监控；③监测分析全市场融资融券交易情况，运用市场化手段防控风险；④中国证监会确定的其他职责。

28. 【答案】C

【解析】期货合约的结算通过专门的结算公司，这是独立于买卖双方的第三方，投资者无须对对方负责，不存在信用风险，而只有价格变动的风险。期货合约具备对冲机制，履约回旋余地较大，实物交割比例极低，交易价格受最小价格变动单位限定和日交易振幅限定。

29. 【答案】B

【解析】证券市场监管，是指证券管理机构运用法律的、经济的以及必要的行政手段，对证券的募集、发行、交易等行为以及证券投资中介机构的行为进行监督与管理。证券市场监管是一国宏观经济监管体系中不可缺少的组成部分，对证券市场的健康发展意义重大。

30. 【答案】B

【解析】Ⅱ项，可交换债券的发债主体是上市公司的股东，通常是大股东；可转换债券的发债主体是上市公司本身。Ⅲ项，可转换债券转股会使发行人的总股本扩大，摊薄每股收益；可交换公司债券换股不会导致标的公司的总股本发生变化，也无摊薄每股收益的影响。

31. 【答案】C

【解析】股票价格指数期货比较重要的有芝加哥商业交易所的标准普尔股票价格指数期货系列、纽约期货交易所的纽约证券交易所综合指数期货系列、芝加哥期货交易所的道・琼斯指数期货系列、伦敦国际金融期权期货交易的富时 100 种股票价格指数期货系列、新加坡期货交易所的日经 225 指数期货、中国香港交易所的恒生指数期货、中国台湾证券交易所的台湾股票指数期货等。

32. 【答案】D

【解析】证券交易所作为自律管理的法人，依法对基金上市及相关信息披露等活动进行管理，对基金在交易所的投资交易实行监控。Ⅳ项属于国务院证券监督管理机构的职责。

33. 【答案】D

【解析】公司债券是指公司依照法定程序发行的、约定在一定期限还本付息的有价证券。与一般的公司债务相比，公司债券的特点包括：①公司债券是公司与不特定的社会公众形成的债权债务关系。②公司债券是一种可转让的债权债务关系，而一般的公司债务是依法限制转让的债权债务关系。③公司债券通过债券的方式表现，而一般的公司债务通过其他债权文书形式表现出来。④同次发行的公司债券的偿还期是一样的，而一般的公司债务可以有不同的偿还期。

34. 【答案】C

【解析】修正股价平均数是在简单算术平均数法的基础上，当样本股名单发生变化，或样本股的股本结构发生变化，或样本股的市值出现非交易因素的变动时，通过变动除数，使股价平均数保持连贯性。新除数（即修正后的除数，又称新基期）= 修正后的总价格（或总市值）× 原除数/修正前的总价格（或总市值），修正股价平均数 = 股份变动后的总价格/新除数。目前在国际上影响最大、历史最悠久的道·琼斯股价平均数就采用修正股价平均数法来计算股价平均数，每当股票分割、送股或增发、配股数超过原股份10%时，就对除数作相应的修正。

35. 【答案】A

【解析】资本市场互联互通机制逐步建立健全。2014 年 4 月 10 日，沪港通由中国证监会正式批复开展互联互通机制试点，并于 2014 年 11 月 17 日正式开通。2016 年 12 月 5 日，经中国证监会与香港证监会发布联合公告，深港通正式启动。2017 年 7 月 2 日，中国人民银行与香港金融管理局发布公告，决定批准香港与内地债券通上线。2018 年 10 月 12 日，中国证监会正式宣布推出沪伦通存托凭证(GDR)，规范 GDR 业务涉及的发行上市、交易、信息披露、跨境转换等行为。2019 年 4 月 22 日，上海证券交易所与日本交易所集团签署 ETF 互通协议。

36. 【答案】B

【解析】在招标结束后规定时间内，各中标承销团成员应通过招标系统填制债权托管申请书，在中央国债登记结算有限责任公司和中国证券登记结算有限责任公司上海分公司、深圳分公司选择托管。逾时未填制的，系统默认全部在中央国债登记结算有限责任公司托管。

37. 【答案】A

【解析】目前，国内外金融理论界对风险的定义或界定主要有以下三类观点：①风险是结果的不确定性，是一种变化。②风险是损失发生的可能性，或可能发生的损失。③风险是结果对期望的偏离，是(收益的)波动性。第三种定义体现了风险不仅包括损失的可能性，也包括对盈利可能性的覆盖。

38. 【答案】B

【解析】2012 年 12 月，修订后的《中华人民共和国证券投资基金法》颁布并于 2013 年 6 月 1 日正式实施，基金业监管的法律体系也日趋完善。新《中华人民共和国证券投资基金法》在许多方面实现了重大突破，如将私募基金纳入监管；放开机构准入，允许券商、保险、私募等资产管理机构发行公募基金；降低基金公司股东门槛；放宽基金投资范围等。

39. 【答案】B

【解析】基金公司设立的意义：①可以在证券公司出现关闭、破产等重大风险时，依据国家政策规范地保护投资者权益，通过简捷的渠道快速地对投资者特别是中小投资者予以保护。②有助于稳定市场，防止证券公司个案风险的传递和扩散。③对现有的国家行政监管部门、证券业协会和证券交易所等行业自律组织、市场中介机构等组成的全方位、多层次监管体系的一个重要补充，将在监测证券公司风险、推动证券公司积极稳妥地解决遗留问题和处置证券公司风险方面发挥重要作用。④为我国建立国际成熟市场通行的证券投资者保护机制搭建了平台，为我国资本市场制度建设向国际化靠拢提供了契机。

40. 【答案】B

【解析】托宾 q 理论的传导机制可以表示为：货币供应量↑→股价↑→托宾 q↑→投资↑→总产出↑。当 q 值大于 1 时，企业的市场价值将会大于重置成本，此时企业很容易以相对较高的价格来发行较少的股票，并买到较多的新投资品，这会导致投资增加，最终会提高社会总需求和总产品。

41. 【答案】C

【解析】根据国际货币基金组织的《金融稳健指标编制指南》，全球金融体系的主要参与者包括金融公司、非金融公司、住户、为住户服务的非营利机构、广义政府、公共部门。

42. 【答案】D

【解析】通过科创板的制度设计的创新，最终希望能实现三个平衡：投融资平衡，新增资金与试点进展同步匹配；一二级市场平衡，市场供求自发调节，定价合理；新老股东利益平衡，完善减持、定增和股权激励等。

43. 【答案】D

【解析】间接融资的具体特点包括：①资金获得的间接性，即资金需求者与资金初始供应者之间不发生直接信贷关系，而是由金融中介机构起桥梁作用，二者只与金融机构发生债权债务关系。②融资的相对集中性。③融资信誉的差异性相对较小。间接融资相对集中于银行或非银行金融机构，由于国家对金融机构的管理一般都较为严格，银行自身的经营也多采取稳健方针，加上一些国家实行了存款保险制度，相对于直接融资来说，间接融资的信誉程度高，风险也相对较小，融资的稳定性较强。④全部具有可逆性(即可返还性)。通过金融中介的融资均属借贷融资，到期必须归还并支付利息。⑤融资的主动权主要掌握在金融中介机构手中。由于间接融资的资金集中于商业银行等金融机构，资金贷给谁不贷给谁，并非由资金的初始供应者决定，而是由商业银行等金融中介机构决定。

44. 【答案】C

【解析】Ⅰ项，金融期权与金融期货都是人们常用的套期保值工具，但它们的作用与效果是不同的。Ⅱ项，人们利用金融期货进行套期保值，在避免价格不利变动造成损失的同时，也必须放弃若价格有利变动可能获得的利益。Ⅲ项，不能说金融期权比金融期货更为有利。如从保值角度来说，金融期货通常比金融期权更为有效，也更为便宜，而且要在金融期权交易中真正做到既保值又获利，事实上也并非易事。

45. 【答案】B

【解析】短期融资券发行前的信息披露，企业应通过中国货币网和中国债券信息网公布当期发行文件(包括发行公告、募集说明书、信用评级报告和跟踪评级安排、法律意见书、企业最近3年经审计的财务报告和最近1期会计报表)。首期发行短期融资券的，应至少在发行日前5个工作日公布发行文件；后续发行的，应至少在发行前3个工作日发布发行文件。

46. 【答案】C

【解析】传统的证券化资产包括银行的债权资产，如住房抵押贷款、商业地产抵押贷款、信用卡贷款、汽车贷款、企业贷款等；企业的债权资产，如应收账款、设备租赁等。这些传统的证券化产品一般被统称为资产支持证券，但美国通常将基于房地产抵押贷款的证券化产品特称为MBS，而将其余的证券化产品称为ABS。相对而言，ABS产品的分类更为繁杂，大致可以分为狭义的ABS和担保债务凭证两类。前者主要是基于某一类同质资产，如汽车贷款、信用卡贷款、学生贷款、设备租赁等为标的资产的证券化产品，也有期限在一年以下的资产支持商业票据；后者对应的基础资产则是一系列的债务工具，如高息债券、新兴市场企业债或国家债券、银行贷款，甚至传统的 MBS 等证券化产品。

47. 【答案】D

【解析】《公司债券发行与交易管理办法》规定，证券交易场所应当对公开发行公司债券的上市交易实施分类管理，实行差异化的交易机制，建立相应的投资者适当性管理制度，健全风险控制机制。我国《证券法》第九十六条规定："证券交易所、国务院批准的其他全国性证券交易场所为证券集中交易提供场所和设施。"

48. 【答案】A

【解析】从发起人的角度，资产证券化的好处是：①增加资产的流动性，提高资本使用效率；②提升资产负债管理能力，优化财务状况；③实现低成本融资；④增加收入来源。

49. 【答案】D

【解析】股票发行监管制度主要有三种：①审批制；②核准制；③注册制。审批制是完全计划发行的模式，核准制是从审批制向注册制过渡的中间模式，注册制则是依照法定条件进行证券发行申请注册的模式，是目前成熟股票市场普遍采用的模式。

50. 【答案】A

【解析】根据《货币市场基金监督管理办法》，对于每日按照面值进行报价的货币市场基金，可以在基金合同中将收益分配的方式约定为红利再投资，并应当每日进行收益分配。当日申购的基金份额自下一个交易日起享有基金的分配权益，当日赎回的基金份额自下一个交易日起不享有基金的分配权益，但中国证监会认定的特殊货币市场基金品种除外。

《金融市场基础知识》机考题库·真题试卷(二)

一、选择题(共50题，每题1分，共50分)以下备选项中只有1项符合题目要求，不选、错选均不得分。

1. 目前，A股、B股、证券投资基金的交易佣金实行(　　)。
   A. 由证券交易所制定的制度　　B. 最低下限向上浮动制度
   C. 最高上限和零之间浮动制度　　D. 最高上限向下浮动制度
2. 根据中国证监会的相关指引，ETF联接基金投资于目标ETF的资产不得低于基金资产净值的(　　)。
   A. 70%　　B. 80%　　C. 60%　　D. 90%
3. 表示到期时间变化对期权价值的影响程度的金融期权的风险指标是(　　)。
   A. Delta值　　B. Gamma值　　C. Rho值　　D. Theta值
4. 下列说法中，不属于期货交易特征的是(　　)。
   A. 不存在信用风险　　B. 标准化合约
   C. 实物交割比例低　　D. 在场外进行交易
5. 债券的必要回报率等于(　　)。
   A. 名义无风险收益率与预期通货膨胀率之和
   B. 实际无风险收益率与预期通货膨胀率之和
   C. 实际无风险收益率与风险溢价之和
   D. 名义无风险收益率与风险溢价之和
6. 按照《中国人民银行信用评级管理指导意见》的要求，信用评级机构应遵循的信用评级程序，下列说法中，错误的是(　　)。
   A. 信用评级机构项目负责人给出被评级对象的信用等级
   B. 被评级对象按合同规定向信用评级机构提供所需的真实、完整的有关资料、报表
   C. 信用评级机构收到被评级对象提供的资料、报表后，在合同规定期限内按有关规定进行详细审核，并就被评级对象经营及财务状况组织现场调查和访谈
   D. 被评级对象与信用评级机构当事双方签订评级合同，支付评估费
7. 单个沪股通交易日的单只沪股通股票担保卖空比例不得超过(　　)。
   A. 1%　　B. 15%　　C. 10%　　D. 5%
8. 证券公司向信用交易投资者收取的佣金、融资融券利息等相关费用，由证券公司通过(　　)扣收。
   A. 证券交易所　　B. 中国结算公司　　C. 证金公司　　D. 资金存管银行
9. 附权证的可分离公司债券与一般的可转换债券之间的区别不包括(　　)。
   A. 交易场所不同　　B. 权利载体不同
   C. 权利内容不同　　D. 行权方式不同
10. 使债券未来现金流现值等于当前价格所用的相同的贴现率是指(　　)。
    A. 当前收益率　　B. 到期收益率　　C. 持有期收益率　　D. 赎回收益率

11. 下列各种风险管理办法中，(　　)能够在风险事件发生之前，完全消除某一特定风险可能造成的损失。

A. 风险预防　　B. 风险转移　　C. 风险规避　　D. 风险分散

12. 下列关于金融衍生工具的发展动因，说法错误的是(　　)。

A. 金融衍生工具产生的最基本原因是投机

B. 20 世纪 80 年代以来的金融自由化进一步推动了金融衍生工具的发展

C. 金融机构的利润驱动

D. 新技术革命为金融衍生工具的产生与发展提供了物质基础与手段

13. 担任非公开募集基金的基金管理人，应当按照规定向(　　)履行登记手续，报送基本情况。

A. 中国证券投资基金业协会　　B. 中国证监会

C. 中国证券业协会　　D. 中国人民银行

14. 企业短期融资券应由已在(　　)备案的金融机构承销。

A. 中国人民银行　　B. 中国证监会

C. 国家发改委　　D. 财政部

15. 公开发行公司债券的上市公司应当为债券持有人聘请(　　)。

A. 经纪人　　B. 信用评级机构

C. 担保人　　D. 债券受托管理人

16. 交易者买入看涨期权，是因为其预期基础金融工具的价格在合约期限内将会(　　)。

A. 上涨　　B. 难以判断　　C. 不变　　D. 下跌

17. 深圳证券账户 T 日开立，(　　)日即可用于交易。

A. T+3　　B. T+1　　C. T+2　　D. T

18. 契约型基金通过(　　)来规范三方当事人的行为。

A. 股东大会　　B. 基金契约　　C. 基金章程　　D. 董事会

19. 股份公司只能以(　　)支付红利。

A. 留存收益　　B. 其他资本公积　　C. 资本公积　　D. 专项储备

20. 为改善和优化我国目前的投资者结构，需要大力培养(　　)，充分发挥其股市“稳定器”的作用。

A. 个人投资者　　B. 境外投资者　　C. 机构投资者　　D. 证券公司

21. 根据相关规定，短期融资券的注册会议原则上每周召开 1 次，由(　　)名注册委员会委员参加。

A. 7　　B. 9　　C. 5　　D. 3

22. 全国银行间同业拆借市场的主管部门是(　　)。

A. 财政部　　B. 中国证券监督管理委员会

C. 中国人民银行　　D. 中国银行保险监督管理委员会

23. 创业板在改革思路上，应坚持(　　)。

A. 两条主线、一个统筹　　B. 三条主线、一个统筹

C. 一条主线、三个统筹　　D. 一条主线、两个统筹

24. A 公司将自己拥有的 85% 的基金资产投资于股票，剩余的 15% 用于投资国债，由此可

以判断该证券投资基金属于(　　)。

A. 偏股基金　B. 股票基金　C. 混合型基金　D. 债券基金

25. 经国务院保险监督管理机构会同国务院证券监督管理机构批准，保险公司可以设立(　　)从事证券投资活动。

A. 证券公司　B. 保险资产管理公司

C. 基金公司　D. 投资公司

26. 下列关于债券报价与结算的说法，错误的是(　　)。

A. 债券的买卖报价分为净价和全价两种

B. 净价指不含应计利息的债券价格，单位为“元/百元面值”

C. 全价 = 净价 + 应计利息

D. 债券的结算为净价结算

27. 证券市场生存的条件是证券的(　　)。

A. 收益性　B. 稳定性　C. 流动性　D. 有效性

28. 根据《中华人民共和国证券投资基金法》的规定，应当通过召开基金份额持有人大会审议决定的事项为(　　)。

A. 更换基金管理人　B. 向基金份额持有人分配收益

C. 编制年度基金报告　D. 确定基金的赎回价格

29. 在我国，当公司破产清算或解散清算时，公司的剩余资产在分配给股东之前，一般按照下列顺序(　　)。

A. 清偿公司债务；缴纳所欠税款；支付公司员工工资和劳动保险费用；支付清算费用

B. 支付清算费用；支付公司员工工资和劳动保险费用；缴纳所欠税款；清偿公司债务

C. 支付清算费用；缴纳所欠税款；支付公司员工工资和劳动保险费用；清偿公司债务

D. 清偿公司债务；支付清算费用；支付公司员工工资和劳动保险费用；缴纳所欠税款

30. 下列各项业务中，不属于商业银行表外业务的是(　　)。

A. 承销股票　B. 贷款承诺　C. 银行承兑汇票　D. 委托贷款

31. 下列关于储蓄国债(电子式)的发行方式的说法中，正确的是(　　)。

A. 可采用公开招标方式　B. 可采用包销或代销方式

C. 只能采用包销方式　D. 只能采用代销方式

32. 下列不属于商业银行对企业信用风险分析的5Cs系统的是(　　)。

A. 经营持久性　B. 资本　C. 经营环境　D. 抵押品

33. 编制和公布日经225股价指数的是(　　)。

A. 日本大藏省　B. 道·琼斯公司

C. 日本经济新闻社　D. 东京证券交易所

34. 按基金的投资标的划分，证券投资基金可分为(　　)。

A. 债券基金、股票基金、货币市场基金、混合基金等

B. 封闭式基金与开放式基金

C. 成长型基金与收入型基金

D. 契约型基金与公司型基金

35. 资产证券化交易涉及的当事人较多且交易复杂。关于相关当事人在证券化过程中具有的

重要作用，说法错误的是(　　)。

A. 可以证券化的资产都属于优质资产，发行前不需要经过评级机构的信用评级

B. 特殊目的机构是介于发起人和投资者之间的中介机构，是资产支持证券的真正发行人

C. 资产证券化的发起人是资产证券化的起点

D. 受托人托管资产组合以及与之相关的一切权利，代表投资者行使职能

36. ETF 的申购和赎回在______进行，市场交易在______进行。(　　)

A. 二级市场；一级市场　　B. 二级市场；二级市场

C. 一级市场；二级市场　　D. 一级市场；一级市场

37. 在我国，股份有限公司向境外投资者募集并在我国境内上市的股份，称之为(　　)。

A. CDR　　B. 优先股　　C. B 股　　D. 境外投资股

38. 当基金投资标的为(　　)时，对其资产进行估值较为容易。

A. 问题证券　　B. 非交易证券

C. 交易不活跃的证券　　D. 交易活跃的证券

39. (　　)需要金融中介参与，资金需求者和资金初始供应者并不发生直接借贷关系。

A. 信贷融资　　B. 直接融资　　C. 间接融资　　D. 境外融资

40. 为具有高成长性的中小企业和高科技企业提供融资服务，又称“二板市场”的是(　　)。

A. 中小企业板市场　　B. 银行间市场

C. 创业板市场　　D. 交易所市场

41. 合约买方向卖方支付一定费用，在约定日期内，享有按事先规定的价格向合约卖方买卖某种金融工具的权利的契约，称之为(　　)。

A. 金融互换　　B. 金融期权　　C. 金融远期合同　　D. 金融期货

42. 众多的证券市场投资者保证了证券发行和交易的连续性，是推动证券市场价格形成和(　　)的根本保证。

A. 流动性　　B. 安全性　　C. 参与性　　D. 收益性

43. 仅从证券的市场行为来分析证券价格未来变化趋势的股票投资分析方法是(　　)。

A. 基本分析法　　B. 技术分析法　　C. 量化分析法　　D. 定性分析法

44. 下面对上市公司再融资描述中，不正确的是(　　)。

A. 上市公司再融资是指上市公司为达到增加资本和募集资金的目的而再发行股票或可转换债券的行为

B. 增发会扩大股东人数，分散股权，避免股份过度集中

C. 可转换债券能以较低的成本筹集到所需要的资金，能使公司将筹集到的期限有限的资金转化为长期稳定的股本，扩大了股本规模

D. 定向增发不会直接影响公司原股东利益

45. 小张拟认购开放式基金，在开立基金账户和资金账户后于 20×8 年 6 月 11 日提交了认购申请表，那么，自(　　)起小张可到办理认购的网点查询认购申请的受理情况。

A. 20×8 年 6 月 16 日　　B. 20×8 年 6 月 14 日

C. 20×8 年 6 月 15 日　　D. 20×8 年 6 月 13 日

46. H 股、N 股、S 股都属于(　　)。

A. 境内上市外资股　　B. 境外上市外资股

C. 国家股　　D. 法人股

47. 中国人民银行行长博鳌亚洲论坛分论坛上提出了一整套的金融领域的开放举措和明确的时间表，概括来说，主要有“三大原则”和“十二大措施”。其中，“三大原则”不包括(　　)。

A. 准入前国民待遇和负面清单原则

B. 进一步完善内地和香港两地股票市场互联互通机制

C. 金融业对外开放将与汇率形成机制改革和资本项目可兑换进程相互配合，共同推进

D. 在开放的同时，要重点防范金融风险，要使金融监管能力与金融开放度相匹配

48. 2003 年，中央提出建立多层次资本市场体系，经过十多年的发展和健全，我国逐渐建立起了多层次资本市场体系，其中，不属于场内市场的是(　　)。

A. 全国中小企业股份转让系统　　B. 科创板市场

C. 主板市场　　D. 区域股权交易市场

49. 目前，全球最大的外汇批发市场是(　　)。

A. 东京外汇市场　　B. 伦敦外汇市场

C. 美国外汇市场　　D. 香港外汇市场

50. 中国证券业协会的宗旨之一是发挥(　　)与证券行业间的桥梁和纽带作用。

A. 政府　　B. 证券公司　　C. 社会　　D. 投资者

二、组合型选择题(共 50 题，每题 1 分，共 50 分)以下备选项中只有 1 项最符合题目要求，不选、错选均不得分。

1. 证券公司在进行压力测试应当遵循的原则包括(　　)。

Ⅰ. 全面性原则　　Ⅱ. 实践性原则　　Ⅲ. 审慎性原则　　Ⅳ. 前瞻性原则

A. Ⅰ、Ⅱ　　B. Ⅱ、Ⅲ、Ⅳ

C. Ⅰ、Ⅱ、Ⅲ、Ⅳ　　D. Ⅰ、Ⅲ、Ⅳ

2. 普通股票股东分得的红利是不固定的，它取决于(　　)。

Ⅰ. 公司盈利水平　　Ⅱ. 股票的市值

Ⅲ. 公司经营状况　　Ⅳ. 股票的面值

A. Ⅰ、Ⅱ　　B. Ⅲ、Ⅳ　　C. Ⅰ、Ⅲ　　D. Ⅱ、Ⅳ

3. 2007 年 9 月，中国人民银行公布了《远期利率协议业务管理规定》，下列选项中，正确的有(　　)。

Ⅰ. 远期利率协议的买方支付以参考利率计算的利息

Ⅱ. 远期利率协议的卖方支付以合同利率计算的利息

Ⅲ. 远期利率协议的参考利率之一是中国人民银行公布的基准利率

Ⅳ. 远期利率协议交易既可以通过交易中心的交易系统达成，也可以通过电话、传真等其他方式达成

A. Ⅰ、Ⅱ、Ⅲ、Ⅳ　　B. Ⅲ、Ⅳ

C. Ⅰ、Ⅱ、Ⅲ　　D. Ⅰ、Ⅱ、Ⅳ

4. 下列关于证券承销的说法，正确的有(　　)。

Ⅰ. 发行人销售证券的方法包括自销和承销

Ⅱ. 一般情况下，公开发行以承销为主

Ⅲ. 承销方式有包销和代销两种

Ⅳ. 包销指承销商代发行人发售股票，在承销期结束时，将未售出的股票全部退还给发行人

A. Ⅰ、Ⅱ、Ⅲ、Ⅳ　　B. Ⅰ、Ⅱ

C. Ⅲ、Ⅳ　　D. Ⅰ、Ⅱ、Ⅲ

5. 做市商交易制度的特点有(　　)。

Ⅰ. 投资者买卖证券都以做市商为对手　　Ⅱ. 证券成交价格的形成由做市商决定

Ⅲ. 与其他投资者可以直接成交　　Ⅳ. 做市商的收入来源是买卖证券的差价

A. Ⅱ、Ⅲ　　B. Ⅰ、Ⅱ、Ⅲ、Ⅳ

C. Ⅰ、Ⅲ、Ⅳ　　D. Ⅰ、Ⅱ、Ⅳ

6. 下列有关金融期权的说法，正确的有(　　)。

Ⅰ. 期权的买方在支付期权费后，就获得了期权合约所赋予的权利

Ⅱ. 期权的买方可以选择行使他所拥有的权利

Ⅲ. 期权的卖方在收取期权费后，就承担着在规定时间内履行该期权合约的义务

Ⅳ. 当期权的买方选择行使权利时，期权的卖方可以有条件地履行合约规定的义务

A. Ⅰ、Ⅳ　　B. Ⅰ、Ⅱ、Ⅲ、Ⅳ

C. Ⅱ、Ⅲ、Ⅳ　　D. Ⅰ、Ⅱ、Ⅲ

7. 美国的住房抵押贷款包括(　　)。

Ⅰ. Alt－A 贷款　　Ⅱ. 优级贷款

Ⅲ. 机构担保贷款　　Ⅳ. 住房权益贷款

A. Ⅰ、Ⅱ、Ⅲ、Ⅳ　　B. Ⅰ、Ⅱ

C. Ⅰ、Ⅲ、Ⅳ　　D. Ⅱ、Ⅳ

8. 系统的基金业绩评估需要着手进行的步骤包括(　　)。

Ⅰ. 计算绝对收益　　Ⅱ. 计算风险调整后的收益

Ⅲ. 计算相对收益　　Ⅳ. 进行业绩归因

A. Ⅰ、Ⅲ、Ⅳ　　B. Ⅰ、Ⅱ、Ⅲ、Ⅳ

C. Ⅱ、Ⅲ　　D. Ⅰ、Ⅱ、Ⅳ

9. 股权分置是指 A 股市场上的上市公司股份按能否在证券交易所上市交易，被区分为(　　)。

Ⅰ. 优先股　　Ⅱ. 普通股　　Ⅲ. 非流通股　　Ⅳ. 流通股

A. Ⅰ、Ⅱ、Ⅳ　　B. Ⅱ、Ⅳ　　C. Ⅱ、Ⅲ　　D. Ⅲ、Ⅳ

10. 债券发行人在设计债券票面利率时需要考虑的因素有(　　)等。

Ⅰ. 投资者接受程度　　Ⅱ. 债券的信用等级

Ⅲ. 计息方式　　Ⅳ. 利息支付方式

A. Ⅰ、Ⅱ、Ⅳ　　B. Ⅲ、Ⅳ

C. Ⅰ、Ⅱ、Ⅲ、Ⅳ　　D. Ⅰ、Ⅱ、Ⅲ

11. 证券公司进行投资者教育和适当性管理工作需要重点突出的内容有(　　)。

Ⅰ. 从开户环节着手风险揭示

Ⅱ．让投资者充分理解“买者自负”的原则

Ⅲ．了解自己的客户

Ⅳ．帮助客户实现资产的保值增值

A．Ⅰ、Ⅱ、Ⅳ　　B．Ⅰ、Ⅱ、Ⅲ、Ⅳ

C．Ⅲ、Ⅳ　　D．Ⅰ、Ⅱ、Ⅲ

12．证券具有极高的流动性必须满足的条件是(　　)。

Ⅰ．很容易变现

Ⅱ．变现的交易成本极小

Ⅲ．本金保持相对稳定

Ⅳ．具有安全可靠的证券交易市场

A．Ⅰ、Ⅲ、Ⅳ　　B．Ⅰ、Ⅱ、Ⅲ、Ⅳ

C．Ⅰ、Ⅱ、Ⅲ　　D．Ⅱ、Ⅲ、Ⅳ

13．基于损失事件类型进行分类，操作风险包括(　　)。

Ⅰ．系统缺陷

Ⅱ．内部欺诈

Ⅲ．雇员活动和工作场所安全性风险

Ⅳ．对外赔偿

A．Ⅰ、Ⅱ、Ⅲ　　B．Ⅱ、Ⅲ

C．Ⅰ、Ⅳ　　D．Ⅰ、Ⅱ、Ⅲ、Ⅳ

14．证券市场按交易场所结构可以分为(　　)。

Ⅰ．有形市场　　Ⅱ．无形市场　　Ⅲ．外汇市场　　Ⅳ．货币市场

A．Ⅱ、Ⅲ　　B．Ⅲ、Ⅳ　　C．Ⅱ、Ⅳ　　D．Ⅰ、Ⅱ

15．目前我国股市投资者的结构特点有(　　)。

Ⅰ．个人投资者群体庞大

Ⅱ．个人投资者群体在迅速萎缩

Ⅲ．机构投资者迅速成长

Ⅳ．机构投资者数量大于个人投资者

A．Ⅰ、Ⅱ、Ⅲ　　B．Ⅰ、Ⅲ、Ⅳ　　C．Ⅱ、Ⅳ　　D．Ⅰ、Ⅲ

16．下列属于直接融资的有(　　)。

Ⅰ．民间借贷　　Ⅱ．租赁融资

Ⅲ．风险投资融资　　Ⅳ．债券市场融资

A．Ⅰ、Ⅱ、Ⅲ　　B．Ⅰ、Ⅲ　　C．Ⅱ、Ⅳ　　D．Ⅰ、Ⅲ、Ⅳ

17．有限售条件股份是指股份持有人依照法律、法规规定或按承诺有转让限制的股份，包括(　　)。

Ⅰ．因股权分置改革暂时锁定的股份

Ⅱ．内部职工股

Ⅲ．高级管理人员持有的股份

Ⅳ．董事、监事持有的股份

A．Ⅱ、Ⅲ　　B．Ⅰ、Ⅱ、Ⅲ、Ⅳ

C. Ⅰ、Ⅳ　　D. Ⅱ、Ⅲ、Ⅳ

18. 下列关于基金管理费的说法中，正确的有(　　)。
Ⅰ. 基金规模越大，风险越大，管理费率越低
Ⅱ. 基金管理费率通常与基金规模成反比，与风险成正比
Ⅲ. 管理费通常从基金的股息、利息收益中或从基金资产中扣除
Ⅳ. 管理费是向投资者另收取的费用
A. Ⅰ、Ⅳ　　B. Ⅰ、Ⅲ、Ⅳ　　C. Ⅰ、Ⅲ　　D. Ⅱ、Ⅲ

19. 上市公司发生下列(　　)情形，应当被强制退市。
Ⅰ. 上市公司社会公众持股比例不足10%
Ⅱ. 上市公司连续10个交易日(不含停牌交易日)每日股票收盘价均低于股票面值
Ⅲ. 上市公司在证券交易所规定期限内，未改正财务会计报告中的重大错报
Ⅳ. 法定期限届满后，上市公司在证券交易所规定的期限内未能披露半年度报告
A. Ⅰ、Ⅱ、Ⅲ　　B. Ⅰ、Ⅱ、Ⅳ
C. Ⅱ、Ⅲ、Ⅳ　　D. Ⅰ、Ⅲ、Ⅳ

20. 根据《上海证券交易所科创板股票上市规则》，发行人申请在上交所科创板上市，应当符合的条件包括(　　)。
Ⅰ. 发行后股本总额不低于人民币3000万元
Ⅱ. 发行后股本总额不低于人民币2000万元
Ⅲ. 首次公开发行的股份达到公司股份总数的25%以上，公司股本总额超过人民币3亿元的，首次公开发行股份的比例为5%以上
Ⅳ. 首次公开发行的股份达到公司股份总数的25%以上，公司股本总额超过人民币4亿元的，首次公开发行股份的比例为10%以上
A. Ⅰ、Ⅱ、Ⅲ　　B. Ⅰ、Ⅱ、Ⅳ　　C. Ⅰ、Ⅳ　　D. Ⅱ、Ⅳ

21. 按照国务院授权，中国证监会履行的行政管理职能包括(　　)。
Ⅰ. 负责制定上市公司分红政策
Ⅱ. 监管有信息披露义务股东的证券市场行为
Ⅲ. 起草证券期货市场的有关法律、法规
Ⅳ. 负责证券期货市场的统计与信息资源管理
A. Ⅰ、Ⅳ　　B. Ⅰ、Ⅱ、Ⅲ、Ⅳ
C. Ⅰ、Ⅱ、Ⅲ　　D. Ⅱ、Ⅲ、Ⅳ

22. 下列关于中国证券业协会宗旨的说法，正确的是(　　)。
Ⅰ. 在国家对证券业实行集中统一监督管理的前提下，进行证券业自律管理
Ⅱ. 发挥政府与证券行业的桥梁和纽带作用
Ⅲ. 为会员服务，维护会员的合法权益
Ⅳ. 维护证券业的正当竞争秩序，促进证券市场的公开、公平、公正，推动证券市场的健康稳定发展
A. Ⅰ、Ⅱ　　B. Ⅰ、Ⅱ、Ⅲ
C. Ⅰ、Ⅲ、Ⅳ　　D. Ⅰ、Ⅱ、Ⅲ、Ⅳ

23. 除国债利率外，常见的参考利率包括(　　)。

Ⅰ. 伦敦银行间同业拆放利率　　Ⅱ. 香港银行间同业拆放利率
Ⅲ. 欧洲美元定期存款单利率　　Ⅳ. 联邦基金利率
A. Ⅱ、Ⅲ、Ⅳ　　B. Ⅰ、Ⅱ、Ⅲ、Ⅳ
C. Ⅰ、Ⅱ、Ⅲ　　D. Ⅰ、Ⅳ

24. 下列关于基金费用列支的说法中，正确的有(　　)。
Ⅰ. 基金合同生效前的律师费，不得列入基金费用
Ⅱ. 基金管理人和基金托管人因未履行义务导致的基金费用支出可以列入基金费用
Ⅲ. 基金的证券交易市场佣金由证券公司收取，可以从基金财产中列支
Ⅳ. 基金的申购费可以从基金资产中列支
A. Ⅰ、Ⅱ、Ⅳ　　B. Ⅱ、Ⅲ、Ⅳ
C. Ⅰ、Ⅲ　　D. Ⅰ、Ⅱ、Ⅲ、Ⅳ

25. 非公开发行股票(也称定向增发)的特定发行对象包括(　　)。
Ⅰ. 公司控股股东、实际控制人及其控制的企业
Ⅱ. 与公司业务有关的企业
Ⅲ. 证券投资基金、证券公司等金融机构
Ⅳ. 二级市场投资者
A. Ⅰ、Ⅱ、Ⅲ、Ⅳ　　B. Ⅲ、Ⅳ
C. Ⅰ、Ⅱ、Ⅲ　　D. Ⅰ、Ⅱ

26. 下列关于证券公司次级债的说法中，正确的有(　　)。
Ⅰ. 证券公司向其他证券公司借入长期次级债务或发行长期次级债券，作为债权人的证券公司在计算自身净资本时应将借出或融出资金全额扣除
Ⅱ. 证券公司不得向其实际控制的子公司借入或发行次级债
Ⅲ. 证券公司风险控制指标不符合规定标准或偿还次级债务后将导致风险控制指标不符合规定标准的，不得偿还到期次级债务本息
Ⅳ. 证券公司提前偿还长期次级债务后 1 年之内不得再次借入新的长期次级债务，1 年之后新借入的次级债务应先按照提前偿还的长期次级债务剩余到期期限对应的比例计入净资本；在提前偿还的次级债务合同期限届满后，再按规定比例计入净资本
A. Ⅱ、Ⅲ、Ⅳ　　B. Ⅰ、Ⅲ　　C. Ⅰ、Ⅱ、Ⅲ　　D. Ⅱ、Ⅳ

27. 对基金信息披露的原则、内容、禁止行为等各方面作出了明确、严格规定的主要法律法规有(　　)。
Ⅰ.《中华人民共和国证券法》
Ⅱ.《中华人民共和国证券投资基金法》
Ⅲ.《公开募集证券投资基金信息披露管理办法》
Ⅳ.《证券业从业人员资格管理办法》
A. Ⅱ、Ⅲ　　B. Ⅲ、Ⅳ
C. Ⅰ、Ⅱ、Ⅲ、Ⅳ　　D. Ⅰ、Ⅱ、Ⅳ

28. 下列属于证券业协会对从业人员自律管理的有(　　)。
Ⅰ. 对从业人员的资格管理
Ⅱ. 从业人员的后续职业培训

Ⅲ. 制定从业人员的行为准则和道德规范

Ⅳ. 对从业人员的诚信信息管理

A. Ⅰ、Ⅲ　　B. Ⅰ、Ⅱ、Ⅲ、Ⅳ

C. Ⅱ、Ⅲ、Ⅳ　　D. Ⅰ、Ⅱ、Ⅳ

29. 信用评级的程序包括(　　)。

Ⅰ. 评级准备　Ⅱ. 实地调查　Ⅲ. 评定等级　Ⅳ. 资质控制

A. Ⅰ、Ⅱ、Ⅲ　　B. Ⅱ、Ⅲ、Ⅳ

C. Ⅰ、Ⅲ、Ⅳ　　D. Ⅰ、Ⅱ、Ⅳ

30. 下列关于股票价值与价格的说法中，正确的有(　　)。

Ⅰ. 股票的账面价值又称为面值，即在股票票面上标明的金额

Ⅱ. 股票价格是指股票在证券市场上买卖的价格，从理论上说，股票价格应由其价值决定

Ⅲ. 股票及其他有价证券的理论价格是根据现值理论而来的

Ⅳ. 股票的市场价格一般是指股票在一级市场上交易的价格

A. Ⅰ、Ⅱ　　B. Ⅱ、Ⅲ

C. Ⅰ、Ⅱ、Ⅲ、Ⅳ　　D. Ⅰ、Ⅱ、Ⅳ

31. 以下几类资产的风险性从大到小的排列顺序是(　　)。

Ⅰ. 股票　Ⅱ. 企业债　Ⅲ. 期货　Ⅳ. 国债

A. Ⅰ、Ⅲ、Ⅳ、Ⅱ　　B. Ⅲ、Ⅰ、Ⅱ、Ⅳ

C. Ⅲ、Ⅰ、Ⅳ、Ⅱ　　D. Ⅰ、Ⅲ、Ⅱ、Ⅳ

32. 下列关于资产支持证券的说法，正确的有(　　)。

Ⅰ. 资产证券化过程中发行的以资产池为基础的证券为资产支持证券

Ⅱ. 资产支持证券将流动性较低的资产转化为具有较高流动性的可交易证券

Ⅲ. 传统的证券化资产仅指银行的债权资产，如住房抵押贷款等

Ⅳ. 资产支持证券的发行能够改变发起人的资产结构，改善资产质量

A. Ⅰ、Ⅲ、Ⅳ　B. Ⅱ、Ⅲ　C. Ⅰ、Ⅱ、Ⅳ　D. Ⅰ、Ⅱ、Ⅲ

33. 关于金融互换交易，下列说法正确的是(　　)。

Ⅰ. 互换是指两个或两个以上的当事人按共同商定的条件，在约定的时间内定期交换现金流的金融交易

Ⅱ. 目前，按名义金额计算的互换交易已经成为最大的衍生交易品种

Ⅲ. 互换交易的主要用途是改变交易者资产或负债的风险结构，从而规避相应的风险

Ⅳ. 我国于 2012 年启动了股票收益互换业务试点工作

A. Ⅰ、Ⅱ、Ⅲ、Ⅳ　　B. Ⅰ、Ⅱ、Ⅲ

C. Ⅰ、Ⅲ、Ⅳ　　D. Ⅱ、Ⅲ、Ⅳ

34. 下列属于《证券投资基金运作管理办法》对证券投资基金利润分配要求的是(　　)。

Ⅰ. 封闭式基金的收益分配每年不得少于两次

Ⅱ. 开放式基金的基金合同应当约定每年基金利润分配的最少次数和基金利润分配的最低比例

Ⅲ. 按照规定，封闭式基金利润分配应当采用现金方式

Ⅳ. 开放式基金的基金份额持有人可以事先选择将所获分配的现金利润按照基金合同有关基金份额申购的约定转为基金份额

A. Ⅱ、Ⅲ、Ⅳ　B. Ⅰ、Ⅱ、Ⅲ　C. Ⅰ、Ⅱ　D. Ⅲ、Ⅳ

35. 2018 年 4 月中国人民银行等四部委发布《关于规范金融机构资产管理业务的指导意见》，其对信托行业产生影响的新规定主要有(　　)。

Ⅰ. 打破刚兑　Ⅱ. 限制嵌套

Ⅲ. 提高合格投资者门槛　Ⅳ. 允许适度降低合格投资者门槛

A. Ⅱ、Ⅳ　B. Ⅰ、Ⅲ　C. Ⅰ、Ⅱ、Ⅳ　D. Ⅰ、Ⅱ、Ⅲ

36. 全球性的国际金融机构主要包括(　　)。

Ⅰ. 国际货币基金组织　Ⅱ. 世界银行集团

Ⅲ. 国际清算银行　Ⅳ. 世界贸易组织

A. Ⅰ、Ⅱ、Ⅲ　B. Ⅰ、Ⅱ、Ⅲ、Ⅳ

C. Ⅲ、Ⅳ　D. Ⅰ、Ⅱ、Ⅳ

37. 我国中央银行所宣布的货币政策最终目标包括(　　)。

Ⅰ. 保持国际收支平衡　Ⅱ. 保持物价稳定

Ⅲ. 促进经济增长　Ⅳ. 促进证券市场发展

A. Ⅱ、Ⅳ　B. Ⅰ、Ⅱ、Ⅲ　C. Ⅰ、Ⅲ　D. Ⅲ、Ⅳ

38. 下列各项中，可以充当金融衍生工具基础的有(　　)。

Ⅰ. 通货膨胀率　Ⅱ. 信用等级

Ⅲ. 温室气体排放　Ⅳ. 银行定期存款单

A. Ⅰ、Ⅱ、Ⅳ　B. Ⅰ、Ⅲ、Ⅳ

C. Ⅱ、Ⅲ　D. Ⅰ、Ⅱ、Ⅲ、Ⅳ

39. 强制性的基金信息披露制度，其作用包括(　　)。

Ⅰ. 有利于培育和完善市场运行机制

Ⅱ. 有利于防止利益冲突和利益输送

Ⅲ. 有利于投资者提高操作水平和盈利能力

Ⅳ. 有利于增强市场参与各方对市场的理解和信心

A. Ⅰ、Ⅱ、Ⅳ　B. Ⅱ、Ⅲ　C. Ⅰ、Ⅲ、Ⅳ　D. Ⅰ、Ⅱ、Ⅲ、Ⅳ

40. 按照上海证券交易所的规定，属于下列(　　)情形的，首个交易日无价格涨跌幅限制。

Ⅰ. 首次公开发行上市股票　Ⅱ. 增发上市的股票

Ⅲ. 暂停上市后恢复上市的股票　Ⅳ. 退市后重新上市的股票

A. Ⅰ、Ⅱ、Ⅲ　B. Ⅰ、Ⅱ、Ⅲ、Ⅳ

C. Ⅰ、Ⅱ、Ⅳ　D. Ⅰ、Ⅲ、Ⅳ

41. 中央银行一般性货币政策工具主要包括(　　)。

Ⅰ. 存款准备金制度　Ⅱ. 再贴现政策

Ⅲ. 公开市场业务　Ⅳ. 短期流动性调节工具

A. Ⅰ、Ⅱ、Ⅲ　B. Ⅰ、Ⅲ、Ⅳ

C. Ⅱ、Ⅳ　D. Ⅰ、Ⅱ、Ⅲ、Ⅳ

42. 中国人民银行公开市场业务债券交易包括(　　)。

Ⅰ. 债券交易　　Ⅱ. 发行中央银行票据
Ⅲ. 发行短期融资券　　Ⅳ. 回购交易
A. Ⅰ、Ⅱ、Ⅲ、Ⅳ　　B. Ⅰ、Ⅳ
C. Ⅰ、Ⅱ、Ⅳ　　D. Ⅱ、Ⅲ

43. 资产证券化的参与主体包括(　　)。
Ⅰ. 发起人　　Ⅱ. 承销商　　Ⅲ. 服务商　　Ⅳ. 受托人
A. Ⅲ、Ⅳ　　B. Ⅰ、Ⅱ、Ⅳ
C. Ⅰ、Ⅱ、Ⅲ　　D. Ⅰ、Ⅱ、Ⅲ、Ⅳ

44. 投资债券基金主要面临的风险包括(　　)。
Ⅰ. 利率风险　　Ⅱ. 操作风险
Ⅲ. 提前赎回风险　　Ⅳ. 信用风险
A. Ⅰ、Ⅱ、Ⅲ　　B. Ⅰ、Ⅱ、Ⅲ、Ⅳ
C. Ⅱ、Ⅲ、Ⅳ　　D. Ⅰ、Ⅲ、Ⅳ

45. 证券投资基金从证券市场取得的收入有(　　)。
Ⅰ. 买卖股票的价差收入　　Ⅱ. 买卖债券的价差收入
Ⅲ. 股权的红利收入　　Ⅳ. 印花税返还收入
A. Ⅰ、Ⅱ、Ⅳ　　B. Ⅲ、Ⅳ　　C. Ⅰ、Ⅱ、Ⅲ　　D. Ⅰ、Ⅱ

46. 国内证券公司"走出去"的过程中存在的问题包括(　　)。
Ⅰ. 部分机构下设机构较多，层级较多，内部架构不清晰，管控不到位
Ⅱ. 部分机构将业务拓展至非金融领域，有的还返程境内设立子公司从事与母公司相同的业务
Ⅲ. 部分机构没有信息报送机制，对证券基金经营机构及其相关人员的法律责任不明确
Ⅳ. 证券基金经营机构对境外机构管控不足，存在风险隐患
A. Ⅱ、Ⅲ　　B. Ⅰ、Ⅱ、Ⅳ
C. Ⅰ、Ⅱ、Ⅲ、Ⅳ　　D. Ⅰ、Ⅲ、Ⅳ

47. 证券交易所的职能有(　　)。
Ⅰ. 确定证券交易价格
Ⅱ. 提供证券交易场所和设施
Ⅲ. 对证券上市交易公司进行监管
Ⅳ. 管理和公布市场信息
A. Ⅱ、Ⅲ、Ⅳ　　B. Ⅰ、Ⅱ、Ⅲ、Ⅳ
C. Ⅰ、Ⅲ　　D. Ⅱ、Ⅳ

48. 当证券投资者保护基金有限责任公司发现证券公司经营管理中出现可能危及(　　)的重大风险时，应当及时向有关部门提出监管、处置建议。
Ⅰ. 投资者利益　　Ⅱ. 证券公司利益
Ⅲ. 监管部门利益　　Ⅳ. 证券市场安全
A. Ⅰ、Ⅳ　　B. Ⅰ、Ⅲ　　C. Ⅰ、Ⅱ　　D. Ⅱ、Ⅲ

49. 下列选项中属于金融期权基本功能的有(　　)。
Ⅰ. 套期保值功能　　Ⅱ. 价格发现功能

Ⅲ. 投机功能　　　　　　　　　　Ⅳ. 套利功能

A. Ⅰ、Ⅱ、Ⅲ　　　　　　　　　B. Ⅰ、Ⅱ、Ⅲ、Ⅳ

C. Ⅱ、Ⅲ、Ⅳ　　　　　　　　　D. Ⅰ、Ⅲ、Ⅳ

50. 下列违反了证券交易必须遵守的公开原则的有(　　)。

Ⅰ. 上市公司的一些重大事项未及时向社会公布

Ⅱ. 在自己实际控制的未公开的账户之间进行交易

Ⅲ. 证券交易中的欺诈行为

Ⅳ. 上市公司董事长发生变动未向社会披露

A. Ⅱ、Ⅲ　　　B. Ⅰ、Ⅳ　　　C. Ⅰ、Ⅱ、Ⅳ　　　D. Ⅰ、Ⅲ、Ⅳ

《金融市场基础知识》机考题库·真题试卷(二)
参考答案及详解

一、选择题(共50题，每题1分，共50分)以下备选项中只有1项符合题目要求，不选、错选均不得分。

1. 【答案】D

【解析】根据中国证监会、国家发展计划委员会(现为国家发展和改革委员会)、国家税务总局联合发出的《关于调整证券交易佣金收取标准的通知》，从2002年5月1日开始，A股、B股、证券投资基金的交易佣金实行最高上限向下浮动制度。

2. 【答案】D

【解析】ETF是一种在交易所上市交易的、基金份额可变的基金。ETF结合了封闭式基金与开放式基金的运作特点，一方面，基金份额可以像封闭式基金一样在交易所二级市场进行买卖；另一方面，又可以像开放式基金一样申购、赎回。ETF联接基金是指将大部分基金资产(通常在90%以上)投资于跟踪同一标的指数的ETF，密切跟踪标的指数表现，追求跟踪误差最小化的开放式基金。

3. 【答案】D

【解析】Delta值反映期权标的证券价格变化对期权价格影响程度。Gamma值反映期权标的证券价格变化对Delta值的影响程度。Rho值反映无风险利率变化对期权价格的影响程度。Theta值反映到期时间变化对期权价值的影响程度。

4. 【答案】D

【解析】期货合约在交易所内交易，具有公开性，而远期合约在场外进行交易。期货合约是标准化合约，除了价格，合约的品种、规格、质量、交货地点、结算方式等也有统一规定。远期合约的所有事项都要由交易双方一一协商确定，谈判复杂，但适应性强。

5. 【答案】D

【解析】债券的必要回报率是投资者对该债券要求的最低回报率，其计算公式为：债券必要回报率 = 真实无风险收益率 + 预期通货膨胀率 + 风险溢价 = 名义无风险收益率 + 风险溢价。

6. 【答案】A

【解析】信用评级机构应遵循以下信用评级程序：①被评对象与信用评级机构当事双方签订评级合同，支付评估费。②被评对象按合同规定向信用评级机构提供所需的真实、完整的有关资料、报表。③信用评级机构收到被评对象提供的资料、报表后，在合同规定期限内按有关规定进行详细审核，并就被评对象经营及财务状况组织现场调查和访谈。④信用评级机构综合搜集到的与被评对象有关的信息资料，经加工分析后提出信用评级报告书。⑤信用评级机构召开内部信用评级评审委员会，评定等级。

7. 【答案】A

【解析】单个沪股通交易日的单只沪股通股票担保卖空比例不得超过1%；连续10个沪股通交易日的单只沪股通股票担保卖空比例累计不得超过5%。

8. 【答案】D

【解析】证券公司向信用交易投资者收取的佣金、融资融券利息及其他相关费用，由证券公司通过资金存管银行扣收。

9. 【答案】A

【解析】附权证的分离交易的可转换公司债券与一般的可转换债券之间存在以下区别：①权利载体不同。可转换债券的权利载体是债券本身，而附权证债券的权利载体是权证。②行权方式不同。可转换债券持有人在行使权利时，将债券按规定的转换比例转换为上市公司股票，债券将不复存在；而附权证债券发行后，权证持有人将按照权证规定的认股价格以现金认购标的股票，对债券不产生直接影响。③权利内容不同。可转换债券持有人的转股权有效期通常等于债券期限，债券发行条款中可以规定若干修正转股价格的条款；而附权证债券的权证有效期通常不等于债券期限，只有在正股除权除息时才调整行权价格和行权比例。

10. 【答案】B

【解析】债券的到期收益率是使债券未来现金流现值等于当前价格所用的相同的贴现率，也就是金融学中所谓的内部报酬率。

11. 【答案】C

【解析】风险规避策略，是指金融机构通过拒绝或退出某一业务或市场来消除本机构对该业务或市场的风险暴露。风险规避策略的应用对象往往是金融机构不擅长承担和管理的非目标风险、超过金融机构资本金承受范围的过度风险和不具有适当风险溢价的不当风险。

12. 【答案】A

【解析】金融衍生工具产生的最基本原因是避险。20 世纪 70 年代以来，随着美元的不断贬值，布雷顿森林体系崩溃，国际货币制度由固定汇率制走向浮动汇率制。

13. 【答案】A

【解析】非公开募集基金的基金管理人，应当按照规定向中国证券投资基金业协会履行登记手续，报送基本情况。按照基金合同约定，非公开募集基金可以由部分基金份额持有人作为基金管理人负责基金的投资管理活动。

14. 【答案】A

【解析】企业短期融资券是企业为解决临时性、季节性资金需要而向社会发行的短期债券。在中国，企业发行短期融资券需经过中国人民银行的批准方可发行。企业发行短期融资券应由已在中国人民银行备案的金融机构承销。

15. 【答案】D

【解析】根据《公司债券发行与交易管理办法》第四十八条，发行人应当为债券持有人聘请债券受托管理人，并订立债券受托管理协议；在债券存续期限内，由债券受托管理人按照规定或协议的约定维护债券持有人的利益。

16. 【答案】A

【解析】认购期权也被称为看涨期权，指期权的买方具有在约定期限内（或合约到期日）按行权价格（也被称为敲定价格或执行价格）买入一定数量基础金融工具的权利。交易者之所以买入认购期权，是因为他预期基础金融工具的价格在合约期限内将会上涨。

17. 【答案】D

【解析】目前，上海证券账户当日开立，次一交易日生效。深圳证券账户当日开立，当日即可用于交易。

18. 【答案】B

【解析】公司型基金通过公司章程规范三方当事人的行为。契约型基金是基于信托原理而组织起来的代理投资方式，没有基金章程，也没有公司董事会，而是通过基金契约来规范三方当事人的行为。

19. 【答案】A

【解析】普通股股东行使资产收益权有一定的限制条件，其中在法律上的限制的一般原则包括：①股份公司只能用留存收益支付红利；②红利的支付不能减少其注册资本；③公司在无力偿债时不能支付红利。

20. 【答案】C

【解析】改善和优化投资者结构需要大力培养机构投资者，充分发挥机构投资者对股市的“稳定器”作用，导入理性、成熟的投资理念，引导广大中小投资者理性投资、遏制投机，促进证券市场规范、稳健、高效发展。

21. 【答案】C

【解析】短期融资券的注册会议原则上每周召开 1 次，由 5 名注册委员会委员参加，参会委员从注册委员会全体委员中抽取。

22. 【答案】C

【解析】中国人民银行履行以下职责：①发布与履行其职责有关的命令和规章。②依法制定和执行货币政策。③发行人民币，管理人民币流通。④监督管理银行间同业拆借市场和银行间债券市场。⑤实施外汇管理，监督管理银行间外汇市场。⑥监督管理黄金市场。⑦持有、管理、经营国家外汇储备、黄金储备。⑧经理国库；维护支付、清算系统的正常运行。⑨指导、部署金融业反洗钱工作，负责反洗钱的资金监测。负责金融业的统计、调查、分析和预测。⑩作为国家的中央银行，从事有关的国际金融活动。⑪国务院规定的其他职责。

23. 【答案】C

【解析】创业板在改革思路上，把握好“一条主线”“三个统筹”。一条主线即实施以信息披露为核心的股票发行注册制。“三个统筹”即：①统筹推进创业板改革与多层次资本市场体系建设；②统筹推进试点注册制与其他基础制度建设；③统筹推进增量改革与存量改革。

24. 【答案】B

【解析】股票基金是指以股票为主要投资对象的证券投资基金。在我国，根据中国证监会对基金类别的分类标准，80% 以上的基金资产投资于股票的，为股票基金。

25. 【答案】B

【解析】《中华人民共和国保险法》规定，债券、股票、证券投资基金份额等有价证券均属保险公司资金运用范围，经国务院保险监督管理机构会同国务院证券监督管理机构批准，保险公司可以设立保险资产管理公司从事证券投资活动，还可运用受托管理的企业年金进行投资。

26. 【答案】D

【解析】债券买卖报价分为净价和全价两种，结算为全价结算。所报价格为每 100 元面值债券的价格。净价是指不含应计利息的债券价格，单位为“元/百元面值”。

27. 【答案】C

【解析】证券的流动性是证券市场生存的条件。如果证券市场缺乏流动性，或者说不能提供充分的流动性，证券市场的功能就要受到影响。

28. 【答案】A

【解析】根据《中华人民共和国证券投资基金法》的规定，下列事项应当通过召开基金份额持有人大会审议决定：①提前终止基金合同。②基金扩募或者延长基金合同期限。③转换基金运作方式。④提高基金管理人、基金托管人的报酬标准。⑤更换基金管理人、基金托管人。⑥基金合同约定的其他事项。

29. 【答案】B

【解析】我国《公司法》规定，公司财产在分别支付清算费用、职工的工资、社会保险费用和法定补偿金，缴纳所欠税款，清偿公司债务后的剩余财产，按照股东持有的股份比例分配。公司财产在未按照规定清偿前，不得分配给股东。

30. 【答案】A

【解析】商业银行的表外业务主要分为担保承诺类、代理投融资服务类、中介服务类、其他类等，其中：①担保类业务包括银行承兑汇票、保函、信用证、信用风险仍在银行的销售与购买协议等。②承诺类业务包括贷款承诺等。③代理投融资服务类业务包括委托贷款、委托投资、代客非保本理财、代客交易、代理发行和承销债券等。④中介服务类业务包括代理收付、财务顾问、资产托管、各类保管业务等。

31. 【答案】B

【解析】目前，储蓄国债（凭证式）发行完全采用承购包销方式，储蓄国债（电子式）发行可采用包销或代销方式，记账式国债发行完全采用公开招标方式。

32. 【答案】A

【解析】专家系统是金融机构在长期经营信贷业务承担信用风险过程中逐步发展并完善的传统信用分析方法。在诸多专家分析系统中，5Cs 系统使用得最为广泛。5Cs 系统是指品德、资本、还款能力、抵押和经营环境。

33. 【答案】D

【解析】日经 225 种平均股价指数以在东京证券交易所第一市场上市的 225 种股票为样本股。该指数从 1950 年起连续编制，具有较好的可比性，成为反映和分析日本股票市场价格长期变动趋势最常用和最可靠的指标。

34. 【答案】A

【解析】按基金的投资标的划分，证券投资基金可分为股票基金、债券基金、混合基金、货币市场基金等。股票基金是指以股票为主要投资对象的证券投资基金，债券基金是一种以债券为主要投资对象的证券投资基金，混合基金是指同时投资于股票与债券的基金，货币市场基金是仅以货币市场工具为投资对象的一种基金。

35. 【答案】A

【解析】A 项，如果发行的证券化产品属于债券，发行前必须经过评级机构进行信用评级。相当部分的资产证券化操作会同时选用两家评级机构来对证券进行评级，以增强投资者的信心。

36. 【答案】C

【解析】ETF实行一级市场和二级市场并存的交易制度。在一级市场，投资者可以在交易时间内以ETF指定的一篮子股票申购ETF份额或以ETF份额赎回一篮子股票。在二级市场，ETF与普通股票一样在证券交易所挂牌交易，基金买入申报数量为100份或其整数倍，不足100份的基金可以卖出，机构投资者和中小投资者都可以按市场价格进行ETF份额交易。

37. 【答案】C

【解析】境内上市外资股原来是指股份有限公司向境外投资者募集并在我国境内上市的股份，投资者限于：外国的自然人、法人和其他组织；我国香港、澳门、台湾地区的自然人、法人和其他组织；定居在国外的中国公民等。这类股票被称为B股。

38. 【答案】D

【解析】当基金投资标的为交易活跃的证券时，对其资产进行估值较为容易。在这种情况下，市场交易价格是可获得并被接受的，也是公允的，因此，也是可信的，直接采用市场交易价格就可以对标的资产估值。

39. 【答案】C

【解析】间接融资是指资金盈余者通过存款等形式，或者购买银行、信托和保险等金融机构发行的有价证券，将其暂时闲置资金先行提供给金融机构，再由这些金融机构以贷款、贴现或购买有价证券的方式把资金提供给短缺者，从而实现资金融通的过程。

40. 【答案】C

【解析】创业板市场又被称为二板市场，是为具有高成长性的中小企业和高科技企业提供融资服务的资本市场。创业板市场是不同于主板市场的独特的资本市场，具有前瞻性、高风险、监管要求严格以及明显的高技术产业导向的特点。

41. 【答案】B

【解析】金融期权是指合约买方向卖方支付一定费用(被称为期权费或期权价格)，在约定日期内(或约定日期)享有按事先确定的价格向合约卖方买卖某种金融工具的权利的契约。金融期权包括现货期权和期货期权两大类。除交易所交易的标准化期权、权证之外，还存在大量场外交易的期权。

42. 【答案】A

【解析】证券市场投资者是证券市场的资金供给者。证券市场投资者的种类较多，既有个人投资者，也有机构投资者。众多的证券市场投资者保证了证券发行和交易的连续性，是推动证券市场价格形成和流动性的根本动力。

43. 【答案】B

【解析】技术分析法是仅从股票的市场行为来分析股票价格未来变化趋势的方法。股票的市场行为可以有多种表现形式，其中，股票的市场价格、成交量、价和量的变化以及完成这些变化所经历的时间是市场行为最基本的表现形式。技术分析法主要有K线理论、切线理论、形态理论、技术指标理论、波浪理论和循环周期理论。

44. 【答案】D

【解析】D 项，非公开发行股票也称为定向增发，是股份公司向特定对象发行股票的增资方式。这种增资方式会直接影响公司原股东利益，需要经过股东大会特别批准。

45. 【答案】D

【解析】销售机构对认购申请的受理并不代表该申请一定成功，而仅代表销售机构接受了认购申请，申请的成功与否应以注册登记机构的确认结果为准。投资者于 T 日提交认购申请后，可于 T+2 日起到办理认购的网点查询认购申请的受理情况。认购申请无效的，认购资金将退回到投资人资金账户。认购的最终结果要待基金募集期结束后才能确认。6 月 11 日提交认购申请表，在 2 天后即6 月 13 日可查询受理情况。

46. 【答案】B

【解析】境外上市外资股是指股份有限公司向境外投资者募集并在境外上市的股份，它主要由 H 股、N 股、S 股构成。

47. 【答案】B

【解析】"三大原则"包括：①准入前国民待遇和负面清单原则；②金融业对外开放将与汇率形成机制改革和资本项目可兑换进程相互配合，共同推进；③在开放的同时要重视防范金融风险，要使金融监管能力与金融开放度相匹配。

48. 【答案】D

【解析】2003 年，中央提出建立多层次资本市场体系，经过十多年的发展与健全，我国逐渐建立起包含沪深证券交易所的主板市场、科创板市场、深圳证券交易所的创业板市场、全国中小企业股份转让系统、区域股权交易市场、券商柜台市场、机构间私募产品报价与服务系统、私募基金市场等内容的多层次资本市场体系。其中，主板市场、科创板市场、创业板市场和全国中小企业股份转让系统属于场内市场，区域股权交易市场、券商柜台市场、机构间私募产品报价与服务系统和私募基金市场属于场外市场。

49. 【答案】B

【解析】伦敦外汇市场是全球最大的外汇批发市场，没有固定的交易场所，参与外汇交易的银行及其他机构约 600 家，通过现代化电子通信系统完成交易。

50. 【答案】A

【解析】中国证券业协会的宗旨是："遵守国家宪法、法律、法规和经济方针政策，遵守社会道德风尚，坚持中国共产党的领导，在国家对证券业实行集中统一监督管理的前提下，进行证券业自律管理；发挥政府与证券行业间的桥梁和纽带作用；为会员服务，维护会员的合法权益；维护证券业的正当竞争秩序，促进证券市场的公开、公平、公正，推动证券市场的健康稳定发展。"

二、组合型选择题(共 50 题，每题 1 分，共 50 分)以下备选项中只有 1 项最符合题目要求，不选、错选均不得分。

1. 【答案】C

【解析】证券公司进行压力测试，应当遵循以下原则：①全面性原则。证券公司压力测试应当全面覆盖公司各个业务领域、所有子公司以及比照子公司管理的各类孙公司的各类风险，并充分考虑各类风险间的相关性。②实践性原则。证券公司开展压力测试的流程与方法应当具备针对性和可操作性，与经营管理实践紧密结合。③审慎性原则。证券公司开展压力测试所选用的风险因素、数量模型、情景假设应当审慎合理，符合行业和公司实际。④前瞻性原则。证券公司开展压力测试应当综合考虑宏观经济运行周期、行业发展变化趋势以及公司发展战略规划，合理预见各种可能出现的极端不利情况和风险。

2. 【答案】C

【解析】普通股股东的股息收益并不固定，既取决于公司当年盈利状况和经营状况，也要看当年具体的分配政策，很有可能公司决定当年不分配。而优先股的股息收益一般是固定的，尤其对于具有强制分红条款的优先股而言，只要公司有利润可以分配，就应当按照约定的数额向优先股股东支付。

3. 【答案】B

【解析】《远期利率协议业务管理规定》规定，远期利率协议的买方支付以合同利率计算的利息，卖方支付以参考利率计算的利息。远期利率协议的参考利率应为经中国人民银行授权的全国银行间同业拆借中心等机构发布的银行间市场具有基准性质的市场利率或中国人民银行公布的基准利率，具体由交易双方共同约定。远期利率协议交易既可以通过交易中心的交易系统达成，也可以通过电话、传真等其他方式达成。

4. 【答案】D

【解析】Ⅳ项，包销是指承销商将发行人的股票按照协议全部购入，或者在承销期结束时将售后剩余股票全部自行购入的承销方式。代销是指承销商代发行人发售股票，在承销期结束时，将未售出的股票全部退还给发行人的承销方式。

5. 【答案】D

【解析】报价驱动是一种连续交易商市场，也被称为做市商市场。在这一市场中，证券交易的买价和卖价都由做市商给出，做市商将根据市场的买卖力量和自身情况进行证券的双向报价。投资者之间并不直接成交，而是从做市商手中买进证券或向做市商卖出证券。做市商在其所报的价位上接受投资者的买卖要求，以其自有资金或证券与投资者交易。做市商的收入来源是买卖证券的差价。报价驱动的特点有：①证券成交价格的形成由做市商决定；②投资者买卖证券都以做市商为对手，与其他投资者不发生直接关系。

6. 【答案】D

【解析】Ⅳ项，期权交易实际上是一种权利的单方面有偿让渡。期权的买方以支付一定数量的期权费为代价而拥有这种权利，但不承担必须买进或卖出的义务；期权的卖方则在收取一定数量的期权费后，在一定期限内必须无条件服从买方的选择并履行成交时的允诺。

7. 【答案】A

【解析】在美国，住房抵押贷款大致可以分为五类：①优级贷款，对象为消费者信用评分最高的个人；②Alt－A贷款，对象为信用评分较高但信用记录较弱的个人；③次级贷款，对象为信用分数较差的个人；④住房权益贷款，对已经抵押过的房产，若房产总价扣减净值后仍有余额，可以申请再抵押；⑤机构担保贷款，指经由政府住房按揭贷款支持机构担保的贷款。

8. 【答案】B

【解析】不同基金的投资目标、范围、比较基准等均有差别，因此，基金的表现不能仅仅看回报率。系统的基金业绩评估要从四个方面入手：①计算绝对收益；②计算风险调整后收益；③计算相对收益；④进行业绩归因。

9. 【答案】D

【解析】股权分置是指 A 股市场上的上市公司股份按能否在证券交易所上市交易，被区分为非流通股和流通股，这是我国经济体制转轨过程中形成的特殊问题。

10. 【答案】C

【解析】发行者确定债券票面利率时主要考虑的因素有：①投资者的接受程度。②债券的信用级别。③利息的支付方式和计息方式。④证券主管部门的管理和指导。

11. 【答案】D

【解析】证券公司应当建立健全投资者教育和适当性管理的工作机制和业务流程，要将投资者教育和适当性管理工作融入经纪业务流程，具体体现在客户服务体系的各个环节。重点突出在以下几个方面：①要从开户环节着手风险揭示，向客户讲解有关业务合同、协议的内容，明示证券投资的风险，并由客户在《风险揭示书》上签字确认。③要持续地采取各种有效方式让投资者充分理解“买者自负”的原则，真正明白“股市有风险，入市须谨慎”的警示。④要了解自己的客户，要根据客户尤其是新入市的中小客户的身份、财产与收入状况、证券投资经验等，对客户进行风险偏好和风险承受能力评估，向客户提供适当的产品和服务，引导客户从风险承受能力等自身实际情况出发，审慎投资，合理配置金融资产。⑤证券公司在进行产品和业务推介时，应当清楚说明不同产品和业务的区别，使客户充分认识不同产品和业务的风险特征，使每一个客户了解自己要购买的是什么产品、有何特点和风险。⑥证券公司应当向客户明确告知公司的法定业务范围，帮助投资者增强自我保护意识。提高识别能力。警惕和自觉抵制各种不受法律保护的非法证券活动。

12. 【答案】C

【解析】证券的流动性是指证券变现的难易程度。证券具有极高的流动性必须满足三个条件：①很容易变现；②变现的交易成本极小；③本金保持相对稳定。证券的流动性可通过到期兑付、承兑、贴现、转让等方式实现。不同证券的流动性是不同的。

13. 【答案】B

【解析】诱发操作风险的原因很多，巴塞尔委员会将操作风险事件划分为七种类型：①内部欺诈；②外部欺诈；③雇员活动和工作场所安全性风险；④客户、产品及业务活动中的操作性风险；⑤实物资产损坏；⑥营业中断或信息技术系统瘫痪；⑦执行、交割和流程管理中的操作性风险。

14. 【答案】D

【解析】按层次结构划分，证券市场可分为发行市场和交易市场。按品种结构划分，证券市场可分为股票市场、债券市场、基金市场、衍生产品市场等。按交易活动是否在固定场所进行，证券市场分为有形市场和无形市场。

15. 【答案】D

【解析】总体来说，证券投资者可分为机构投资者和个人投资者两大类。个人投资者是证券市场最广泛的投资者。从交易金额占比来看，个人投资者的成交占比明显更为活跃。近年来，机构交易占比呈现上升态势。

16. 【答案】D

【解析】直接融资是指资金盈余单位通过直接与资金需求单位协议，或在金融市场上购买资金需求单位所发行的股票、债券等有价证券，将货币资金提供给需求单位使用。常见的直接融资方式有股票市场融资、债券市场融资、风险投资融资、商业信用融资、民间借贷等。

17. 【答案】B

【解析】有限售条件股份是指股份持有人依照法律、法规规定或按承诺有转让限制的股份，包括因股权分置改革暂时锁定的股份，内部职工股，董事、监事、高级管理人员持有的股份等。具体包括：①国家持股。②国有法人持股。③其他内资持股。④外资持股。

18. 【答案】D

【解析】Ⅰ项，基金规模越大，基金管理费率越低；基金风险程度越高，基金管理费率越高。Ⅳ项，基金管理费是基金管理人管理基金资产而向基金收取的费用。

19. 【答案】D

【解析】Ⅱ项，上市公司连续20个交易日（不含停牌交易日）每日股票收盘价均低于股票面值，会被强制退市。

20. 【答案】C

【解析】根据《上海证券交易所科创板股票上市规则》，发行人申请在上交所科创板上市，应当符合下列条件：发行后股本总额不低于人民币3000万元；首次公开发行的股份达到公司股份总数的25%以上，公司股本总额超过人民币4亿元的，首次公开发行股份的比例为10%以上。

21. 【答案】D

【解析】中国证监会是国务院直属机构，是全国证券、期货市场的主管部门，按照国务院授权履行行政管理职能，依照相关法律、法规对全国证券、期货市场实行集中统一监管，维护证券市场公开、公平、公正。防范系统性风险，维护投资者合法权益，促进证券市场健康发展。上市公司应当严格执行公司章程确定的现金分红政策以及股东大会审议批准的现金分红具体方案。

22. 【答案】D

【解析】中国证券业协会的宗旨是：①遵守国家宪法、法律、法规和经济方针政策，遵守社会道德风尚，坚持中国共产党的领导，在国家对证券业实行集中统一监督管理的前提下，进行证券业自律管理；②发挥政府与证券行业间的桥梁和纽带作用；③为会员服务，维护会员的合法权益；④维护证券业的正当竞争秩序，促进证券市场的公开、公平、公正，推动证券市场的健康稳定发展。

23. 【答案】B

【解析】除国债利率外，常见的参考利率包括伦敦银行间同业拆放利率、香港银行间同业拆放利率、欧洲美元定期存款单利率、联邦基金利率等。

24. 【答案】C

【解析】下列费用不列入基金费用：①基金管理人和基金托管人因未履行或未完全履行义务导致的费用支出或基金财产的损失。②基金管理人和基金托管人处理与基金运作无关的事项发生的费用。③基金合同生效前的相关费用，包括但不限于验资费、会计师和律师费、信息披露费等费用。基金的申购费由投资者自己承担。

25. 【答案】C

【解析】非公开发行股票，也被称为定向增发，是股份公司向特定对象发行股票的增资方式。特定对象包括：①公司控股股东、实际控制人及其控制的企业；②与公司业务有关的企业；③证券投资基金、证券公司、信托投资公司等金融机构；④公司董事、员工等。

26. 【答案】C

【解析】Ⅳ项，根据《证券公司次级债管理规定》，证券公司提前偿还长期次级债务后1年之内再次借入新的长期次级债务的，新借入的次级债务应先按照提前偿还的长期次级债务剩余到期期限对应的比例计入净资本，在提前偿还的次级债务合同期限届满后，再按规定比例计入净资本。

27. 【答案】A

【解析】在我国，基金的信息披露具有强制性，《中华人民共和国证券投资基金法》《公开募集证券投资基金信息披露管理办法》及一系列配套法规对基金信息披露的原则、内容、禁止行为等各方面做出了明确、严格的规定。因此，与市场上其他理财产品相比，基金的一个突出特点就是透明度较高。

28. 【答案】B

【解析】中国证券业协会的自律管理体现在保护行业共同利益、促进行业共同发展方面，具体表现在对会员单位和从业人员的自律管理。证券业协会对从业人员的自律管理职能有：①从业人员的资格管理。②后续职业培训。③制定从业人员的行为准则和道德规范。④从业人员的诚信信息管理。

29. 【答案】A

【解析】信用评级的程序包括评级准备、实地调查、初评阶段、评定等级、结果反馈与复评、结果发布、文件存档、跟踪评级。

30. 【答案】B

【解析】Ⅰ项，股票的账面价值又被称为股票净值或每股净资产，在没有优先股的条件下，每股账面价值等于公司净资产除已发行在外的普通股票的股数。在股票票面上标明的金额是股票面值，股票的票面价值又称面值。Ⅳ项，股票市场价格是指股票在证券市场上买卖的价格，即股票在二级市场上交易的价格。

31. 【答案】B

【解析】基础金融工具价格不确定性仅仅是金融衍生工具风险性的一个方面，因此期货风险大于股票。由于受股份公司自身和股票市场等影响，股票投资收益与预期收益相比可能出现较大的偏差。因此，股票是一种高风险的金融产品。股票风险较大，债券风险相对较小。政府债券是政府发行的债券，由政府承担还本付息的责任，是国家信用的体现。在各类债券中，政府债券的信用等级是最高的，通常被称为金边债券。因此企业债风险大于国债。

32. 【答案】C

【解析】Ⅲ项，传统的证券化资产包括：①银行的债权资产，如住房抵押贷款、商业地产抵押贷款、信用卡贷款、汽车贷款、企业贷款等；②企业的债权资产，如应收账款、设备租赁等。

33. 【答案】A

【解析】金融互换是指两个或两个以上的当事人按共同商定的条件，在约定的时间内定期交换现金流的金融交易。目前，按名义金额计算的互换交易已经成为最大的衍生品交易品种。金融互换可分为货币互换、利率互换、股权互换、信用违约互换等类别。互换交易的主要用途是改变交易者资产或负债的风险结构(比如利率或汇率结构)，从而规避相应的风险。中国证券业协会于2012年底启动了股票收益互换业务试点工作。

34. 【答案】C

【解析】Ⅰ项，根据有关规定，封闭式基金的收益分配每年不得少于一次，封闭式基金年度收益分配比例不得低于基金年度可供分配利润的90%。Ⅱ项，我国一般开放式基金的基金按规定需在基金合同和招募说明书中约定每年基金收益分配的最多次数和每次基金收益分配的最低比例，同时要求基金利润分配后基金份额净值不得低于面值。Ⅲ项，根据有关规定，一般开放式基金利润分配默认的方式应当采用现金分红。Ⅳ项，开放式基金的基金份额持有人可以事先选择分红再投资。基金份额持有人事先未作出选择的，基金管理人应当支付现金。

35. 【答案】D

【解析】中国人民银行等四部委联合发布《关于规范金融机构资产管理业务的指导意见》。该指导意见中打破刚兑、限制嵌套、提高合格投资者门槛等诸多规定都将对信托行业产生影响。该指导意见的实施将对信托行业尤其是信托通道业务产生较大影响，其中受影响较大的包括通道业务占比较高的信托公司，还有一些受到监管处罚且业务运营风险较高的信托公司。

36. 【答案】A

【解析】国际金融机构是多国共同建立的金融机构的总称，分为地区性和全球性国际金融机构。目前，全球性的国际金融机构主要有国际货币基金组织、世界银行集团和国际清算银行。

37. 【答案】B

【解析】货币政策的最终目标，是指货币政策在一段较长的时期内所要达到的目标，目标相对固定，基本上与一个国家的宏观经济目标相一致，因此最终目标也被称作货币政策的战略目标或长期目标。货币政策最终目标包括稳定物价、充分就业、经济增长、国际收支平衡和金融稳定。

38. 【答案】D

【解析】金融衍生工具又被称为金融衍生产品，是指建立在基础产品或基础变量之上，其价格取决于基础金融产品价格(或数值)变动的派生金融产品。基础产品不仅包括现货金融产品，如债券、股票、银行定期存款单等；也包括金融衍生工具。作为金融衍生工具基础的变量种类繁多，主要是各类资产价格、价格指数、利率、汇率、费率、通货膨胀率以及信用等级等；近些年来，某些自然现象(如气温、降雪量、霜冻、飓风)甚至人类行为(如选举、温室气体排放)也逐渐成为金融衍生工具的基础变量。

39. 【答案】A

【解析】强制性的基金信息披露制度，有利于培育和完善市场运行机制，有利于防止利益冲突与利益输送，增强市场参与各方对市场的理解和信心。

40. 【答案】B

【解析】上海证券交易所规定，属于下列情形之一的，首个交易日无价格涨跌幅限制：①首次公开发行上市的股票。②增发上市的股票。③暂停上市后恢复上市的股票。④退市后重新上市的股票。⑤上海证券交易所认定的其他情形。

41. 【答案】A

【解析】一般性货币政策工具是指中央银行普遍或常规运用的货币政策工具，其实施对象是整体经济和金融活动，主要包括存款准备金制度、再贴现政策和公开市场业务三大工具。

42. 【答案】C

【解析】中国人民银行公开市场业务债券交易主要包括：①回购交易，分为正回购和逆回购两种；②债券交易，分为“现券买断”和“现券卖断”两种；③发行中央银行票据。中央银行票据即中国人民银行发行的短期债券，央行通过发行央行票据可以回笼基础货币，央行票据到期则体现为投放基础货币。

43. 【答案】D

【解析】资产证券化参与者包括发起人、特殊目的机构或特定目的受托人、资金和资产存管机构、信用增级机构、信用评级机构、承销商、投资者、服务商。

44. 【答案】D

【解析】债券基金是一种以债券为主要投资对象的证券投资基金。在我国，根据中国证监会对基金类别的分类标准，80%以上的基金资产投资于债券的，为债券基金。债券基金主要的投资风险包括利率风险、信用风险、提前赎回风险以及通货膨胀风险。

45. 【答案】C

【解析】基金收入主要包括利息收入、投资收益以及其他收入。其中，投资收益是指基金经营活动中因买卖股票、债券、资产支持证券、基金等实现的差价收益，具体可分为股票投资收益、债券投资收益、资产支持证券投资收益、基金投资收益、衍生工具收益、股利收益等。其他收入是指除上述收入以外的其他各项收入，包括赎回费扣除基本手续费后的余额、手续费返还、ETF替代损益，以及基金管理人等机构为弥补基金财产损失而支付给基金的赔偿款项等。

46. 【答案】B

【解析】国内证券公司“走出去”的过程中存在以下问题：①部分机构下设机构较多，层级较多，内部架构不清晰，管控不到位；②部分机构将业务拓展至非金融业务领域，有的还回程境内设立子公司从事与母公司同质或相似的业务；③证券基金经营机构对境外机构管控不足，存在风险隐患。

47. 【答案】A

【解析】证券交易所的职能包括：①提供证券交易的场所、设施和服务。②制定和修改证券交易所的业务规则。③依法审核公开发行证券申请。④审核、安排证券上市交易，决定证券终止上市和重新上市。⑤提供非公开发行证券转让服务。⑥组织和监督证券交易。⑦对会员进行监管。⑧对证券上市交易公司及相关信息披露义务人进行监管。⑨对证券服务机构为证券上市、交易等提供服务的行为进行监管。⑩管理和公布市场信息。⑪开展投资者教育和保护。⑫法律、行政法规规定的以及中国证监会许可、授权或者委托的其他职能。

48. 【答案】A

【解析】当证券投资者保护基金有限责任公司发现证券公司经营管理中出现可能危及投资者利益和证券市场安全的重大风险时，向中国证监会提出监管、处置建议；对证券公司运营中存在的风险隐患会同有关部门建立纠正机制。

49. 【答案】A

【解析】金融期权与金融期货有着类似的功能。从一定的意义上说，金融期权是金融期货功能的延伸和发展，具有与金融期货相同的套期保值和发现价格的功能，是一种行之有效的控制风险的工具。一般认为，金融期权具有以下四个基本功能：①套期保值功能；②价格发现功能；③投机功能；④盈利功能。

50. 【答案】B

【解析】公开原则又被称为信息公开原则，指证券交易是一种面向社会的、公开的交易活动，其核心要求是实现市场信息的公开化。根据这一原则的要求，证券交易参与各方应依法及时、真实、准确、完整地向社会发布有关信息。在我国，强调公开原则有许多具体的内容。例如，上市公司的财务报表、经营状况等资料必须依法及时向社会公开，上市公司的一些重大事项也必须及时向社会公布等。

《金融市场基础知识》机考题库·真题试卷(三)

一、选择题(共50题，每题1分，共50分)以下备选项中只有1项符合题目要求，不选、错选均不得分。

1. 我国证券交易所的证券交易采取(　　)，即一般投资者只能委托会员间接进行交易。

A. 代理制　　B. 经纪制　　C. 实名制　　D. 会员制

2. 证券金融公司可以发行公司债券，也可以向股东或者其他特定投资者借入次级债。如果证券金融公司借入次级债，应当事先向(　　)报告。

A. 中国证监会派出机构　　B. 中国证监会

C. 中国证券业协会　　D. 司法部

3. 债券现券买卖是(　　)。

A. 即期交易，交易双方以债券为交易标的，一方出让资金，一方出让债券，现券买卖均按净价交易

B. 远期交易，交易双方以债券为交易标的，一方出让资金，一方出让债券，现券买卖均按全价交易

C. 即期交易，交易双方以债券为交易标的，一方出让资金，一方出让债券，现券买卖均按全价交易

D. 远期交易，交易双方以债券为交易标的，一方出让资金，一方出让债券，现券买卖均按净价交易

4. 中国证监会在各省、自治区、直辖市、计划单列市共设立(　　)个证监局。

A. 33　　B. 30　　C. 40　　D. 36

5. 下列说法中，错误的是(　　)。

A. 信用评级机构应建立清晰合理的治理结构，完善评级技术和基础数据体系，建立健全并切实执行管理制度，为信用评级质量提供保障

B. 受评企业、信用评级委托方、信用评级结果使用方及其他相关主体应共同维护信用评级的独立、客观和公正

C. 为充分发挥信用评级风险揭示的作用，交易商协会强制推行双评级制度，应由在市场化评价中排名靠前的或不同收费模式的信用评级机构对同一受评对象同时进行评级

D. 信用评级机构应建立并不断完善信用评级体系，加强评级技术的研究开发，通过定期培训等多种方式加强从业人员职业道德修养，提高执业能力

6. 下列关于证券承销与保荐业务的说法错误的是(　　)。

A. 证券承销是指证券公司代理证券发行人发行证券的行为

B. 证券公司履行保荐职责，应按规定注册登记为保荐机构

C. 证券发行人负责证券发行的主承销工作

D. 保荐机构负有对发行人进行尽职调查的义务

7. 财政部代理发行地方政府债券，单一标位最低投标限额为(　　)亿元。

A. 0.1　　B. 0.2　　C. 1　　D. 2

8. 下列关于证券交易所证券监管职责的说法中，错误的是(　　)。

A. 对其组织交易的证券的信息披露义务人的信息披露行为进行监督

B. 对会员之间发生的证券业务纠纷进行调解

C. 组织证券交易

D. 对证券交易实行监控

9. 我国目前的金融中介机构体系包括多层次银行机构体系，多元化投资中介体系和保险中介体系，其中，多层次银行机构体系以(　　)为主导。

A. 大型商业银行　　B. 证券公司

C. 股份制商业银行　　D. 中国人民银行

10. 公司按股东的持股比例向原股东分配公司的新股认购权，准其优先认购新股的方式，即按老股一股配售若干新股，以保护原股东的权益及其对公司的控制权。上述融资方式是指(　　)。

A. 增发　　B. 定向增发

C. 配股　　D. 首次公开发行股票

11. 规定了票面利率，在到期时一次性获得本息，存续期间没有利息支付的债券，称之为(　　)。

A. 实物债券　　B. 贴现债券　　C. 息票累积债券　　D. 附息债券

12. 金融风险的一般构成要素通常不包括(　　)。

A. 风险敞口　　B. 风险损失　　C. 风险管理　　D. 风险源

13. 地方政府债券可以分为______和______。(　　)

A. 一般债券；普通债券　　B. 一般债券；收入债券

C. 普通债券；特种债券　　D. 专项债券；收入债券

14. 下列不属于证券登记结算制度的是(　　)。

A. 证券实名制　　B. 统一结算制度

C. 净额结算制度　　D. 货银对付的交收制度

15. 银行间债券市场长期债券信用等级划分为(　　)。

A. 三等六级　　B. 四等九级　　C. 四等六级　　D. 三等九级

16. 申请证券投资咨询从业资格的机构，应有(　　)万元人民币以上的注册资本。

A. 300　　B. 200　　C. 50　　D. 100

17. 与其他风险策略相比，风险控制策略最突出的特征是(　　)。

A. 通过将风险转嫁给外部来降低风险

B. 从外部获得补偿来降低风险

C. 控制措施的目的是降低风险本身

D. 设立非常有限的风险忍耐度

18. 关于商业银行金融债券发行的操作要求，下列说法正确的是(　　)。

A. 金融债券可以在深圳证券交易所债券市场公开发行

B. 金融债券可以采取一次足额发行或限额内分期发行方式

C. 商业银行发行金融债券有强制担保要求

D. 金融债券可以在上海证券交易所债券市场公开发行

19. 某一证券投资基金的基金资产净值为21.8亿元，基金负债是3.2亿元，则该基金资产总值为(　　)亿元。

A. 18.6　　B. 25　　C. 21.8　　D. 27

20. 股份有限公司发行优先股的作用之一在于募集(　　)的公司股本。

A. 中期　　B. 短期　　C. 中短期　　D. 长期稳定

21. 证券公司通过基于互联网或移动通讯网络的网上证券交易系统，向客户提供用于下达证券交易指令，获取成交结果的服务方式是(　　)。

A. 自助终端委托　　B. 人工电话委托

C. 传真委托　　D. 网上委托

22. 基金管理人应当自收到核准文件之日起(　　)个月内进行基金份额的发售。基金的募集期限自基金份额发售日开始计算，募集期限不得超过(　　)个月。

A. 3；6　　B. 6；3　　C. 4；6　　D. 6；4

23. 从托管体系看，证监会是交易所债券市场的(　　)。

A. 总托管人　　B. 二级托管人　　C. 监管人　　D. 中央托管人

24. 恒生指数是由中国香港(　　)编制的。

A. 证监会　　B. 恒生银行　　C. 金融管理局　　D. 证券交易所

25. 政府债券是指(　　)或其他代理机构为筹集资金，以政府名义发行的，承诺在一定时期支付利息和到期还本的债务凭证。

A. 政府财政部门　　B. 政策管理部门

C. 政府平台公司　　D. 政府资金部门

26. 深圳证券交易所中小企业板块的交易由独立于主板市场交易系统的第二交易系统承担，这是指(　　)。

A. 监察独立　　B. 运行独立　　C. 代码独立　　D. 指数独立

27. 封闭式基金有固有的存续期，通常在5年以上，一般为10年或15年，经(　　)通过并经监管机构同意可适当延长期限。

A. 中国证监会　　B. 持有人大会　　C. 证券交易所　　D. 基金行业自律组织

28. 总敞口头寸反映整个货币组合的外汇风险，计算方法不包括(　　)。

A. 累计总敞口头寸法　　B. 净总敞口头寸法

C. 短边法　　D. VaR分析法

29. 根据《上市公司证券发行管理办法》的规定，可转换公司债券的期限(　　)。

A. 最短为1年，最长为6年　　B. 最短为2年，最长为4年

C. 最短为3年，最长为4年　　D. 最短为1年，最长为3年

30. 投资咨询机构属于证券(　　)机构。

A. 自营　　B. 投资　　C. 服务　　D. 代理

31. 下列关于证券委托中的网上委托的说法中，正确的是(　　)。

A. 上网终端仅包括电子计算设备

B. 证券公司需要通过互联网或移动通信网络的网上证券交易系统，向客户提供服务

C. 网上委托是柜台委托的一种形式

D. 客户需要通过营业部设置的专用委托电脑终端，自行将委托内容输入电脑交易系统

32. 私募基金子公司根据税收、政策、监管、合作方需求等需要下设基金管理机构等特殊目的机构的，应当持有该机构(　　)以上的股权或出资，且拥有管理控制权。

A. 70%　　B. 50%　　C. 35%　　D. 25%

33. 外汇期货又称(　　)，是以外汇为基础工具的期货合约。

A. 利率期货　　B. 货币期货　　C. 欧洲期货　　D. 欧元期货

34. 发行无记名股票的股份有限公司如开股东大会会议，应该在会议召开(　　)日前公告会议召开的时间、地点和审议事项。

A. 20　　B. 90　　C. 15　　D. 30

35. 赋予公司老股东优先认股权的主要目的之一是(　　)。

A. 保证公司资产的增值

B. 保证公司货币资金的增加

C. 保证公司老股东在公司中保持原有的持股比例

D. 保证公司权益的增加

36. 除中国证监会另有规定外，QDII 基金不得(　　)。

A. 投资住房按揭支付凭证　　B. 投资房地产信托凭证

C. 投资远期合约　　D. 购买房地产抵押按揭

37. 上市公司最近(　　)月内受到过证券交易所公开谴责的，不得发行证券。

A. 12　　B. 48　　C. 36　　D. 24

38. 运用金融工程结构化方法，将若干种基础金融商品和金融衍生品相结合设计出的新型金融资产是(　　)。

A. 结构化金融衍生产品　　B. 复合化金融衍生产品

C. 证券化金融衍生产品　　D. 组合化金融衍生产品

39. 若两种资产的收益率的相关系数为 1，则将等量资金分散投资于两种资产与投资于一种资产相比，其总风险(　　)。

A. 降低　　B. 不确定　　C. 不变　　D. 增加

40. 如果中央银行降低再贴现率，则股价一般会(　　)。

A. 下跌　　B. 上升　　C. 无变化　　D. 不能确定

41. 金融市场的首要功能是(　　)。

A. 价格发现　　B. 风险管理　　C. 资金融通　　D. 提供流动性

42. 2020 年 1 月 1 日，中国人民银行发行 1 年期零息债券，每张面值为 100 元人民币，年贴现率为 4%，则理论价格为(　　)元。

A. 94.89　　B. 95.13　　C. 96.15　　D. 98.29

43. 金融衍生工具交易一般只需要支付少量的保证金或权利金就可以签订远期大额合约或互换不同的金融工具。这体现的是金融衍生工具的(　　)。

A. 杠杆性　　B. 高风险性　　C. 联动性　　D. 跨期性

44. 储蓄国债(凭证式)应由具备储蓄国债(凭证式)承销团资格的机构承销，(　　)和中国人民银行一般每年确定一次储蓄国债(凭证式)承销团资格。

A. 中国证监会　　B. 中国银保监会　　C. 财政部　　D. 发改委

45. 资产评估机构申请证券评估资格，需要依法设立并取得资产评估资格(　　)年以上。

A. 2　　B. 1　　C. 3　　D. 4

46. 在二级市场买卖 ETF 时，申报价格最小变动单位为(　　)元。

A. 0.0001　　B. 0.001　　C. 0.1　　D. 0.01

47. 2004 年 5 月，经国务院批准，中国证监会批复同意设立中小板市场。中小板市场的性质属于(　　)。

A. 完全独立于上海证券交易所和深圳证券交易所的主板市场

B. 深圳证券交易所的主板市场

C. 上海证券交易所的主板市场

D. 二板市场

48. 不以任何资产作担保而发行的公司债券是(　　)。

A. 信用公司债券　　B. 保证公司债券　　C. 信托公司债券　　D. 抵押公司债券

49. 公开发行股票数量在 2000 万股(含)且无老股转让计划的，应当通过下列(　　)方式确定发行价格。

A. 网下投资者询价　　B. 向目标投资者询价

C. 向战略投资者询价　　D. 直接定价

50. 一般认为，股票价格与经济周期变动的关系是(　　)。

A. 股价必定领先于经济的实际表现　　B. 股价必定与经济周期同步

C. 股价必定滞后于经济周期变动　　D. 股价与经济周期变化无关

二、组合型选择题(共 50 题，每题 1 分，共 50 分)以下备选项中只有 1 项最符合题目要求，不选、错选均不得分。

1. 目前中国企业发行境外债券总体可以分为三类，分别是(　　)。

Ⅰ. 非人民币债券　　Ⅱ. 点心债　　Ⅲ. 合成型债券　　Ⅳ. 人民币债券

A. Ⅰ、Ⅱ、Ⅲ　　B. Ⅰ、Ⅱ、Ⅳ　　C. Ⅰ、Ⅲ、Ⅳ　　D. Ⅱ、Ⅲ、Ⅳ

2. 与股份公司股利政策相关的日期有(　　)。

Ⅰ. 除息除权日　　Ⅱ. 派发日　　Ⅲ. 股利宣布日　　Ⅳ. 股权登记日

A. Ⅱ、Ⅳ　　B. Ⅰ、Ⅲ　　C. Ⅰ、Ⅱ、Ⅳ　　D. Ⅰ、Ⅱ、Ⅲ、Ⅳ

3. 基金机构实际控制人等在基金活动中存在违法违规行为的，中国证监会对违法违规行为直接负责的主管人员和其他责任人员依法进行行政处罚。可以采取的行政处罚措施有(　　)。

Ⅰ. 没收违法所得　　Ⅱ. 责令改正　　Ⅲ. 罚款　　Ⅳ. 责令停业

A. Ⅱ、Ⅳ　　B. Ⅱ、Ⅲ、Ⅳ　　C. Ⅰ、Ⅱ、Ⅲ　　D. Ⅰ、Ⅱ、Ⅲ、Ⅳ

4. 基金管理人处理(　　)的具体事务交由基金托管人办理。

Ⅰ. 证券收付　　Ⅱ. 现金收付　　Ⅲ. 资产运作　　Ⅳ. 投资决策

A. Ⅰ、Ⅱ　　B. Ⅰ、Ⅲ　　C. Ⅲ、Ⅳ　　D. Ⅱ、Ⅲ

5. 现代证券交易所的计算机化运作系统通常包括(　　)。

Ⅰ. 交易系统　　Ⅱ. 结算系统　　Ⅲ. 信息系统　　Ⅳ. 监察系统

A. Ⅰ、Ⅱ、Ⅲ　　B. Ⅰ、Ⅱ、Ⅲ、Ⅳ

C. Ⅲ、Ⅳ　　D. Ⅰ、Ⅱ、Ⅳ

6. 证券投资的信用风险主要受证券发行人的(　　)等因素影响。

Ⅰ. 经营能力　Ⅱ. 盈利水平　Ⅲ. 经营稳定性　Ⅳ. 企业规模

A. Ⅲ、Ⅳ　B. Ⅰ、Ⅱ、Ⅳ　C. Ⅰ、Ⅱ、Ⅲ　D. Ⅰ、Ⅱ、Ⅲ、Ⅳ

7. 套期保值是指企业为规避(　　)等，指定一项或一项以上套期工具，使套期工具的公允价值或者现金流量变动，预期抵消被套期项目全部或者部分公允价值或现金流量变动风险的一种交易活动。

Ⅰ. 外汇风险　Ⅱ. 利率风险　Ⅲ. 商品价格风险　Ⅳ. 信用风险

A. Ⅲ、Ⅳ　B. Ⅰ、Ⅱ、Ⅲ　C. Ⅰ、Ⅱ、Ⅳ　D. Ⅰ、Ⅱ、Ⅲ、Ⅳ

8. 影响股票投资价值的因素有(　　)。

Ⅰ. 宏观经济因素　Ⅱ. 市场因素　Ⅲ. 增资和减资　Ⅳ. 并购重组

A. Ⅰ、Ⅱ、Ⅳ　B. Ⅱ、Ⅲ

C. Ⅰ、Ⅱ、Ⅲ、Ⅳ　D. Ⅰ、Ⅲ、Ⅳ

9. 在基本分析法中对宏观经济的分析，主要探讨各经济指标和经济政策对股票价格的影响，这些经济指标分为(　　)。

Ⅰ. 先行性指标　Ⅱ. 同步性指标　Ⅲ. 滞后性指标　Ⅳ. 技术性指标

A. Ⅰ、Ⅱ、Ⅲ　B. Ⅱ、Ⅲ、Ⅳ　C. Ⅰ、Ⅱ、Ⅳ　D. Ⅰ、Ⅲ、Ⅳ

10. 证券市场上的主体，是指进入证券市场进行证券买卖的各类投资者，其中(　　)属于机构投资者。

Ⅰ. 政府　Ⅱ. 企业　Ⅲ. 金融机构　Ⅳ. 家庭

A. Ⅰ、Ⅱ　B. Ⅰ、Ⅱ、Ⅲ　C. Ⅱ、Ⅲ、Ⅳ　D. Ⅰ、Ⅲ、Ⅳ

11. 下列关于可转换公司债券要素的叙述，正确的有(　　)。

Ⅰ. 可转换公司债券要素基本决定了可转换公司债券的转换条件、转换价值、市场价格等总体特征

Ⅱ. 可转换公司债券的票面利率一般高于相同条件下的不可转换公司债券

Ⅲ. 转换比例是指一定面额可转换公司债券转换成优先股的股数

Ⅳ. 赎回条款和回售条款是可转换公司债券在发行时规定的赎回行为和回售行为发生的具体市场条件

A. Ⅱ、Ⅲ　B. Ⅰ、Ⅱ、Ⅲ、Ⅳ

C. Ⅰ、Ⅱ、Ⅳ　D. Ⅰ、Ⅳ

12. 简单算术股价指数计算方法为(　　)。

Ⅰ. 相对法为首先计算各样本股的个别指数，再加总求出算术平均数

Ⅱ. 相对法为首先将样本股票基期价格和计算期价格分别加总，再求指数

Ⅲ. 综合法为首先将样本股票基期价格和计算期价格分别加总，再求指数

Ⅳ. 综合法为首先计算各样本股的个别指数，再加总求出算术平均数

A. Ⅰ、Ⅳ　B. Ⅱ、Ⅳ　C. Ⅱ、Ⅲ　D. Ⅰ、Ⅲ

13. 作为发起人的企业法人代表或具有法人资格的事业单位和社会群体在认购股份时，其出资可以有(　　)等方式。

Ⅰ. 货币　Ⅱ. 实物作价　Ⅲ. 商业信誉作价　Ⅳ. 土地使用权作价

A. Ⅱ、Ⅲ、Ⅳ　B. Ⅰ、Ⅱ、Ⅳ

C. Ⅰ、Ⅱ、Ⅲ、Ⅳ　　D. Ⅰ、Ⅲ

14. 下列哪些模型是债券估值模型?(　　)

Ⅰ. 零息债券定价　Ⅱ. 附息债券定价　Ⅲ. 累息债券定价　Ⅳ. 资产报酬率

A. Ⅰ、Ⅱ、Ⅲ　B. Ⅰ、Ⅱ、Ⅳ　C. Ⅱ、Ⅲ、Ⅳ　D. Ⅰ、Ⅱ、Ⅲ、Ⅳ

15. 证券资信评级机构可以对(　　)开展资信评级服务。

Ⅰ. 经中国证监会依法注册发行的债券

Ⅱ. 在证券交易所上市交易的资产支持证券

Ⅲ. 在证券交易所上市交易的债券

Ⅳ. 证券期货经营机构

A. Ⅰ、Ⅱ、Ⅳ　　B. Ⅰ、Ⅱ、Ⅲ、Ⅳ

C. Ⅰ、Ⅲ、Ⅳ　　D. Ⅱ、Ⅲ

16. 投资适当性是指适合的投资者购买恰当的产品，但在实际操作中投资适当性原则经常被忽视，究其原因主要有(　　)。

Ⅰ. 投资者并不一定能够掌握有关产品的充分信息

Ⅱ. 投资者自身经验和知识的欠缺

Ⅲ. 投资者对自身的风险承受能力缺乏正确认识

Ⅳ. 投资者较强的风险承受能力

A. Ⅲ、Ⅳ　　B. Ⅰ、Ⅱ、Ⅲ、Ⅳ

C. Ⅰ、Ⅱ、Ⅲ　　D. Ⅰ、Ⅱ

17. 下列关于中小企业板的说法中，正确的有(　　)。

Ⅰ. 2004 年 5 月批准成立

Ⅱ. 在上海证券交易所设立

Ⅲ. 宗旨是为优秀中小企业提供直接融资平台

Ⅳ. 是分步推进创业板市场建设的重要步骤

A. Ⅱ、Ⅲ　B. Ⅰ、Ⅱ、Ⅳ　C. Ⅰ、Ⅲ、Ⅳ　D. Ⅲ、Ⅳ

18. 为了保障证券交易功能的发挥，以利于证券交易的正常运行，证券交易必须遵循(　　)原则。

Ⅰ. 公开　Ⅱ. 公平　Ⅲ. 公正　Ⅳ. 诚实信用

A. Ⅰ、Ⅱ、Ⅲ　B. Ⅰ、Ⅱ、Ⅳ　C. Ⅱ、Ⅲ、Ⅳ　D. Ⅰ、Ⅱ、Ⅲ、Ⅳ

19. 投资者进行金融衍生工具交易时，要想获得交易的成功，必须能较准确地预测(　　)的未来变化趋势。

Ⅰ. 利率　Ⅱ. 汇率　Ⅲ. 股价　Ⅳ. 凸度

A. Ⅰ、Ⅱ、Ⅲ　　B. Ⅰ、Ⅱ、Ⅲ、Ⅳ

C. Ⅰ、Ⅱ　　D. Ⅲ、Ⅳ

20. 与国内债券相比，国际债券具有(　　)等特点。

Ⅰ. 资金来源广　Ⅱ. 发行规模大　Ⅲ. 存在汇率风险　Ⅳ. 存在信用风险

A. Ⅰ、Ⅱ、Ⅲ　B. Ⅲ、Ⅳ　C. Ⅱ、Ⅲ、Ⅳ　D. Ⅰ、Ⅱ

21. 债券交易中的报价方式包括(　　)。

Ⅰ. 全价报价　　Ⅱ. 净价报价

Ⅲ. 全价加净价报价　　Ⅳ. 全价减净价报价

A. Ⅰ、Ⅱ、Ⅳ　B. Ⅰ、Ⅳ　C. Ⅲ、Ⅳ　D. Ⅰ、Ⅱ

22. 开放式基金的特点有(　　)。

Ⅰ. 没有固定期限　　Ⅱ. 没有发行规模限制

Ⅲ. 基金份额资产净值每周公布一次　　Ⅳ. 全部资金可用于长期投资

A. Ⅰ、Ⅱ　B. Ⅱ、Ⅲ、Ⅳ　C. Ⅰ、Ⅳ　D. Ⅰ、Ⅱ、Ⅲ、Ⅳ

23. 依法对(　　)的证券业务活动进行监督管理是国务院证券监督管理机构的职责。

Ⅰ. 证券发行人　　Ⅱ. 证券投资基金管理公司

Ⅲ. 证券服务机构　　Ⅳ. 证券公司

A. Ⅰ、Ⅱ、Ⅲ　　B. Ⅰ、Ⅲ、Ⅳ

C. Ⅰ、Ⅱ、Ⅲ、Ⅳ　　D. Ⅱ、Ⅳ

24. 委托指令有多种形式，根据委托价格限制可分为(　　)。

Ⅰ. 整数委托　Ⅱ. 市价委托　Ⅲ. 零数委托　Ⅳ. 限价委托

A. Ⅱ、Ⅳ　B. Ⅱ、Ⅲ　C. Ⅰ、Ⅳ　D. Ⅰ、Ⅲ

25. 金融期货交易与金融现货交易相比，在(　　)方面上均不同。

Ⅰ. 交易对象　Ⅱ. 交易目的　Ⅲ. 结算方式　Ⅳ. 交易方式

A. Ⅰ、Ⅱ、Ⅲ、Ⅳ　　B. Ⅰ、Ⅲ、Ⅳ

C. Ⅰ、Ⅱ、Ⅲ　　D. Ⅱ、Ⅳ

26. 下列金融产品或工具中，我国 QDII 可以投资的有(　　)。

Ⅰ. 美国存托凭证　　Ⅱ. 公司债券

Ⅲ. 住房按揭支持证券　　Ⅳ. 贵金属

A. Ⅱ、Ⅲ、Ⅳ　B. Ⅰ、Ⅱ　C. Ⅰ、Ⅲ、Ⅳ　D. Ⅰ、Ⅱ、Ⅲ

27. 企业在短期融资券注册有效期内(　　)的，应重新注册。

Ⅰ. 更换审计机构　　Ⅱ. 变更资产评估机构

Ⅲ. 变更注册金额　　Ⅳ. 更换主承销商

A. Ⅰ、Ⅱ　B. Ⅲ、Ⅳ　C. Ⅱ、Ⅲ　D. Ⅰ、Ⅳ

28. 股东权利是一种综合权利，股东依法享有的权利包括(　　)。

Ⅰ. 资产收益权　　Ⅱ. 对公司财产的直接支配处理权

Ⅲ. 重大决策权　　Ⅳ. 选择管理者权

A. Ⅰ、Ⅲ、Ⅳ　　B. Ⅰ、Ⅱ、Ⅲ

C. Ⅰ、Ⅱ、Ⅲ、Ⅳ　　D. Ⅱ、Ⅲ

29. 下列选项中，应当有保荐机构推荐的有(　　)。

Ⅰ. 申请首次公开发行股票并上市

Ⅱ. 申请上市后公开发行的新股

Ⅲ. 申请可转换公司债券上市

Ⅳ. 申请公开发行法律法规规定实行保荐制度的其他证券

A. Ⅱ、Ⅲ、Ⅳ　　B. Ⅰ、Ⅲ、Ⅳ

C. Ⅰ、Ⅱ、Ⅲ、Ⅳ　　D. Ⅰ、Ⅱ

30. 关于基金资产估值，下列说法正确的有(　　)。

Ⅰ. 对流动性差的证券，估值时需要注意“滥估”问题

Ⅱ. 海外的基金多数是每个交易日估值

Ⅲ. 我国的开放式基金于每个交易日的次日估值

Ⅳ. 基金变更估值方法，需要及时进行披露

A. Ⅰ、Ⅱ、Ⅲ、Ⅳ　　B. Ⅱ、Ⅲ、Ⅳ

C. Ⅰ、Ⅱ、Ⅳ　　D. Ⅰ、Ⅲ

31. 下列关于股市港股通的表述中，正确的有(　　)。

Ⅰ. 通过上交所买卖股票

Ⅱ. 通过香港联合交易所买卖股票

Ⅲ. 可以买卖香港联合交易所规定范围内的上市股票

Ⅳ. 联交所公布港股通交易日

A. Ⅰ、Ⅲ　　B. Ⅱ、Ⅳ

C. Ⅰ、Ⅱ、Ⅲ、Ⅳ　　D. Ⅰ、Ⅲ、Ⅳ

32. 地方政府一般债券的发行主体可以有(　　)。

Ⅰ. 县级政府　　Ⅱ. 省政府　　Ⅲ. 自治区政府　　Ⅳ. 直辖市政府

A. Ⅱ、Ⅲ　　B. Ⅱ、Ⅲ、Ⅳ

C. Ⅰ、Ⅱ、Ⅲ、Ⅳ　　D. Ⅰ、Ⅳ

33. 证券、期货投资咨询人员申请取得证券、期货投资咨询从业资格，必须具备的条件包括(　　)。

Ⅰ. 具有大学本科以上学历

Ⅱ. 证券投资咨询人员具有从事证券业务 2 年以上的经历

Ⅲ. 期货投资咨询人员具有从事期货业务 2 年以上的经历

Ⅳ. 通过证券、期货从业人员资格考试

A. Ⅰ、Ⅱ、Ⅲ、Ⅳ　　B. Ⅱ、Ⅳ

C. Ⅱ、Ⅲ、Ⅳ　　D. Ⅰ、Ⅲ

34. 按照我国《上市公司证券发行管理办法》规定，上市公司再融资的方式有(　　)。

Ⅰ. 向原股东配售股份　　Ⅱ. 向特定对象公开募集股份

Ⅲ. 发行可转换公司债券　　Ⅳ. 非公开发行股票

A. Ⅰ、Ⅱ、Ⅲ　　B. Ⅱ、Ⅲ、Ⅳ　　C. Ⅰ、Ⅲ、Ⅳ　　D. Ⅰ、Ⅱ、Ⅲ、Ⅳ

35. 证券投资咨询的形式有(　　)。

Ⅰ. 接受投资人或者客户委托，提供证券投资咨询服务；

Ⅱ. 举办有关证券投资咨询的讲座、报告会、分析会等；

Ⅲ. 在报刊上发表证券投资咨询的文章、评论、报告，以及通过电台、电视台等公众传播媒体提供证券投资咨询服务；

Ⅳ. 通过电话、传真、电脑网络等电信设备系统，提供证券投资咨询服务；

A. Ⅰ、Ⅱ、Ⅲ　　B. Ⅰ、Ⅱ、Ⅳ　　C. Ⅱ、Ⅲ、Ⅳ　　D. Ⅰ、Ⅱ、Ⅲ、Ⅳ

36. 下列关于无记名股票和记名股票的差别，说法正确的是(　　)。

Ⅰ. 二者的差别主要体现在股东权利等方面

Ⅱ. 无记名股票转让相对简单，而记名股票转让相对复杂或受限制

Ⅲ. 无记名股票安全性较差，而记名股票相对安全

Ⅳ. 无记名股票在认购股票时要求一次缴纳出资，而记名股票可分一次或多次缴纳出资

A. Ⅰ、Ⅱ、Ⅲ　　B. Ⅰ、Ⅱ、Ⅲ、Ⅳ

C. Ⅰ、Ⅲ、Ⅳ　　D. Ⅱ、Ⅲ、Ⅳ

37. 境外金融机构法人发行债券应向中国人民银行提交的材料有(　　)。

Ⅰ. 债券发行申请　　Ⅱ. 募集说明书

Ⅲ. 近3年的财务报告、审计报告　　Ⅳ. 信用评级报告

A. Ⅱ、Ⅳ　　B. Ⅰ、Ⅳ　　C. Ⅰ、Ⅱ、Ⅲ　　D. Ⅰ、Ⅱ、Ⅲ、Ⅳ

38. 从理论上分析，公司经营状况和股票价格的关系是(　　)。

Ⅰ. 公司经营状况好，股价上升　　Ⅱ. 公司经营状况好，股价下降

Ⅲ. 公司经营状况差，股价上升　　Ⅳ. 公司经营状况差，股价下降

A. Ⅰ、Ⅲ　　B. Ⅱ、Ⅳ　　C. Ⅰ、Ⅳ　　D. Ⅱ、Ⅲ

39. 下列各项关于直接融资的说法，错误的有(　　)。

Ⅰ. 直接融资的活动分散于各种场合

Ⅱ. 在法律允许的范围内，直接融资主体可以自己决定融资的对象和数量

Ⅲ. 相对间接融资而言，直接融资的信誉程度高，风险相对较小

Ⅳ. 商品赊购不属于直接融资的范畴

A. Ⅱ、Ⅲ　　B. Ⅲ、Ⅳ　　C. Ⅰ、Ⅱ　　D. Ⅰ、Ⅱ、Ⅳ

40. 可交换债券的要素包括(　　)。

Ⅰ. 票面利率　　Ⅱ. 期限　　Ⅲ. 换股价格　　Ⅳ. 换股期限

A. Ⅱ、Ⅲ、Ⅳ　　B. Ⅰ、Ⅱ、Ⅲ、Ⅳ

C. Ⅰ、Ⅳ　　D. Ⅰ、Ⅱ、Ⅲ

41. 证券投资基金所支付的费用包括(　　)。

Ⅰ. 基金交易费　　Ⅱ. 基金运作费　　Ⅲ. 基金托管费　　Ⅳ. 基金销售服务费

A. Ⅰ、Ⅱ、Ⅳ　　B. Ⅲ、Ⅳ　　C. Ⅱ、Ⅲ　　D. Ⅰ、Ⅱ、Ⅲ、Ⅳ

42. 下列关于风险管理相关的活动中，属于风险控制过程中事中控制措施的有(　　)。

Ⅰ. 风险定价　　Ⅱ. 流程控制　　Ⅲ. 工具控制　　Ⅳ. 实时监测和报告

A. Ⅰ、Ⅱ　　B. Ⅱ、Ⅲ、Ⅳ　　C. Ⅱ、Ⅲ　　D. Ⅲ、Ⅳ

43. 某公司拟上市发行股票，已知股票每股面额为1元，按照我国《公司法》要求，该公司的股票发行价格可以是(　　)元。

Ⅰ. 20　　Ⅱ. 0.5　　Ⅲ. 1　　Ⅳ. 5.4

A. Ⅰ、Ⅳ　　B. Ⅰ、Ⅲ、Ⅳ　　C. Ⅰ、Ⅱ、Ⅳ　　D. Ⅱ、Ⅲ

44. 关于股票的市场价格，下列说法正确的有(　　)。

Ⅰ. 股票的市场价格一般是指股票在一级市场上交易的价格

Ⅱ. 股票的市场价格一般是指股票在二级市场上交易的价格

Ⅲ. 供求关系是最直接的影响因素，其他因素都是通过作用于供求关系而影响股票价格的

Ⅳ. 公司的经营状况是最直接的影响因素

A. Ⅱ、Ⅲ、Ⅳ　　B. Ⅰ、Ⅲ　　C. Ⅱ、Ⅲ　　D. Ⅰ、Ⅳ

45. 下列关于证券市场特征的说法中，正确的有(　　)。

Ⅰ. 证券市场是价值直接交换的场所　　Ⅱ. 证券市场是财产权利直接交换的场所

Ⅲ. 证券市场是风险直接交换的场所　　Ⅳ. 证券市场是直接融资与间接融资的场所

A. Ⅰ、Ⅳ　　B. Ⅰ、Ⅱ、Ⅲ、Ⅳ

C. Ⅰ、Ⅱ、Ⅲ　　D. Ⅱ、Ⅲ、Ⅳ

46. 关于柜台委托形式，下列说法正确的有(　　)。

Ⅰ. 可以由委托人亲自办理

Ⅱ. 可以由委托人授权代理人办理

Ⅲ. 可以采用书面方式或者口头方式表达委托意愿

Ⅳ. 必须采用书面方式表达委托意愿

A. Ⅰ、Ⅱ、Ⅳ　　B. Ⅰ、Ⅲ　　C. Ⅰ、Ⅱ、Ⅲ　　D. Ⅱ、Ⅳ

47. 下列关于证券交易所特征的说法中，正确的有(　　)。

Ⅰ. 有固定的交易场所和交易时间

Ⅱ. 交易的对象限于合乎一定标准的上市证券

Ⅲ. 一般投资者可以直接进入交易所买卖证券

Ⅳ. 通过公开竞价的方式决定交易价格

A. Ⅰ、Ⅲ、Ⅳ　　B. Ⅰ、Ⅱ、Ⅲ、Ⅳ

C. Ⅰ、Ⅱ、Ⅳ　　D. Ⅱ、Ⅲ

48. 非系统性风险可以来自于(　　)。

Ⅰ. 发行人违约　　Ⅱ. 通货膨胀

Ⅲ. 公司财务结构不合理　　Ⅳ. 市场利率变化

A. Ⅰ、Ⅱ　　B. Ⅰ、Ⅱ、Ⅲ　　C. Ⅱ、Ⅳ　　D. Ⅰ、Ⅲ

49. 下列关于 ETF 申购或赎回的说法中，正确的有(　　)。

Ⅰ. 在一级市场，投资者可以 ETF 指定的一篮子股票申购 ETF 份额或以 ETF 份额赎回一篮子股票

Ⅱ. ETF 通常最小申购、赎回单位是 5 万份或 10 万份

Ⅲ. 在二级市场，ETF 与普通股票一样在证券交易所挂牌交易，基金买入申报数量为 100 份或其整数倍

Ⅳ. 投资者可以现金申购 ETF 份额

A. Ⅰ、Ⅲ、Ⅳ　　B. Ⅰ、Ⅲ　　C. Ⅱ、Ⅲ　　D. Ⅰ、Ⅳ

50. 下列关于个人投资基金所涉及的税收的说法，正确的有(　　)。

Ⅰ. 个人投资者买卖基金份额免征增值税

Ⅱ. 个人投资者买卖基金份额暂免征收印花税

Ⅲ. 个人投资者申购和赎回基金份额取得的差价收入，暂不征收个人所得税

Ⅳ. 个人投资者从基金分配中获得的收入，由基金代扣代缴 20% 的个人所得税

A. Ⅰ、Ⅱ、Ⅲ　　B. Ⅱ、Ⅲ、Ⅳ

C. Ⅰ、Ⅱ、Ⅲ、Ⅳ　　D. Ⅰ、Ⅳ

《金融市场基础知识》机考题库·真题试卷(三)
参考答案及详解

一、**选择题**(共50题，每题1分，共50分)以下备选项中只有1项符合题目要求，不选、错选均不得分。

1. 【答案】B

【解析】证券交易所的特征有：①有固定的交易场所和交易时间；②参加交易者为具备会员资格的证券经营机构，交易采取经纪制，即一般投资者不能直接进入交易所买卖证券，只能委托会员作为经纪人间接进行交易；③交易的对象限于合乎一定标准的上市证券；④通过公开竞价的方式决定交易价格；⑤集中证券的供求双方，具有较高的成交速度和成交率；⑥实行“公开、公平、公正”原则，并对证券交易进行严格管理。

2. 【答案】B

【解析】证券金融公司开展转融通业务，可以使用自有资金和证券，通过证券交易所的业务平台融入的资金和证券，通过证券金融公司的业务平台融入的资金或者依法筹集的其他资金和证券。证券金融公司可以发行公司债券，也可以向股东或者其他特定投资者借入次级债。证券金融公司借入次级债，应当事先向中国证监会报告。

3. 【答案】A

【解析】债券现券买卖，也可称为债券的即期交易，是指交易双方以约定的价格在当日或次日转让债券所有权、办理券款交割的交易行为，也就是所谓二级市场(或流通市场)的债券交易。现券买卖按净价交易，全价结算；资产支持证券按每百元面额对应的本金进行报价。现券买卖可采用询价交易方式和点击成交交易方式。

4. 【答案】D

【解析】中国证监会在省、自治区、直辖市和计划单列市设立36个证券监管局，以及上海、深圳证券监管专员办事处。

5. 【答案】C

【解析】C项，为充分发挥信用评级风险揭示的作用，交易商协会鼓励推行双评级制度，提倡由在市场化评价中排名靠前的或不同收费模式的信用评级机构对同一受评对象同时进行评级。

6. 【答案】C

【解析】证券公司履行保荐职责，应按规定注册登记为保荐机构。保荐机构负责证券发行的主承销工作，负有对发行人进行尽职调查的义务，对公开发行募集文件的真实性、准确性和完整性进行核查，向中国证监会出具保荐意见，并根据市场情况与发行人协商确定发行价格。

7. 【答案】B

【解析】财政部代理发行地方政府债券，单一标位最低投标限额为0.2亿元，投标量最小变动幅度为0.1亿元，最高投标限额为30亿元。

8. 【答案】B

【解析】B 项，新修订的《证券法》从诚信建设、社会责任、投资者保护、行业规范的制定、创新发展等方面对中国证券业协会的职责范围进行了扩充，同时增加了协会自律管理范围，将法定自律管理对象由会员扩展到从业人员。根据《证券法》，对会员之间发生的证券业务纠纷进行调解是中国证券业协会的职责之一。

9. 【答案】D

【解析】我国的多层次银行机构体系，是以中央银行为主导，国有商业银行为主体，包括股份制商业银行、城市商业银行、农村商业银行、跨国银行、农村信用社在内的机构体系。

10. 【答案】C

【解析】上市公司再融资的方式有向原股东配售股份、向不特定对象公开募集股份、发行可转换公司债券、非公开发行股票。向原股东配售股份，简称配股，是公司按股东的持股比例向原股东分配公司的新股认购权，准其优先认购新股的方式，即按老股一股配售若干新股，以保护原股东的权益及其对公司的控制权。

11. 【答案】C

【解析】A 项，实物债券是一种具有标准格式实物券面的债券。在标准格式的债券券面上，一般印有债券面额、债券利率、债券期限、债券发行人全称、还本付息方式等各种债券票面要素。B 项，如果金融债券是以低于面值的价格贴现发行，到期按面值还本付息，利息为发行价与面值的差额，则被称为贴现债券。C 项，与附息债券相似，息票累积债券也规定了票面利率，但是，债券持有人必须在债券到期时一次性获得本息，存续期间没有利息支付。D 项，附息债券的合约中明确规定，在债券存续期内，对持有人定期支付利息(通常每半年或每年支付一次)。

12. 【答案】C

【解析】金融风险一般由风险源、风险敞口、风险事件、风险损失等因素构成。风险源是指可能单独或共同引发风险的内在要素；风险敞口也被称为风险暴露，一般指未被对冲或未加保护的风险；风险事件是指特定的引发损失(或收益)的事件；风险损失是风险事件对企业经营目标造成的影响，通常以金额表示，例如股价变化对持有者带来的损失或收益。

13. 【答案】B

【解析】地方政府债券按资金用途和偿还资金来源不同，通常可以分为一般债券(普通债券)和专项债券(收入债券)。地方政府一般债券是指省、自治区、直辖市政府(含经省级政府批准自办债券发行的计划单列市政府)为没有收益的公益性项目发行的、约定一定期限内主要以一般公共预算收入还本付息的政府债券。

14. 【答案】B

【解析】证券登记结算制度包括证券实名制、货银对付的交收制度、分级结算制度和结算参与人制度、净额结算制度、结算证券和资金的专用性制度。

15. 【答案】D

【解析】我国银行间债券市场中长期债券信用评级等级划分为三等九级，符号表示为：AAA、AA、A、BBB、BB、B、CCC、CC、C，除 AAA 级，CCC 级(含)以下等级外，每一个信用等级可用“+”“-”符号进行微调，表示略高或略低于本等级。

16. 【答案】D

【解析】根据《证券、期货投资咨询管理暂行办法》的规定，申请证券、期货投资咨询从业资格的机构应有100万元人民币以上的注册资本。

17. 【答案】C

【解析】与其他风险管理策略相比，风险控制策略最突出的特征是：控制措施的目的是降低风险本身，即降低损失发生的可能性或者严重程度，而不是将风险转嫁给外部或从外部获得补偿。因此，实施风险控制策略的成本主要在于控制费用的支出。

18. 【答案】B

【解析】ACD三项，金融债券可在全国银行间债券市场公开发行或定向发行。商业银行发行金融债券没有强制性担保要求。

19. 【答案】B

【解析】基金资产总值是指基金全部资产的价值总和，从基金资产总值中扣除所有负债即是基金资产净值。基金资产净值除以基金当前的总份额，就是基金的份额净值，用公式表示为：基金资产总值 = 基金资产净值 + 基金负债 = 21.8 + 3.2 = 25（亿元）。

20. 【答案】D

【解析】发行优先股对于发行人的意义在于，可以筹集长期稳定的公司股本，又因其股息率固定，可以减轻利润分配的负担。

21. 【答案】D

【解析】网上委托是指证券公司通过基于互联网或移动通讯网络的网上证券交易系统，向客户提供用于下达证券交易指令，获取成交结果的服务方式。网上委托的上网终端包括电子计算机、手机等设备。

22. 【答案】B

【解析】基金经注册后，方可发售基金份额。基金管理人应当自收到准予注册文件之日起6个月内进行基金份额的发售。基金的募集期限自基金份额发售日开始计算，募集期限不得超过3个月。

23. 【答案】C

【解析】从托管体系来看，中央结算公司是中国债券市场的总托管人，直接托管银行间债券市场参与者的大部分债券资产。中国证券登记结算公司作为分托管人托管交易所债券市场参与者的债券资产。国有银行作为二级托管人托管柜台市场参与者的债券资产。证监会的职责包括监管股票、可转换债券、证券公司债券和国务院确定由中国证监会负责的债券和其他证券的发行、上市、交易、托管和结算。

24. 【答案】B

【解析】恒生指数由香港恒生银行全资附属的恒生指数服务有限公司编制，是以中国香港股票市场中的50家上市股票为成分股样本，以其发行量为权数的加权平均股价指数。

25. 【答案】A

【解析】政府债券是指政府财政部门或其他代理机构为筹集资金，以政府名义发行的，承诺在一定时期支付利息和到期还本的债务凭证。中央政府发行的债券被称为中央政府债券或者国债，地方政府发行的债券被称为地方政府债券，有时二者被统称为公债。

26. 【答案】B

【解析】ACD 三项，监察独立是指深圳证券交易所建立独立的监察系统实施对中小企业板块的实时监控，该系统针对中小企业板块的交易特点和风险特征设置独立的监控指标和报警阈值；代码独立是指将中小企业板块股票作为一个整体，使用与主板市场不同的股票编码；指数独立是指中小企业板块在上市股票达到一定数量后，发布该板块独立的指数。B 项，运行独立是指中小企业板块的交易由独立于主板市场交易系统的第二交易系统承担。

27. 【答案】B

【解析】封闭式基金有固定的存续期，通常在 5 年以上，一般为 10 年或 15 年，经持有人大会通过并经监管机构同意可以适当延长期限。开放式基金没有固定期限，投资者可向基金管理人申购、赎回基金份额。

28. 【答案】D

【解析】总敞口头寸反映整个货币组合的外汇风险，一般有三种计算方法：一是累计总敞口头寸法。二是净总敞口头寸法。三是短边法。

29. 【答案】A

【解析】《上市公司证券发行管理办法》规定可转换公司债券的期限最短为一年，最长为六年。可转换公司债券的利率由发行公司与主承销商协商确定，但必须符合国家的有关规定。

30. 【答案】C

【解析】证券服务机构，是指依法设立的从事证券服务业务的法人机构，包括会计师事务所、律师事务所以及从事资产评估、资信评级、财务顾问、信息技术系统服务的证券服务机构。

31. 【答案】B

【解析】ACD 三项，网上委托就是证券经纪商的电脑交易系统与互联网联结，委托人利用任何可上网的电脑终端，通过互联网凭交易密码进入证券经纪商电脑交易系统委托状态，委托人自行将委托内容输入电脑交易系统，完成证券交易。网上委托是非柜台委托的一种。B 项，网上委托是指证券营业商通过互联网，向委托人提供用于下达证券交易指令、获取成交结果的一种服务方式。

32. 【答案】C

【解析】私募基金子公司根据税收、政策、监管、合作方需求等需要下设基金管理机构等特殊目的机构的，应当持有该机构 35% 以上的股权或出资，且拥有管理控制权。私募基金子公司及其下设基金管理机构将自有资金投资于本机构设立的私募基金的，对单只基金的投资金额不得超过该只基金总额的 20% 。

33. 【答案】B

【解析】外汇期货又称货币期货，是以外汇为基础工具的期货合约，是金融期货中最先产生的品种，主要用于规避外汇风险。

34. 【答案】D

【解析】《公司法》第一百零五条规定，上市公司发行无记名股票的，应当于股东大会会议召开前 30 日以前就前款事项作出公告。无记名股票持有人出席股东大会的，应当于会议召开五日以前至股东大会闭会时止将股票交存于公司。

35. 【答案】C

【解析】优先认股权是指当股份公司为增加公司资本而决定增加发行新的股票时，原普通股股东享有的按其持股比例，以低于市价的某一特定价格优先认购一定数量新发行股票的权利。赋予股东优先认购权主要有两个目的：①保证普通股股东在股份公司中保持原有的持股比例；②保护原普通股股东的利益和持股价值。因为当公司增资扩股后，在一段时间内，公司的每股税后净利会因此而摊薄，原普通股股东以优惠价格优先购买一定数量的新股，可从中得到补偿或取得收益。

36. 【答案】D

【解析】除中国证监会另有规定外，QDII 基金不得有下列行为：①购买不动产；②购买房地产抵押按揭；③购买贵重金属或代表贵重金属的凭证；④购买实物商品；⑤除应付赎回、交易清算等临时用途以外，借入现金。该临时用途借入现金的比例不得超过基金、集合计划资产净值的 10%；⑥利用融资购买证券，但投资金融衍生产品除外；⑦参与未持有基础资产的卖空交易；⑧从事证券承销业务；⑨中国证监会禁止的其他行为。

37. 【答案】A

【解析】上市公司存在下列情形之一的，不得公开发行证券：①本次发行申请文件有虚假记载、误导性陈述或重大遗漏；②擅自改变前次公开发行证券募集资金的用途而未作纠正；③上市公司最近 12 个月内受到过证券交易所的公开谴责；④上市公司及其控股股东或实际控制人最近 12 个月内存在未履行向投资者作出的公开承诺的行为；⑤上市公司或其现任董事、高级管理人员因涉嫌犯罪被司法机关立案侦查或涉嫌违法违规被中国证监会立案调查；⑥严重损害投资者的合法权益和社会公共利益的其他情形。

38. 【答案】A

【解析】结构化金融衍生产品是运用金融工程结构化方法，将若干种基础金融商品和金融衍生产品相结合设计出的新型金融产品。目前最为流行的结构化金融衍生产品主要是由商业银行开发的各类结构化理财产品以及在交易所市场上市交易的各类结构化票据，它们通常与某种金融价格相联系，其投资收益随该价格的变化而变化。

39. 【答案】C

【解析】根据马科维茨组合投资理论，投资组合的多样化可以分散非系统性风险，当投资组合中的资产种类数目趋近于无穷大，组合的非系统性风险将趋于零。因此，有效的投资组合就是选择彼此之间相关系数小于 1 的资产组合，在不影响收益率的情况下尽可能地降低风险。相关系数等于 1 即未分散风险。

40. 【答案】B

【解析】如果中央银行降低再贴现率，放松银根，一方面使商业银行得到的再贴现贷款增加，资金供应相对宽松；另一方面，再贴现下降必定使市场利率随之下降，股价相应提高。

41. 【答案】C

【解析】金融市场的首要功能是资金融通。金融市场通过金融资产交易实现货币资金在供给者和需求者之间的转移，促进有形资本形成。

42. 【答案】C

【解析】零息债券不计利息，折价发行，到期还本，通常 1 年期以内的债券为零息债券。其定价公式为：

$$P=\frac{FV}{(1+y_T)^T}$$

式中：FV——零息债券的面值。本题中，$P=100/(1+4\%)=96.15$(元)。

43. 【答案】A

【解析】A 项，杠杆性是指金融衍生工具交易一般只需要支付少量的保证金或权利金就可签订远期大额合约或互换不同的金融工具。金融衍生工具的杠杆效应一定程度上决定了它的高投机性和高风险性。B 项，不确定性或高风险性是指金融衍生工具的交易后果取决于交易者对基础工具(变量)未来价格(数值)的预测和判断的准确程度。C 项，联动性是指金融衍生工具的价值与基础产品或基础变量紧密联系、规则变动。D 项，跨期性是指金融衍生工具是交易双方通过对利率、汇率、股价等因素变动趋势的预测，约定在未来某一时间按照一定条件进行交易或选择是否交易的合约。

44. 【答案】C

【解析】储蓄国债(凭证式)是一种不可上市流通的储蓄型债券，由具备储蓄国债(凭证式)承销团资格的机构承销。财政部和中国人民银行一般每年确定一次储蓄国债(凭证式)承销团资格，各类商业银行、邮政储蓄银行均有资格申请加入储蓄国债(凭证式)承销团。

45. 【答案】C

【解析】资产评估机构申请证券评估资格，应当符合下列条件：①资产评估机构依法设立并取得资产评估资格 3 年以上，发生过吸收合并的，还应当自完成工商变更登记之日起满 1 年；②质量控制制度和其他内部管理制度健全并有效执行，执业质量和职业道德良好；③具有不少于 30 名注册资产评估师，其中最近 3 年持有注册资产评估师证书且连续执业的不少于 20 人；④净资产不少于 200 万元；⑤按规定购买职业责任保险或者提取职业风险基金；⑥半数以上合伙人或者持有不少于 50% 股权的股东最近在本机构连续执业 3 年以上；⑦最近 3 年评估业务收入合计不少于 2000 万元，且每年不少于 500 万元。

46. 【答案】B

【解析】基金的申报价格最小变动单位为 0.001 元人民币，买入与卖出封闭式基金份额申报数量应当为 100 份或其整数倍，单笔最大数量应低于 100 万份。

47. 【答案】B

【解析】2004 年 5 月，经国务院批准，中国证监会批复同意深圳证券交易所在主板市场内设立中小企业板块。中小企业板块的总体设计原则可以概括为“两个不变”和“四个独立”。“两个不变”是指中小企业板块运行所遵循的法律、法规和部门规章与主板市场相同，中小企业板块的上市公司须符合主板市场的发行上市条件和信息披露要求。“四个独立”是指中小企业板块是主板市场的组成部分，同时实行运行独立、监察独立、代码独立、指数独立。

48. 【答案】A

【解析】信用公司债券是一种不以公司任何资产作担保而发行的债券，属于无担保证券范畴。一般来说，政府债券无须提供担保，因为政府掌握国家资源，可以征税，所以政府债券安全性最高。

49. 【答案】D

【解析】首次公开发行股票，可以通过向网下投资者询价的方式确定股票发行价格，也可以通过发行人与主承销商自主协商直接定价等其他合法可行的方式确定发行价格。公开发行股票数量在2000万股(含)且无老股转让计划的，可以通过直接定价的方式确定发行价格。

50. 【答案】A

【解析】股价反映的是对经济形势的预期，因而其表现必定领先于经济的实际表现(除非预期出现偏差，经济形势本身才对股价产生纠错反应)。

二、组合型选择题(共50题，每题1分，共50分)以下备选项中只有1项最符合题目要求，不选、错选均不得分。

1. 【答案】A

【解析】目前，中国企业发行境外债券总体可以分为三类：①在境外市场以非人民币发行和结算的债券，被称为非人民币债券，比如美元债券；②以人民币发行、以人民币结算的债券，被称为点心债；③以人民币发行、以其他国货币结算的债券，被称为合成型债券。

2. 【答案】D

【解析】与股份公司股利政策相关的日期有四个重要日期：①股利宣告日，即公司董事会将分红派息的消息公布于众的时间。②股权登记日，即统计和确认参加本期股利分配的股东的日期，在此日期持有公司股票的股东方能享受股利发放。③除息除权日，通常为股权登记日之后的1个工作日，本日之后(含本日)买入的股票不再享有本期股利。④股利派发日，即股利正式发放给股东的日期。根据证券存管和资金划转的效率不同，通常会在几个工作日之内到达股东账户。

3. 【答案】D

【解析】《证券基金经营机构董事、监事、高级管理人员及从业人员监督管理办法》规定，中国证监会发现基金机构以及基金机构的董事、监事、高级管理人员和其他从业人员，基金机构的股东和实际控制人等在基金活动中存在违法违规行为的，应当对相关机构和人员或者相关机构对违法违规行为直接负责的主管人员和其他责任人员依法进行行政处罚。中国证监会可以采取的行政处罚措施主要包括没收违法所得、罚款、责令改正、警告、暂停或者撤销基金从业资格、暂停或者撤销相关业务许可、责令停业等。

4. 【答案】A

【解析】基金管理人由投资专业人员组成，负责基金资产的经营；托管人由主管机关认可的金融机构担任，负责基金资产的保管，依据基金管理机构的指令处置基金资产并监督管理人的投资运作是否合法合规。对基金管理人而言，处理有关证券、现金收付的具体事务交由基金托管人办理，自己就可以专心从事资产的运用和投资决策。

5. 【答案】B

【解析】现代证券交易所的运作普遍实现了高度的计算机化和无形化，建立起安全、高效的电脑运行系统，该系统通常包括交易系统、结算系统、信息系统和监察系统四部分。

6. 【答案】D

【解析】信用风险实际上揭示了发行人在财务状况不佳时出现违约和破产的可能，它主要受证券发行人的经营能力、盈利水平、事业稳定程度及规模大小等因素影响。

7. 【答案】D

【解析】套期保值是指企业为规避外汇风险、利率风险、商品价格风险、股票价格风险、信用风险等，指定一项或一项以上套期工具，使套期工具的公允价值或现金流量变动，预期抵消被套期项目全部或部分公允价值或现金流量变动风险的一种交易活动。

8. 【答案】C

【解析】影响股票投资价值的因素分为内部因素和外部因素。内部因素主要包括公司净资产、盈利水平、股利政策、股份分割、增资和减资以及并购重组等；外部因素主要包括宏观经济因素、行业因素及市场因素。

9. 【答案】A

【解析】基本分析法中宏观经济分析指标包括先行性指标、滞后性指标和同步性指标。先行性指标是指可以对将来的经济状况提供预示性的信息，如利率水平、货币供给、消费者预期、主要生产资料价格、企业投资规模等；滞后性指标的变化一般滞后于国民经济的变化，如失业率、库存量、银行未收回贷款规模等；同步性指标的变化基本上与总体经济活动的转变同步，如个人收入、企业工资支出、国内生产总值、社会商品销售额等。

10. 【答案】B

【解析】机构投资者包括政府机构类投资者、金融机构类投资者、合格境外机构投资者（QFII）、合格境内机构投资者（QDII）、企业和事业法人类机构投资者以及基金类投资者。

11. 【答案】D

【解析】可转换债券的票面利率（或可转换优先股票的股息率）是指可转换债券作为一种债券的票面年利率（或优先股票股息率），由发行人根据当前市场利率水平、公司债券资信等级和发行条款确定，一般低于相同条件的不可转换债券（或不可转换优先股票）。转换比例是指一定面额可转换债券可转换成普通股的股数。

12. 【答案】D

【解析】计算简单算术股价指数的方法有相对法和综合法。相对法是首先计算各样本股的个别指数，再加总计算算术平均数的计算方法。综合法是首先将样本股票基期价格和计算期价格加总，再求指数的计算方法。

13. 【答案】B

【解析】作为发起人的企业法人或具有法人资格的事业单位和社会团体在认购股份时，可以用货币出资，也可以用其他形式的资产，如实物、工业产权、非专利技术、土地使用权等作价出资。但对其他形式资产必须进行评估作价，核实财产，不得高估或者低估作价。

14. 【答案】A

【解析】债券估值模型包括：①零息债券定价。零息债券不计利息，折价发行，到期还本，通常 1 年期以内的债券为零息债券；②附息债券定价。附息债券可以视为一组零息债券的组合；③累息债券定价。与附息债券不同的是，累息债券也有票面利率，但是规定到期一次性还本付息。

15. 【答案】B

【解析】《证券市场资信评级业务管理办法》规定，证券评级业务是指对下列评级对象开展资信评级服务：①经中国证监会依法注册发行的债券、资产支持证券。②在证券交易所或者经中国证监会认可的其他证券交易场所上市交易或者挂牌转让的债券、资产支持证券，国债除外。③上述前两项规定的证券发行人、发起机构、上市公司、非上市公众公司、证券期货经营机构。④中国证监会规定的其他评级对象。

16. 【答案】C

【解析】在实际操作中，投资适当性原则经常被忽略。首先，投资者并不一定能够掌握有关产品的充分信息；其次，由于投资者自身经验和知识的欠缺，即便掌握了充分的相关信息，也不一定能够评估产品的风险水平；最后，投资者对自身的风险承受能力也可能缺乏正确认知。

17. 【答案】C

【解析】2004 年 5 月，经国务院批准，中国证监会批复同意深圳证券交易所在主板市场内设立中小企业板块市场。设立中小企业板块的宗旨是为主业突出、具有成长性和科技含量的中小企业提供直接融资平台，是我国多层次资本市场体系建设的一项重要内容，也是分步推进创业板市场建设的一个重要步骤。

18. 【答案】A

【解析】为了保障证券交易功能的发挥，以利于证券交易的正常运行，我国《证券法》规定证券交易必须遵循“公开、公平、公正”三个原则。

19. 【答案】A

【解析】金融衍生工具是交易双方通过对利率、汇率、股价等因素变动趋势的预测，约定在未来某一时间按照一定条件进行交易或选择是否交易的合约。无论是哪一种金融衍生工具，都会影响交易者在未来一段时间内或未来某时点上的现金流，跨期交易的特点十分突出。这就要求交易双方对利率、汇率、股价等价格因素的未来变动趋势作出判断，而判断的准确与否直接决定了交易者的交易盈亏。

20. 【答案】A

【解析】国际债券是一种跨国发行的债券，涉及两个或两个以上的国家。同国内债券相比，具有一定的特殊性：①资金来源广、发行规模大；②存在汇率风险，是国际债券的重要风险；③有国家主权保障；④以自由兑换货币作为计量货币。

21. 【答案】D

【解析】交易中，债券的报价方式主要有：①全价报价。全价报价时，债券报价即买卖双方实际支付价格，全价报价的优点是所见即所得，比较方便；缺点是含混了债券价格涨跌的真实原因。②净价报价。净价报价时，债券报价是扣除累积应付利息后的报价。债券报价的优点是把利息累积因素从债券价格中剔除，可以更好反映债券价格的波动程度；缺点是双方需要计算实际支付价格。

22. 【答案】A

【解析】Ⅰ、Ⅱ两项，开放式基金没有固定期限，投资者可向基金管理人申购、赎回基金份额。开放式基金没有发行规模限制，投资者可提出申购或赎回申请，基金规模随之增加或减少。Ⅲ、Ⅳ两项，开放式基金在操作上常常会受到不可预测的资金流进、流出的干扰，特别是为应对投资者赎回的需要，必须高度重视投资组合的流动性，因此会预留一定比例的现金，不会进行全额投资，这也会在一定程度上对投资业绩带来不利影响。开放式基金一般在每个交易日连续公布基金份额资产净值。

23. 【答案】B

【解析】国务院证券监督管理机构在对证券市场实施监督管理中履行的职责之一是：依法对证券发行人、证券公司、证券服务机构、证券交易场所、证券登记结算机构的证券业务活动，进行监督管理。

24. 【答案】A

【解析】根据不同的依据，委托指令有多种分类。根据委托订单的数量，可分为整数委托和零数委托；根据买卖证券的方向，可分为买进委托和卖出委托；根据委托价格限制，可分为市价委托和限价委托；根据委托时效限制，可分为当日委托、当周委托、无期限委托、开市委托和收市委托等。

25. 【答案】A

【解析】与金融现货交易相比，金融期货具有的特征表现在：①交易对象不同。②交易目的不同。③交易价格的含义不同。④交易方式不同。⑤结算方式不同。

26. 【答案】D

【解析】QDII 基金、集合计划可投资于下列金融产品或工具：①银行存款、可转让存单、银行承兑汇票、银行票据、商业票据、回购协议、短期政府债券等货币市场工具。②政府债券、公司债券、可转换债券、住房按揭支持证券、资产支持证券等及经中国证监会认可的国际金融组织发行的证券。③已与中国证监会签署双边监管合作谅解备忘录的国家或地区证券市场挂牌交易的普通股、优先股、全球存托凭证和美国存托凭证、房地产信托凭证。④在已与中国证监会签署双边监管合作谅解备忘录的国家或地区证券监管机构登记注册的公募基金。⑤与固定收益、股权、信用、商品指数、基金等标的物挂钩的结构性投资产品。⑥远期合约、互换及经中国证监会认可的境外交易所上市交易的权证、期权、期货等金融衍生产品。

27. 【答案】B

【解析】企业在注册有效期内需更换主承销商或变更注册金额的，应重新注册。交易商协会不接受注册的，企业可于 6 个月后重新提交注册文件。

28. 【答案】A

【解析】股东权是一种综合权利，股东依法享有资产收益、重大决策、选择管理者等权利。股东虽然是公司财产的所有人，享有种种权利，但对于公司的财产不能直接支配处理。

29. 【答案】C

【解析】根据《证券法》，发行人申请公开发行股票、可转换为股票的公司债券，依法采取承销方式的，或者公开发行法律、行政法规规定实行保荐制度的其他证券的，应当聘请证券公司担任保荐人。保荐人应当遵守业务规则和行业规范，诚实守信，勤勉尽责，对发行人的申请文件和信息披露资料进行审慎核查，督导发行人规范运作。

30. 【答案】C

【解析】Ⅲ项，目前，我国的开放式基金于每个交易日估值，并于次日公告基金份额净值。

31. 【答案】A

【解析】港股通是指内地投资者委托内地证券公司，经由上海证券交易所设立的证券交易服务公司，向香港联合交易所进行申报（买卖盘传递），买卖规定范围内的香港联合交易所上市的股票。沪港通下的港股通的股票范围是联交所恒生综合大型股指数成分股、恒生综合中型股指数成分股和 A + H 股上市公司的 H 股。香港证监会要求参与港股通的境内投资者仅限于机构投资者及证券账户及资金账户资产合计不低于 50 万元人民币的个人投资者。

32. 【答案】B

【解析】根据我国财政部《地方政府一般债券发行管理暂行办法》，地方政府一般债券是指省、自治区、直辖市政府（含经省级政府批准自办债券发行的计划单列市政府）为没有收益的公益性项目发行的、约定一定期限内主要以一般公共预算收入还本付息的政府债券。

33. 【答案】A

【解析】《证券、期货投资咨询管理暂行办法》规定，证券、期货投资咨询人员申请取得证券、期货投资咨询从业资格，必须具备下列条件：①具有中华人民共和国国籍。②具有完全民事行为能力。③品行良好、正直诚实，具有起好的职业道德。④未受过刑事处罚或者与证券、期货业务有关的严重行政处罚。⑤具有大学本科以上学历。⑥证券投资咨询人员具有从事证券业务 2 年以上的经历，期货投资咨询人员具有从事期货业务 2 年以上的经历。⑦通过中国证监会统一组织的证券、期货从业人员资格考试。⑧中国证监会规定的其他条件。

34. 【答案】C

【解析】上市公司再融资，是指上市公司为达到增加资本和募集资金的目的而再发行股票或可转换债券的行为。根据我国《上市公司证券发行管理办法》规定，上市公司再融资的方式有向原股东配售股份、向不特定对象公开募集股份、发行可转换公司债券、非公开发行股票。

35. 【答案】D

【解析】证券投资咨询包括以下形式：①接受投资人或者客户委托，提供证券投资咨询服务；②举办有关证券投资咨询的讲座、报告会、分析会等；③在报刊上发表证券投资咨询的文章、评论、报告，以及通过电台、电视台等公众传播媒体提供证券投资咨询服务；④通过电话、传真、电脑网络等电信设备系统，提供证券投资咨询服务；⑤中国证监会认定的其他形式。

36. 【答案】D

【解析】Ⅰ项，不记名股票也称“无记名股票”，与记名股的差别不是在股东权利等方面，而是在股票的记载方式上。无记名股票发行时一般留有存根联，它在形式上分为两部分：一部分是股票的主体，记载了公司的有关事项，如公司名称、股票所代表的股数等；另一部分是股息票，用于进行股息结算和行使增资权利。我国《公司法》规定，发行无记名股票的，公司应当记载其股票数量、编号及发行日期。公司发行记名股票的，应当置备股东名册，记载下列事项：①股东的姓名或者名称及住所；②各股东所持股份数；③各股东所持股票的编号；④各股东取得股份的日期。

37. 【答案】D

【解析】境外金融机构法人发行债券应向中国人民银行提交以下材料：①债券发行申请。②发行人有权机构关于同意债券发行的有效决议或其他证明文件。③募集说明书。④近3年的财务报告、审计报告，及最近一期财务报告(若有)。⑤境外金融机构法人发行债券还应同时提供所在国家或地区金融监管当局同意其开展相关金融业务有关证明文件。⑥信用评级报告及跟踪评级安排说明。⑦担保协议及担保人资信情况说明(若有)。⑧境内及发行人所在国家或地区具有相关法域执业资质的律师事务所等法律顾问出具的法律意见书。

38. 【答案】C

【解析】从理论上分析，公司经营状况与股票价格正相关，公司经营状况好，股价上升；反之，股价下跌。而公司经营状况的好坏又可以从公司治理水平与管理层质量、公司竞争力和财务状况几个方面来分析。

39. 【答案】B

【解析】Ⅲ项，相对于直接融资来说，间接融资的信誉程度高，风险也相对较小，融资的稳定性较强。间接融资的融资信誉的差异性相对较小。相对于直接融资来说，间接融资的信誉程度高，风险也相对较小，融资的稳定性较强。Ⅳ项，常见的直接融资方式有股票市场融资、债券市场融资、风险投资融资、商业信用融资、民间借贷等。其中，商品赊购属于商业信用融资。

40. 【答案】B

【解析】可交换债券与可转换债券的相同之处是发行要素相似，包括票面利率、期限、换股价格和换股比率、换股期限等；不同之处是发行主体不同。

41. 【答案】D

【解析】基金管理费是指基金管理人管理基金资产而向基金收取的费用；基金托管费是指基金托管人为基金提供托管服务而向基金收取的费用；基金销售服务费是用于基金的持续销售和为基金份额持有人提供服务而收取的费用；基金运作费是指为保证基金正常运作而发生的可以由基金承担的费用，包括审计费、律师费、上市年费、信息披露费、分红手续费、持有人大会费、开户费、银行汇划手续费等；基金交易费是指基金在进行证券买卖交易时所发生的相关交易费用。

42. 【答案】B

【解析】风险控制是指经济主体采用各种合格有效的工具、手段和流程进行控制和缓释风险的过程，分为事前控制、事中控制和事后控制，事中控制是在风险资产的实际运作过程中采用流程、工具进行动态、实时监测和报告。

43. 【答案】B

【解析】我国《公司法》规定，股票发行价格可以按票面金额，也可以超过票面金额，但不得低于票面金额。Ⅱ项，0.5 元低于本题中发行股票的票面金额 1 元。

44. 【答案】C

【解析】股票的市场价格一般是指股票在二级市场上交易的价格。股票的市场价格由股票的价值决定，但同时受许多其他因素的影响。其中，供求关系是最直接的影响因素，其他因素都是通过作用于供求关系而影响股票价格的。

45. 【答案】C

【解析】证券市场是各种有价证券，包括股票、债券等发行和交换的场所。证券市场具有以下三个显著特征：①证券市场是价值直接交换的场所。②证券市场是财产权利直接交换的场所。③证券市场是风险直接交换的场所。

46. 【答案】A

【解析】证券委托分为柜台委托和非柜台委托两大类。柜台委托是指委托人亲自或由其代理人到证券营业部交易柜台，根据委托程序和必需的证件采用书面方式表达委托意向，由本人填写委托单并签章的形式。非柜台委托主要有人工电话委托或传真委托、自助和电话自动委托、网上委托等形式。

47. 【答案】C

【解析】证券交易所的特征包括：①有固定的交易场所和交易时间。②参加交易者为具备会员资格的证券经营机构，交易采取经纪制，即一般投资者不能直接进入交易所买卖证券，只能委托会员作为经纪人间接进行交易。③交易的对象限于合乎一定标准的上市证券。④通过公开竞价的方式决定交易价格。⑤集中了证券的供求双方，具有较高的成交速度和成交率。⑥实行“公开、公平、公正”原则，并对证券交易加以严格管理。

48. 【答案】D

【解析】非系统风险是可以抵消、回避的。因此又被称为“可分散风险”或“可回避风险”。非系统风险包括信用风险、财务风险、经营风险、流动性风险以及操作风险。通货膨胀(购买力风险)、市场利率变化(市场风险)属于引起系统性风险的因素。

49. 【答案】B

【解析】我国 ETF 的最小申购和赎回单位一般为 30 万份、50 万份甚至 100 万份以上。ETF 与投资者交换的是基金份额和一篮子股票。

50. 【答案】A

【解析】个人投资者投资基金的税收：①个人投资者买卖基金份额免征增值税。②个人投资者买卖基金份额暂免征收印花税。③个人投资者从基金分配中取得的收入，暂不征收个人所得税。④个人投资者申购和赎回基金份额取得的差价收入，暂不征收个人所得税。

《金融市场基础知识》机考题库·真题试卷(四)

一、选择题(共50题，每题1分，共50分)以下备选项中只有1项符合题目要求，不选、错选均不得分。

1. 在电话自动委托中，证券经纪商需要把普通电话网络和(　　)连接起来，构成自动委托交易系统。

   A. 页面客户端系统　　B. 电脑交易系统

   C. 客户端委托系统　　D. 自助终端系统

2. 金融衍生工具分为独立衍生工具和嵌入式衍生工具，其分类的标准为(　　)。

   A. 基础工具种类　　B. 自身交易方式　　C. 产品形态　　D. 交易场所

3. 对于财政部代理发行地方政府债券的投标最高限额限定，下面说法正确的是(　　)。

   A. 承销团甲类成员最高限额为当期的35%

   B. 承销团乙类成员最高限额为当期的25%

   C. 承销团甲类成员最高限额为当期的30%

   D. 承销团乙类成员最高限额为当期的30%

4. 下列关于我国发行企业债券必备条件的说法中，错误的是(　　)。

   A. 具备健全且运行良好的组织机构

   B. 具有合理的资产负债结构

   C. 具有正常的现金流量

   D. 最近5年平均可分配利润足以支付企业债券1年的利息

5. 按基础资产分类，权证的分类不包括(　　)。

   A. 股权类权证　　B. 债权类权证　　C. 其他权证　　D. 股本权证

6. W银行的财务总监在审核W银行的年末财务报表时，全部负债业务总额为30亿元，以下(　　)情况应引起他的特别注意。

   A. 资产负债表显示，年末股本金、储备资金和未分配利润总和为3亿元

   B. 资产负债表显示，年末股本金、储备资金和未分配利润总和为27亿元

   C. 资产负债表显示，存款负债为21亿元

   D. 资产负债表显示，存款负债为25亿元

7. 证券公司敏感性分析中，凸性用来衡量债券价格收益率曲线的曲度，可以表示收益率变化(　　)所引起的久期的变化。

   A. 0.01%　　B. 1%　　C. 0.1%　　D. 10%

8. 地方政府根据本地区经济发展和资金需求状况，以承担还本付息责任为前提，向社会募集资金的债务凭证是(　　)。

   A. 公司债券　　B. 地方政府债券　　C. 金融债券　　D. 无期国债

9. 基金信息披露中的误导性陈述是指(　　)。

   A. 披露中存在应披露而未披露的信息，以致影响投资者做出正确的投资决策

   B. 登载其他组织的推荐性文字

C. 使投资者对其投资行为发生错误判断并产生重大影响的陈述

D. 将不存在的事实在基金信息披露文件予以记载的行为

10. 当股票市场投机过度或出现严重违法行为时，(　　)会采取一定的措施以平抑股价波动。

A. 中国人民银行　　B. 财政部

C. 证券监督管理机构　　D. 证券业协会

11. 按照基金的(　　)划分，证券投资基金可分为成长型基金、收入型基金、平衡型基金。

A. 运作方式　　B. 投资标的　　C. 投资目标　　D. 投资理念

12. 根据《首次公开发行股票并上市管理办法》，如果发行人最近3个会计年度营业收入累计未超过人民币3亿元，那么，发行人就必须符合的条件是最近3个会计年度(　　)。

A. 投资活动产生的现金流量净额累计超过人民币5000万元

B. 产生的现金流量净额累计超过人民币5000万元

C. 经营活动产生的现金流量净额累计超过人民币3000万元

D. 经营活动产生的现金流量净额累计超过人民币5000万元

13. 多元化投资于相关系数低的证券组合，可以有效(　　)。

A. 降低系统性风险　　B. 降低非系统性风险

C. 增加系统性风险　　D. 增加非系统性风险

14. 下列选项中不属于创业板改革定位的是(　　)。

A. 适应发展更多依靠创新、创造、创意的大趋势

B. 主要服务成长型创新创业企业

C. 支持传统产业与新技术、新产业、新业态、新模式深度融合

D. 统筹推进创业板改革与多层次资本市场体系建设

15. 证券公司与客户之间的(　　)，委托中国结算公司根据成交记录按照业务规则代为办理。

A. 证券交易　　B. 资金划付　　C. 资金清算交收　　D. 证券清算交收

16. 下列关于简单算术股价平均数的说法中，错误的是(　　)。

A. 优点是计算简便

B. 在计算时考虑了权数

C. 发生样本股送配股、拆股和更换时，会使股价平均数失去真实性、连续性和时间数列上的可比性

D. 以样本股每日收盘价之和除以样本数

17. 股票是一种(　　)凭证，债券是一种(　　)凭证，基金是一种(　　)凭证。

A. 所有权；所有权；受益　　B. 所有权；债权；受益

C. 受益；所有权；受益　　D. 所有权；受益；债权

18. 金融服务实体经济的实质就是(　　)。

A. 媒介资源配置　　B. 活跃市场交易

C. 所有权转移　　D. 吸收国际资本

19. 下列关于股票合并的说法，错误的是(　　)。

A. 股票合并又称并股

B. 股票合并是将若干股票合并为 1 股

C. 股票合并常见于低价股

D. 股票合并会影响每位股东所持股东权益占公司全部股东权益的比重

20. 欧洲债券票面所使用的货币主要是(　　)。

A. 特别提款权　B. 欧元　C. 美元　D. 英镑

21. 参与人在机构私募产品报价与服务系统发行私募产品，应当开通的业务权限类型是(　　)。

A. 创设类　B. 推荐类　C. 投资类　D. 代理交易类

22. 上市公司增资方式中，向特定对象发行股票的增资方式是(　　)。

A. 配股　B. 可转换公司债券

C. 公开增发　D. 定向增发

23. 下列关于基金的说法中，错误的是(　　)。

A. 非上市交易的开放式基金采取申购和赎回方式进行买卖

B. 开放式基金的申购价格和赎回价格是在基金净值的基础上通过市场竞价确定的

C. 基金分为封闭式基金和开放式基金

D. 上市基金的竞价原则和买卖程序与股票、债券一致

24. 我国要求基金利润分配后(　　)不得低于面值。

A. 基金资产总值　B. 基金份额净值

C. 基金资产净值　D. 基金份额总值

25. 私募证券投资基金运行期间，管理规模 5000 万元以下的信息披露义务人应当在(　　)以内向投资者披露基金净值、主要财务指标以及投资组合情况等信息。

A. 每季度结束之日起 5 个工作日　B. 每月结束之日起 5 个工作日

C. 每季度结束之日起 10 个工作日　D. 每个完整年度结束之日起一个月

26. 基金首次募集信息披露主要包括(　　)进行的信息披露。

A. 基金份额发售后至基金合同生效期间

B. 基金份额发售前至基金合同生效期间

C. 基金份额发售前

D. 基金合同生效前

27. 关于 B 股，下列说法错误的是(　　)。

A. 以外币认购、买卖　B. 目前境内居民个人不得购买

C. 采取记名股票形式　D. 以人民币标明股票面值

28. 关于科创板申报要求，下列说法中不正确的是(　　)。

A. 无论通过市价还是限价申报买卖科创板股票的，单笔申报数量均应当不小于 200 股

B. 卖出科创板股票时，余额不足 200 股的部分，应当分次申报卖出

C. 通过市价申报买卖科创板股票的，单笔申报数量应不超过 5 万股

D. 通过限价申报买卖科创板股票的，单笔申报数量应不超过 10 万股

29. 按照市场功能的不同，可以将资本市场划分为(　　)。

A. 公募市场和私募市场　B. 股票市场和债券市场

C. 场内交易市场和场外交易市场　D. 发行市场和交易市场

30. 商业银行次级定期债务的目标债权人为(　　)。
A. 政策性银行　　B. 企业法人　　C. 其他金融机构　　D. 其他商业银行
31. 假定原始存款 10000 元，法定准备金率 20%，则理论上的货币乘数是(　　)。
A. 5　　B. 5.5　　C. 4　　D. 2
32. (　　)年，内地和香港地区推出"债券通"。
A. 2019　　B. 2018　　C. 2017　　D. 2016
33. 下列关于分级基金的说法，错误的是(　　)。
A. 稳健型投资者适合投资分级基金的 B 类份额，而激进型投资者适合投资 A 类份额
B. 融资类分级基金中的 B 类份额具备杠杆投资的特性，有高风险、高预期收益的特征
C. 分级基金中预期风险收益较低的子份额被称为 A 类份额，预期风险收益较高的子份额被称为 B 类份额
D. 分级基金借助结构化设计将同一基金资产分为预期风险收益特征不同的份额类别来分开交易
34. 2014 年 11 月，中国证监会发布《证券公司及基金管理公司子公司资产证券化业务管理规定》及相关准则，明确将资产证券化业务由事前行政审批改为(　　)。
A. 事后审批　　B. 报备制　　C. 注册制　　D. 事后备案
35. 由承销商先全额购买发行人该次发行的证券，再向投资者发售，由承销商承担全部风险的承销方式是(　　)。
A. 全额包销　　B. 全额自销　　C. 全额直销　　D. 全额代销
36. 当前的总储蓄超过当前在资本品上支出的参与者是(　　)。
A. 赤字资金　　B. 赤字单位　　C. 盈余资金　　D. 盈余单位
37. 作为普通股股东，行使公司重大决策参与权的途径是(　　)。
A. 参加股东大会　　B. 修改公司章程　　C. 优先认购股票　　D. 参与公司管理
38. 中国证券业协会是证券业的自律性组织，是(　　)法人。
A. 事业单位　　B. 公益　　C. 企业　　D. 社会团体
39. 在我国，证券交易公司为满足承销股票、证券等特定业务流动性资金需求，借入期限在(　　)的次级债务为短期次级债券。
A. 3 个月及以上，2 年以下(不含 2 年)
B. 1 个月及以上，1 年以下(不含 1 年)
C. 1 个月及以上，2 年以下(不含 2 年)
D. 3 个月及以上，1 年以下(含 1 年)
40. 投资者小王决定定期定额投资于基金 A，基金 A 是一只国内股票型基金。基金 A 同时还是一只(　　)。
A. 公司型封闭式基金　　B. 契约型开放式基金
C. 契约型封闭式基金　　D. 公司型开放式基金
41. 下列关于资产证券化的具体操作要求的说法，不正确的是(　　)。
A. 特殊目的机构有时也可以由发起人设立
B. 资产支持证券发行完毕到挂牌上市交易后，资产证券化的工作并没有全部完成
C. 承销商采用的销售方式可以采用包销或代销

D. 资产支持证券的评级时，需要考虑的因素包括由利率变动等因素导致的市场风险

42. 引起某上市公司股票价格变动的直接原因是(　　)。

A. 供求关系　　B. 宏观经济与政策因素

C. 行业前景　　D. 公司经营状况

43. 取得证券执业证书的人员，连续(　　)年不在证券经营机构从业的，由中国证券业协会注销其执业证书。

A. 2　　B. 4　　C. 3　　D. 5

44. 可转换公司债券在转换前投资者可以定期得到利息收入，但此时不具有(　　)。

A. 债权人的权利　　B. 股东的权利

C. 债权人的义务　　D. 债权人的责任

45. 下列关于债券贴现率的说法中，错误的是(　　)。

A. 预期通货膨胀率是对未来通货膨胀率的估计值

B. 真实无风险收益率理论上由社会资本平均回报率决定

C. 债券必要回报率 = 真实无风险收益率 + 预期通货膨胀率

D. 债券的贴现率是投资者对该债券要求的最低回报率，也被称为必要回报率

46. 利用统计、数值模拟和其他定量模型进行证券市场相关研究的一种股票分析方法是(　　)。

A. 定性分析法　　B. 量化分析法　　C. 技术分析法　　D. 基本分析法

47. 证券交易所上市证券的清算和交收由证券登记结算公司集中完成，(　　)作为中央对手方，与证券公司之间完成证券和资金的净额结算。

A. 存管银行　　B. 客户

C. 证券交易所　　D. 证券登记结算公司

48. 下列关于我国股票发行制度的说法，错误的是(　　)。

A. 核准制又包括通道制和保荐制两个阶段

B. 证券市场先后经历了市场化方向的核准制和行政主导的审批制两个阶段

C. 审批制又包括额度管理和指标管理两个阶段

D. 1993 年，证券市场建立了全国统一的股票发行审核制度

49. 股票是一种资本证券，它属于(　　)。

A. 实物资本　　B. 风险资本　　C. 虚拟资本　　D. 真实资本

50. 律师事务所制作、出具法律意见书，应当按照相关规定向中国证监会和国务院有关主管部门备案，提供证券服务业务的证券活动不包括(　　)。

A. 上市公司发行证券及上市

B. 上市公司合并、分立

C. 公开发行公司债券

D. 股份有限公司股票向特定对象转让导致股东累计超过 100 人

二、组合型选择题(共 50 题，每题 1 分，共 50 分)以下备选项中只有 1 项最符合题目要求，不选、错选均不得分。

1. 基金业绩评价的绝对收益的计算指标包括(　　)。

Ⅰ. 现金流和时间加权收益率　　Ⅱ. 持有区间收益率

Ⅲ. 平均收益率　　Ⅳ. 基金收益率

A. Ⅰ、Ⅱ、Ⅲ　　B. Ⅰ、Ⅱ、Ⅲ、Ⅳ

C. Ⅲ、Ⅳ　　D. Ⅰ、Ⅱ、Ⅳ

2. 关于封闭式基金的交易规则，下列说法正确的有(　　)。

Ⅰ. 较低价格的卖出申报优先于较高价格的卖出申报

Ⅱ. 买入或卖出的申报数量应当为100份或其整数倍

Ⅲ. 实行10%的涨跌停限制

Ⅳ. 实行T日交割、交收

A. Ⅰ、Ⅳ　　B. Ⅱ、Ⅲ　　C. Ⅰ、Ⅱ、Ⅲ　　D. Ⅰ、Ⅱ、Ⅲ、Ⅳ

3. 有形信托财产包括(　　)。

Ⅰ. 货币资金　　Ⅱ. 商标使用权　　Ⅲ. 土地　　Ⅳ. 债权凭证

A. Ⅰ、Ⅱ、Ⅳ　　B. Ⅱ、Ⅲ

C. Ⅰ、Ⅱ、Ⅲ、Ⅳ　　D. Ⅰ、Ⅲ、Ⅳ

4. 关于优先股与债券的区别，说法正确的是(　　)。

Ⅰ. 优先股与债券的法律属性不同

Ⅱ. 根据我国现行的会计准则，发行人优先股作为权益或者负债入账需要视优先股的不同条款，对是否符合负债或权益的本质进行判断

Ⅲ. 优先股没有到期的概念，发行人没有偿还本金的压力

Ⅳ. 从风险角度来说，优先股的股息收益不确定性大于债券

A. Ⅱ、Ⅲ　　B. Ⅰ、Ⅲ、Ⅳ　　C. Ⅰ、Ⅱ、Ⅳ　　D. Ⅰ、Ⅱ、Ⅲ、Ⅳ

5. 证券公司开展压力测试，应当遵循的原则有(　　)。

Ⅰ. 全面性原则　　Ⅱ. 实践性原则　　Ⅲ. 审慎性原则　　Ⅳ. 前瞻性原则

A. Ⅰ、Ⅱ、Ⅲ　　B. Ⅰ、Ⅱ、Ⅲ、Ⅳ

C. Ⅲ、Ⅳ　　D. Ⅰ、Ⅱ、Ⅳ

6. 股票退市制度存在的意义包括(　　)。

Ⅰ. 引导理性投资　　Ⅱ. 保护投资者权益

Ⅲ. 巩固上市公司地位　　Ⅳ. 降低市场经营成本

A. Ⅰ、Ⅱ、Ⅲ　　B. Ⅰ、Ⅱ、Ⅳ　　C. Ⅱ、Ⅲ、Ⅳ　　D. Ⅰ、Ⅲ、Ⅳ

7. 股票分析中，量化分析方法可以应用于(　　)。

Ⅰ. 证券估值　　Ⅱ. 策略制定　　Ⅲ. 绩效评估　　Ⅳ. 风险计量

A. Ⅰ、Ⅱ、Ⅲ、Ⅳ　　B. Ⅱ、Ⅲ、Ⅳ

C. Ⅰ、Ⅱ　　D. Ⅲ、Ⅳ

8. 按照付息的方式分类，债券可以分为(　　)。

Ⅰ. 附息债券　　Ⅱ. 贴现债券　　Ⅲ. 息票累积债券　　Ⅳ. 累进利率债券

A. Ⅰ、Ⅱ、Ⅲ　　B. Ⅰ、Ⅱ　　C. Ⅲ、Ⅳ　　D. Ⅱ、Ⅲ、Ⅳ

9. 为了对基金业绩进行有效评价，以下哪些因素必须加以考虑？(　　)

Ⅰ. 投资目标与范围　　Ⅱ. 基金风险水平

Ⅲ. 基金规模　　Ⅳ. 时期选择

A. Ⅰ、Ⅱ、Ⅲ、Ⅳ　　B. Ⅰ、Ⅲ、Ⅳ

C. Ⅰ、Ⅱ、Ⅳ　　D. Ⅰ、Ⅱ、Ⅲ

10. 套期保值的原则包括(　　)。

Ⅰ. 买卖方向相反　　Ⅱ. 商品种类相同

Ⅲ. 月份相同或相近　　Ⅳ. 商品数量相等

A. Ⅰ、Ⅱ、Ⅲ、Ⅳ　　B. Ⅱ、Ⅳ

C. Ⅰ、Ⅱ、Ⅲ　　D. Ⅱ、Ⅲ、Ⅳ

11. 证券包销方式可以分为(　　)。

Ⅰ. 全额包销方式　　Ⅱ. 余额包销方式

Ⅲ. 比例包销方式　　Ⅳ. 备兑包销方式

A. Ⅰ、Ⅱ　　B. Ⅰ、Ⅱ、Ⅲ、Ⅳ

C. Ⅱ、Ⅲ、Ⅳ　　D. Ⅰ、Ⅲ、Ⅳ

12. 证券服务机构为证券的(　　)等证券业务活动制作、出具法律意见书、审计报告及其他鉴证报告、资产评估报告等多种文件。

Ⅰ. 发行　　Ⅱ. 上市　　Ⅲ. 交易　　Ⅳ. 登记

A. Ⅰ、Ⅱ、Ⅲ、Ⅳ　　B. Ⅰ、Ⅱ、Ⅲ

C. Ⅱ、Ⅲ、Ⅳ　　D. Ⅰ、Ⅳ

13. 20 世纪 90 年代形成的证券公司的传统业务，包括(　　)。

Ⅰ. 股票经纪　　Ⅱ. 股票承销　　Ⅲ. 资产管理　　Ⅳ. 证券自营

A. Ⅱ、Ⅲ　　B. Ⅰ、Ⅱ、Ⅲ、Ⅳ

C. Ⅰ、Ⅲ、Ⅳ　　D. Ⅰ、Ⅱ、Ⅳ

14. 下列属于债券收益率特性的有(　　)。

Ⅰ. 当期收益率可以反映每单位投资的资本损益

Ⅱ. 到期收益率是使债券未来现金流现值等于当前价格所用的相同贴现率

Ⅲ. 即期利率也称“零利率”，是零息债券到期收益率的简称

Ⅳ. 持有期收益率是指买入债券到卖出债券期间所获得的年平均收益

A. Ⅰ、Ⅱ、Ⅲ　　B. Ⅰ、Ⅱ、Ⅳ　　C. Ⅱ、Ⅲ、Ⅳ　　D. Ⅰ、Ⅱ、Ⅲ、Ⅳ

15. 下列关于全球金融市场历史的相关说法，正确的有(　　)。

Ⅰ. 大约公元前 2000 年，古巴比伦乌尔城已经出现了明显的金融区，乌尔城出现的金融活动不仅包括借贷，还包括股权投资甚至风险投资

Ⅱ. 一般认为，有形的、有组织的金融市场首先形成于 17 世纪的欧洲大陆

Ⅲ. 1790 年，美国成立了第一个证券交易所——纽约证券交易所

Ⅳ. 1957 年签署的《罗马条约》建立了欧洲经济共同体，从最初 6 个成员国发展成为包括 28 个成员国的联盟

A. Ⅰ、Ⅱ、Ⅲ　　B. Ⅰ、Ⅱ、Ⅳ　　C. Ⅱ、Ⅳ　　D. Ⅰ、Ⅳ

16. 商业票据市场的特点有(　　)。

Ⅰ. 发行成本比较低

Ⅱ. 采用信用发行的方式

Ⅲ. 有利于提高发行公司的信誉

Ⅳ. 对利率的变动反应不灵敏

A. Ⅰ、Ⅱ、Ⅲ、Ⅳ　　B. Ⅰ、Ⅱ、Ⅳ
C. Ⅰ、Ⅱ、Ⅲ　　D. Ⅲ、Ⅳ

17. 我国发行的国际债券品种主要有(　　)。
Ⅰ. 政府债券　　Ⅱ. 金融债券
Ⅲ. 可转换公司债券　　Ⅳ. 熊猫债券
A. Ⅰ、Ⅲ、Ⅳ　　B. Ⅰ、Ⅱ、Ⅲ、Ⅳ
C. Ⅱ、Ⅲ、Ⅳ　　D. Ⅰ、Ⅱ、Ⅲ

18. 下列有关金融期货的说法中，正确的有(　　)。
Ⅰ. 金融期货交易双方的权利与义务是对称的
Ⅱ. 金融期货交易双方的权利与义务是不对称的
Ⅲ. 金融期货交易双方均需开立保证金账户
Ⅳ. 金融期货交易双方都必须在交易所保有一定的流动性较高的资产
A. Ⅱ、Ⅲ、Ⅳ　　B. Ⅰ、Ⅲ、Ⅳ　　C. Ⅰ、Ⅳ　　D. Ⅱ、Ⅲ

19. 可以在证券交易所挂牌交易的有(　　)。
Ⅰ. ETF　　Ⅱ. 债券　　Ⅲ. 封闭式基金　　Ⅳ. LOF
A. Ⅰ、Ⅲ、Ⅳ　　B. Ⅰ、Ⅱ、Ⅲ
C. Ⅱ、Ⅳ　　D. Ⅰ、Ⅱ、Ⅲ、Ⅳ

20. 我国的企业债券和公司债券在(　　)方面有所不同。
Ⅰ. 发行制度和监管机构　　Ⅱ. 担保要求
Ⅲ. 发行主体　　Ⅳ. 发行定价方式
A. Ⅰ、Ⅱ、Ⅲ、Ⅳ　　B. Ⅰ、Ⅱ、Ⅳ
C. Ⅰ、Ⅱ、Ⅲ　　D. Ⅱ、Ⅲ、Ⅳ

21. 沪股通的股票范围有(　　)。
Ⅰ. 上证 180 指数成分股
Ⅱ. 上证 380 指数成分股
Ⅲ. A + H 股上市公司的上交所上市 A 股
Ⅳ. B 股
A. Ⅰ、Ⅱ　　B. Ⅰ、Ⅲ、Ⅳ　　C. Ⅱ、Ⅲ、Ⅳ　　D. Ⅰ、Ⅱ、Ⅲ

22. 在进行集中撮合处理过程中，以下说法正确的有(　　)。
Ⅰ. 所有买方有效委托按照委托限价由低到高的顺序排列，限价相同者按照进入证券交易系统电脑主机的时间先后排列
Ⅱ. 所有卖方有效委托按照委托限价由低到高的顺序排列，限价相同者按照进入证券交易所系统电脑主机的时间先后排列
Ⅲ. 集合竞价中未能成交的委托，自动进入连续竞价
Ⅳ. 系统依序逐笔将排在前面的买方委托与卖方委托配对成交，直至成交条件不满足为止
A. Ⅰ、Ⅲ、Ⅳ　　B. Ⅱ、Ⅲ、Ⅳ　　C. Ⅱ、Ⅳ　　D. Ⅰ、Ⅲ

23. 下列市场中，属于我国证券市场主板市场的是(　　)。
Ⅰ. 银行间债券市场　　Ⅱ. 深圳证券交易所中小企业板

Ⅲ. 深圳证券交易所创业板　　Ⅳ. 全国中小企业股份转让系统

A. Ⅰ、Ⅲ　　B. Ⅱ、Ⅲ

C. Ⅱ、Ⅲ、Ⅳ　　D. Ⅰ、Ⅱ、Ⅲ、Ⅳ

24. 可交换公司债券与可转换公司债券的不同之处体现在(　　)。

Ⅰ. 发债主体和偿债主体不同　　Ⅱ. 适用的法规不同

Ⅲ. 所换股份的来源不同　　Ⅳ. 股权稀释效应不同

A. Ⅱ、Ⅲ、Ⅳ　　B. Ⅰ、Ⅲ

C. Ⅰ、Ⅱ、Ⅲ、Ⅳ　　D. Ⅰ、Ⅱ、Ⅳ

25. 下列关于 ETF 和 LOF 的套利机制的说法中，正确的有(　　)。

Ⅰ. ETF 可以实时套利

Ⅱ. LOF 无法实时套利

Ⅲ. LOF 的套利风险高于 ETF 的套利风险

Ⅳ. LOF 套利比 ETF 套利方便

A. Ⅱ、Ⅳ　　B. Ⅰ、Ⅱ、Ⅲ、Ⅳ

C. Ⅰ、Ⅲ、Ⅳ　　D. Ⅰ、Ⅱ、Ⅲ

26. 符合基金资产估值规则的是(　　)。

Ⅰ. 基金管理人应于每个交易日当天对基金资产进行估值

Ⅱ. 遇到某些特殊情况，可以暂停估值

Ⅲ. 采用估值技术确定公允价值时，应尽可能使用市场参与者在定价时考虑的所有市场参数

Ⅳ. 基金资产估值的目的是客观、准确地反映基金资产的价值

A. Ⅱ、Ⅲ、Ⅳ　　B. Ⅰ、Ⅲ

C. Ⅰ、Ⅱ、Ⅲ、Ⅳ　　D. Ⅰ、Ⅱ、Ⅳ

27. 全国银行间债券市场面向的对象有(　　)。

Ⅰ. 商业银行　　Ⅱ. 保险公司　　Ⅲ. 证券公司　　Ⅳ. 农村信用联社

A. Ⅰ、Ⅲ、Ⅳ　　B. Ⅰ、Ⅱ、Ⅳ　　C. Ⅱ、Ⅲ　　D. Ⅰ、Ⅱ、Ⅲ、Ⅳ

28. 以下关于证券投资基金运作关系的说法中，正确的有(　　)。

Ⅰ. 基金投资者、基金管理人与基金托管人是基金的当事人

Ⅱ. 基金市场的各类中介机构通过自己的专业服务参与基金市场

Ⅲ. 监管机构对基金市场上的各种参与主体实施全面监管

Ⅳ. 基金托管人最主要的职责就是按照基金合同的约定，负责基金资产的投资运作，在风险控制的基础上为基金投资者争取最大的投资收益

A. Ⅰ、Ⅱ、Ⅲ、Ⅳ　　B. Ⅰ、Ⅱ、Ⅲ

C. Ⅰ、Ⅱ、Ⅳ　　D. Ⅰ、Ⅲ、Ⅳ

29. 金融机构发行债券的目的有(　　)。

Ⅰ. 改善负债结构，增强负债的稳定性　　Ⅱ. 获得长期资金来源

Ⅲ. 扩大资产业务　　Ⅳ. 获得廉价资金来源

A. Ⅰ、Ⅱ、Ⅲ、Ⅳ　　B. Ⅱ、Ⅳ

C. Ⅰ、Ⅱ、Ⅲ　　D. Ⅱ、Ⅲ、Ⅳ

30. 中小企业板块的总体设计原则可以概括为“两个不变”和“四个独立”，其中，“两个不变”指(　　)。

Ⅰ. 中小企业板块运行所遵循的法律、法规和部门规章与主板相同

Ⅱ. 中小企业板块必须符合主板市场发行上市条件

Ⅲ. 中小企业板块必须符合主板市场信息披露要求

Ⅳ. 中小企业板块上市的企业必须是成熟企业

A. Ⅰ、Ⅱ、Ⅲ　　B. Ⅱ、Ⅲ、Ⅳ　　C. Ⅲ、Ⅳ　　D. Ⅰ、Ⅲ

31. 按照现行规定，我国的混合资本债券具有的基本特征有(　　)。

Ⅰ. 期限在15年以上，发行之日起10年内不得赎回。

Ⅱ. 混合资本债券到期前，如果发行人核心资本充足率低于4%，发行人可以延期支付利息

Ⅲ. 当发行人清算时，混合资本债券本金和利息的清偿顺序列于一般债务和次级债务之后、先于股权资本

Ⅳ. 混合资本债券到期时，如果发行人无力支付清偿顺序在该债券之前的债务，或支付该债券将导致无力支付清偿顺序在混合资本债券之前的债务，发行人可以延期支付该债券的本金和利息

A. Ⅱ、Ⅲ、Ⅳ　　B. Ⅰ、Ⅲ、Ⅳ　　C. Ⅰ、Ⅱ　　D. Ⅰ、Ⅱ、Ⅲ、Ⅳ

32. 对证券投资基金从证券市场取得的收入，暂不征收企业所得税的有(　　)。

Ⅰ. 买卖股票的差价收入　　Ⅱ. 买卖债券的差价收入

Ⅲ. 股权的股息和红利收入　　Ⅳ. 债券的利息收入

A. Ⅰ、Ⅱ、Ⅲ、Ⅳ　　B. Ⅱ、Ⅲ、Ⅳ

C. Ⅰ、Ⅳ　　D. Ⅰ、Ⅱ、Ⅲ

33. 证券评级机构的制度有(　　)。

Ⅰ. 信用评审委员会制度　　Ⅱ. 评级结果公布制度

Ⅲ. 信息保密制度　　Ⅳ. 业务档案管理制度

A. Ⅲ、Ⅳ　　B. Ⅰ、Ⅱ、Ⅳ

C. Ⅰ、Ⅱ、Ⅲ、Ⅳ　　D. Ⅱ、Ⅲ、Ⅳ

34. 无限售条件股份是指流通转让不受限制的股份，具体包括(　　)。

Ⅰ. 境内上市外资股　　Ⅱ. 境外上市外资股

Ⅲ. 国有法人股　　Ⅳ. 人民币普通股

A. Ⅰ、Ⅲ、Ⅳ　　B. Ⅰ、Ⅱ、Ⅳ　　C. Ⅱ、Ⅲ　　D. Ⅰ、Ⅱ、Ⅲ、Ⅳ

35. 上市公司非公开发行股票，应当符合的规定有(　　)。

Ⅰ. 发行价格不低于定价基准日前20个交易日公司股票均价的80%

Ⅱ. 本次发行的股份自发行结束之日起，6个月内不得转让

Ⅲ. 控股股东、实际控制人及其控制的企业认购的股份，18个月内不得转让

Ⅳ. 控股股东、实际控制人及其控制的企业认购的股份，48个月内不得转让

A. Ⅰ、Ⅱ、Ⅲ　　B. Ⅱ、Ⅲ、Ⅳ　　C. Ⅰ、Ⅱ、Ⅳ　　D. Ⅰ、Ⅱ、Ⅲ、Ⅳ

36. 根据《全国银行间债券市场境外机构债券发行管理暂行办法》，境外金融机构法人发行债券应具备的条件有(　　)。

Ⅰ. 具有良好的公司治理机制和完善的风险管理体系
Ⅱ. 财务稳健、资信良好、最近3年连续盈利
Ⅲ. 实际缴纳资本不低于50亿元人民币或等值货币
Ⅳ. 具备债券发行经验和良好的债务偿付能力
A. Ⅱ、Ⅲ　　B. Ⅰ、Ⅱ、Ⅲ、Ⅳ
C. Ⅰ、Ⅲ、Ⅳ　　D. Ⅰ、Ⅱ、Ⅳ

37. 下列关于金融市场的说法中，正确的有（　　）。
Ⅰ. 现代金融市场的一个重要趋势是机构投资者的比重逐渐提高
Ⅱ. 越是发达的金融市场，越离不开金融中介机构的参与
Ⅲ. 金融中介机构越发达，金融市场功能越完善
Ⅳ. 金融市场上的参与各方是以信用为基础的信贷关系和委托代理关系
A. Ⅱ、Ⅲ、Ⅳ　　B. Ⅱ、Ⅳ
C. Ⅰ、Ⅲ　　D. Ⅰ、Ⅱ、Ⅲ、Ⅳ

38. 关于基金份额持有人享有的权利，下列说法正确的有（　　）。
Ⅰ. 分享基金财产收益
Ⅱ. 参与分配清算后的剩余基金财产
Ⅲ. 依法转让或者申请赎回其持有的基金份额
Ⅳ. 查阅或者复制机密的基金信息资料
A. Ⅰ、Ⅱ、Ⅳ　　B. Ⅰ、Ⅱ、Ⅲ　　C. Ⅱ、Ⅲ、Ⅳ　　D. Ⅲ、Ⅳ

39. 下列关于金融与实体经济关系的说法中，正确的有（　　）。
Ⅰ. 古典经济学家认为货币是中性的，货币供应量的变化不影响实体经济
Ⅱ. 凯恩斯认为通过利率对投资的诱导，货币能影响实体经济产出
Ⅲ. “金融加速器”理论认为，金融市场摩擦会放大对实体经济产出的影响
Ⅳ. 2008年金融危机表明，金融活动本身也是经济衰退或萧条的诱因
A. Ⅰ、Ⅳ　　B. Ⅰ、Ⅱ、Ⅲ
C. Ⅱ、Ⅲ　　D. Ⅰ、Ⅱ、Ⅲ、Ⅳ

40. 股票基金（开放式）与股票的不同之处表现在（　　）。
Ⅰ. 股票基金的投资风险一般低于单一股票的投资风险
Ⅱ. 股票基金增加了基金经理的“委托代理”风险
Ⅲ. 可以根据份额净值的高低对股票基金的投资价值进行初步判断
Ⅳ. 股票基金每一交易日只有1个价格
A. Ⅰ、Ⅱ、Ⅲ、Ⅳ　　B. Ⅰ、Ⅲ、Ⅳ
C. Ⅰ、Ⅱ、Ⅳ　　D. Ⅱ、Ⅲ

41. 运用红利贴现模型进行估值，需要确定的指标有（　　）。
Ⅰ. 各期现金红利
Ⅱ. 各期自由现金流
Ⅲ. 股权要求收益率
Ⅳ. 持有期末卖出股权的预期价格
A. Ⅰ、Ⅱ、Ⅲ　　B. Ⅱ、Ⅲ、Ⅳ　　C. Ⅰ、Ⅱ、Ⅳ　　D. Ⅰ、Ⅲ、Ⅳ

42. 下列债券报价方式中，属于询价交易方式范畴的有(　　)。

Ⅰ. 公开报价　　Ⅱ. 对话报价　　Ⅲ. 双边报价　　Ⅳ. 小额报价

A. Ⅰ、Ⅱ　　B. Ⅱ、Ⅲ、Ⅳ　　C. Ⅰ、Ⅲ、Ⅳ　　D. Ⅲ、Ⅳ

43. 我国金融衍生工具市场分为(　　)。

Ⅰ. 交易所交易市场　　Ⅱ. 银行间市场

Ⅲ. 银行柜台市场　　Ⅳ. 证券公司柜台市场

A. Ⅰ、Ⅱ、Ⅲ、Ⅳ　　B. Ⅰ、Ⅱ、Ⅲ

C. Ⅱ、Ⅲ　　D. Ⅰ、Ⅳ

44. 记账式国债的承销程序包括(　　)。

Ⅰ. 招标发行　　Ⅱ. 远程投标　　Ⅲ. 债券托管　　Ⅳ. 分销

A. Ⅰ、Ⅱ、Ⅲ、Ⅳ　　B. Ⅰ、Ⅱ、Ⅳ

C. Ⅱ、Ⅲ、Ⅳ　　D. Ⅰ、Ⅲ

45. 政府机构类投资者参与证券投资的目的主要有(　　)。

Ⅰ. 通过投资实现盈利　　Ⅱ. 调剂资金余额

Ⅲ. 实施宏观调控　　Ⅳ. 实行稳定产业政策

A. Ⅰ、Ⅱ、Ⅲ、Ⅳ　　B. Ⅱ、Ⅲ、Ⅳ

C. Ⅰ、Ⅲ、Ⅳ　　D. Ⅰ、Ⅱ

46. 2006 年以来我国资产证券化业务发展的特点包括(　　)。

Ⅰ. 发行规模大幅增长

Ⅱ. 种类增多，发起主体增加

Ⅲ. 机构投资者范围增加

Ⅳ. 二级市场交易尚不活跃

A. Ⅰ、Ⅲ　　B. Ⅰ、Ⅱ、Ⅲ、Ⅳ

C. Ⅱ、Ⅲ、Ⅳ　　D. Ⅰ、Ⅱ、Ⅳ

47. 根据《证券公司风险控制指标管理办法》，证券公司必须持续符合的风险控制指标标准包括(　　)。

Ⅰ. 风险覆盖率不得低于 100%

Ⅱ. 资本杠杆率不得低于 8%

Ⅲ. 流动性覆盖率不得低于 100%

Ⅳ. 净稳定资金率不得低于 100%

A. Ⅰ、Ⅱ、Ⅲ　　B. Ⅰ、Ⅱ、Ⅲ、Ⅳ

C. Ⅲ、Ⅳ　　D. Ⅰ、Ⅱ、Ⅳ

48. 资产证券化可以提升资产负债管理能力，优化财务状况。其对发起人的资产负债管理的提升作用体现在它可以解决资产和负债的不匹配性。这种不匹配性主要表现在(　　)。

Ⅰ. 流动性和期限的不匹配　　Ⅱ. 利率的不匹配

Ⅲ. 品种类型的不匹配　　Ⅳ. 风险权重的不匹配

A. Ⅲ、Ⅳ　　B. Ⅰ、Ⅱ　　C. Ⅰ、Ⅲ　　D. Ⅱ、Ⅲ

49. 下列关于佣金的说法中，正确的有(　　)。

Ⅰ. 佣金的收费标准因交易品种、交易场所的不同而有所差异

Ⅱ. 目前我国证券投资基金交易实行固定佣金制度

Ⅲ. A 股佣金标准的起点与 B 股相同

Ⅳ. A 股交易佣金不得低于代收的证券交易监管费和证券交易所手续费

A. Ⅱ、Ⅲ　　B. Ⅰ、Ⅲ、Ⅳ　　C. Ⅰ、Ⅳ　　D. Ⅰ、Ⅱ、Ⅲ、Ⅳ

50. 中国证券投资者保护基金有限责任公司的职责有(　　)。

Ⅰ. 筹集、管理和运作基金

Ⅱ. 监测证券公司风险，参与证券公司风险处置工作

Ⅲ. 组织、参与被撤销、关闭或破产证券公司的清算工作

Ⅳ. 管理和处分受偿资产，维护基金权益

A. Ⅰ、Ⅲ、Ⅳ　　B. Ⅱ、Ⅲ、Ⅳ　　C. Ⅰ、Ⅱ　　D. Ⅰ、Ⅱ、Ⅲ、Ⅳ

《金融市场基础知识》机考题库·真题试卷(四)参考答案及详解

一、**选择题**(共50题，每题1分，共50分)以下备选项中只有1项符合题目要求，不选、错选均不得分。

1. **【答案】**B

【解析】电话自动委托是营业部将其电脑交易系统与普通电话网络联结起来，构成一个电话自动委托交易系统，投资者可通过普通电话，按照该系统发出的指示输入委托指令，以完成股票买卖委托和信息查询。

2. **【答案】**C

【解析】金融衍生工具可以按照不同的分类标准而有不同的分类：①金融衍生工具按照产品形态分为独立衍生工具和嵌入式衍生工具；②按照自身交易的方法和特点可以分为金融远期合约、金融期货、金融期权、金融互换和结构化金融衍生工具；③按照基础工具种类，可以分为股权类产品的衍生工具、货币衍生工具、利率衍生工具、信用衍生工具以及其他衍生工具；④按照交易场所可分为交易所交易的衍生工具和场外交易市场交易的衍生工具。

3. **【答案】**C

【解析】对于财政部代理发行地方政府债券的投标量和承销量限定如下：①最高投标量：承销团甲类、乙类成员最高投标限额分别为当期地方债招标额的30%、10%；②最低投标量：承销团甲类、乙类成员最低投标量分别为当期地方债招标额的4%、1%；承销团甲类、乙类成员最低承销额分别为当期地方债招标额的1%、0.2%。③单一标位投标量：单一标位最低投标限额为0.2亿元，投标量最小变动幅度为0.1亿元，最高投标限额为30亿元。

4. **【答案】**D

【解析】ABC三项，根据国家发改委《关于企业债券发行实施注册制有关事项的通知》要求，企业债券发行人应当具备健全且运行良好的组织机构，应当具有合理的资产负债结构和正常的现金流量等。D项，企业债券发行人最近3年平均可分配利润足以支付企业债券1年的利息。

5. **【答案】**D

【解析】根据权证行权的基础资产或标的资产，可将权证分为股权类权证、债权类权证以及其他权证。我国证券市场曾推出的权证均为股权类权证，其标的资产可以是单只股票或股票组合(如ETF)。

6. **【答案】**B

【解析】负债业务是商业银行组织资金来源的业务，是商业银行资产业务和其他业务营运的起点和基础，包括自有资金和吸引外来资金两大部分，外来资金的形成渠道包括存款负债和非存款负债。一般自有资金(包括股本金、储备资金和未分配利润)所占比重很小，一般为全部负债业务总额的10%左右。存款是银行负债最重要的业务，一般占到负债总额的70%以上。B项，自有资金占比太高，属于应引起注意的情况。

7. 【答案】B

【解析】凸度是收益率变化1%所引起的久期的变化。凸性用来衡量债券价格收益率曲线的曲度。债券价格与收益率呈反向关系，二者的关系是非线性的，而且债券价格与收益率呈凸关系，这种关系常常被称为债券价格的凸性。

8. 【答案】B

【解析】A项，公司债券是指公司依照法定程序发行的、约定在一定期限还本付息的有价证券。B项，地方政府债券简称“地方债券”，也可以被称为地方公债或地方债，是地方政府根据本地区经济发展和资金需求状况，以承担还本付息责任为前提，向社会筹集资金的债务凭证。C项，金融债券是指银行及非银行金融机构依照法定程序发行并约定在一定期限内还本付息的有价证券。D项，无期国债在发行时并未规定还本期限，债权人平时仅有权按期索取利息，而无权要求清偿，但政府可以随时从市场上买入而将其注销。

9. 【答案】C

【解析】A项，重大遗漏是指披露中存在应披露而未披露的信息，以至于影响投资者做出正确决策；B项，基金公开披露的信息具有可靠性、如实反映、客观性和可比性等特征，祝贺性、恭维性或推荐性的文字往往带有主观性，影响公开披露信息的客观性；C项，误导性陈述是指使投资者对基金投资行为发生错误判断并产生重大影响的陈述；D项，虚假记载是指信息披露义务人将不存在的事实在基金信息披露文件中予以记载的行为。

10. 【答案】C

【解析】影响股价变化的其他因素有：①政治及其他不可抗力的影响；②心理因素；③政策及制度因素；④人为操纵因素。当股票市场投机过度或出现严重违法行为时，证券监督管理机构也会采取一定的措施以平抑股价波动。

11. 【答案】C

【解析】按照基金的投资目标划分，证券投资基金可分为成长型基金、收入型基金、平衡型基金。成长型基金是基金中最常见的一种，它追求的是基金资产的长期增值。收入型基金主要投资于可带来现金收入的有价证券，以获取当期的最大收入为目的。平衡型基金将资产分别投资于两种特性的证券上，并在以取得收入为目的的债券以及优先股和以资本增值为目的的普通股之间进行平衡。

12. 【答案】D

【解析】中国证监会发布的《首次公开发行股票并上市管理办法》规定，首次公开发行股票并上市应满足以下条件：①发行人依法设立且持续经营时间在三年以上的股份有限公司，但经国务院批准的除外。有限责任公司按原账面净资产值折股整体变更为股份有限公司的，持续经营时间可以从有限责任公司成立之日起计算；②最近三个会计年度经营活动产生的现金流量净额累计超过人民币5000万元或者最近三个会计年度营业收入累计超过人民币3亿元；③最近三个会计年度净利润均为正数且累计超过人民币3000万元，净利润以扣除非经常性损益前后较低者为计算依据等。

13. 【答案】B

【解析】在证券投资中，多样化投资的风险分散策略成为投资者(尤其是机构投资者)消除非系统性风险的基本策略，而且由于这种可通过多样化消除的非系统性风险在理性的资产市场定价中没有相应的风险回报，证券投资者必须采用这种风险分散的策略加以消除，否则将承担无谓的风险。

14. 【答案】D

【解析】根据近年来经济形势变化和多层次资本市场发展实际，改革后创业板将定位为，深入贯彻创新驱动发展战略，适应发展更多依靠创新、创造、创意的大趋势，主要服务成长型创新创业企业，支持传统产业与新技术、新产业、新业态、新模式深度融合。

15. 【答案】D

【解析】对于证券公司与客户之间的证券清算交收，是委托中国证券登记结算有限责任公司根据成交记录按照业务规则代为办理。证券交收结果等数据由中国结算公司每日传送至证券公司，供其对账和向客户提供余额查询等服务。证券公司根据中国结算公司数据，记录客户清算交收结果。

16. 【答案】B

【解析】ACD 三项，简单算术股价平均数是以样本股每日收盘价之和除以样本数。优点是计算简便，但也存在缺点：发生样本股送配股、拆股和更换时会使股价平均数失去真实性、连续性和时间数列上的可比性。B 项，简单算术股价平均数在计算时没有考虑权数，即忽略了发行量或成交量不同的股票对股票市场有不同影响这一重要因素。

17. 【答案】B

【解析】证券投资基金与股票、债券的区别如下：①反映的经济关系不同：股票反映的是所有权关系，债券反映的是债权债务关系，而基金反映的则是信托关系。②资金的投向不同。③收益风险水平不同。

18. 【答案】A

【解析】金融服务实体经济，实质就是有效发挥其媒介资源配置的功能；为实体经济提供更好的金融服务，就是要求降低流通成本，提高金融的中介效率和分配效率。

19. 【答案】D

【解析】从理论上说，不论是分割还是合并，将增加或减少股份总数和股东持有股票的数量，但并不改变公司的实收资本和每位股东所持股东权益占公司全部股东权益的比重。理论上，股票分割或合并后股价会以相同的比例向下或向上调整，但股东所持股票的市值不发生变化。

20. 【答案】C

【解析】欧洲债券是指借款人在本国境外市场发行的、不以发行市场所在国货币为面值的国际债券。由于以这种方式发行的债券最早出现在欧洲，故被称为欧洲债券。欧洲债券可以在欧洲以外的国家发行，同时其发行面值也可以以欧元之外的其他货币来表示。事实上，大多数欧洲债券仍然是以美元为面值发行的。

21. 【答案】A

【解析】A 项，开通创设类业务权限的机构，可以在报价系统发行、创设私募产品或将自己在其他市场发行、创设的私募产品在报价系统注册转让。

22. 【答案】D

【解析】增发是股份公司向不特定对象公开募集股份的行为，定向增发是股份公司采用非公开方式向特定对象发行股票的行为。增发或定向增发之后，公司注册资本和股份相应增加。配股是上市公司向原股东配售股份的行为。

23. 【答案】D

【解析】对一般开放式基金(股票基金、债券基金、混合基金等)而言，在申购、赎回时遵循“未知价”交易原则，投资者在申购、赎回一般开放式基金份额时并不能即时获知买卖的成交价格。申购、赎回价格只能以申购、赎回日交易时间结束后基金管理人公布的基金份额净值为基准进行计算，而股票、封闭式基金等金融产品按“已知价”原则进行买卖。

24. 【答案】B

【解析】根据有关规定，封闭式基金的收益分配每年不得少于一次，封闭式基金年度收益分配比例不得低于基金年度可供分配利润的 90%。基金分配后，基金份额净值不得低于面值。

25. 【答案】C

【解析】私募基金运行期间，信息披露义务人应当在每季度结束之日起 10 个工作日以内向投资者披露基金净值、主要财务指标以及投资组合情况等信息。单只私募证券投资基金管理规模金额达到 5000 万元以上的，应当持续在每月结束之日起 5 个工作日以内向投资者披露基金净值信息。

26. 【答案】B

【解析】基金募集信息披露可以分为首次募集信息披露和存续期募集信息披露。首次募集信息披露主要包括基金份额发售前至基金合同生效期间进行的信息披露。基金募集申请经中国证监会注册后，基金管理人应当在基金份额发售的三日前，将基金份额发售公告、基金招募说明书提示性公告和基金合同提示性公告登载在指定报刊上。

27. 【答案】B

【解析】B 股采取记名股票形式，以人民币标明股票面值，以外币认购、买卖，在境内证券交易所上市交易。境内居民个人可以用现汇存款和外币现钞存款以及从境外汇入的外汇资金从事 B 股交易，但不允许使用外币现钞。

28. 【答案】B

【解析】通过限价申报买卖科创板股票的，单笔申报数量应当不小于 200 股，且不超过 10 万股；通过市价申报买卖的，单笔申报数量应当不小于 200 股，且不超过 5 万股。卖出时，余额不足 200 股的部分，应当一次性申报卖出。

29. 【答案】D

【解析】资本市场的分类有：①按照交易产品品种，资本市场可分为股票市场、债券市场、衍生品证券市场和基金市场；②按照市场功能，资本市场可分为发行市场和交易市场；③按照资本市场的组织形式和交易活动是否集中统一，资本市场可分为场内交易市场和场外交易市场；④按照所服务和覆盖的上市公司类型，资本市场可分为全球性市场、全国性市场、区域性市场等类型；⑤按照发行和募集方式，资本市场可分为公募市场和私募市场。

30. 【答案】B

【解析】商业银行次级定期债务的募集方式为商业银行向目标债权人定向募集，目标债权人为企业法人。

31. 【答案】A

【解析】基础货币和货币供给之间的倍数关系，被称为货币乘数。理论上，货币乘数可以简单地表示为法定存款准备金率的倒数，即$m=1/r=1/20\%=5$（其中 m 为货币乘数，r 为法定准备金率）。

32. 【答案】C

【解析】2017 年，开通"债券通"。"债券通"是开展内地与我国香港地区债券市场互联互通合作的全新计划，让中国境内与境外投资者通过在香港地区建立的基础设施联接，在对方市场买卖债券。

33. 【答案】A

【解析】分级基金的基础份额被称为母基金份额，预期风险收益较低的子份额被称为 A 类份额（或优先份额），预期风险收益较高的子份额被称为 B 类份额（或进取份额）。A 类份额可获得类似固定收益产品的稳定收益，有低风险、稳定收益的特征，而 B 类份额则具备杠杆投资的特性，有高风险、高预期收益的特征。A 项，稳健型投资者适合投资分级基金的A 类份额，而激进型投资者适合投资B 类份额。

34. 【答案】D

【解析】2014 年 11 月，中国证监会发布《证券公司及基金管理公司子公司资产证券化业务管理规定》及相关准则，明确取消事前行政审批，实行基金业协会事后备案和基础资产负面清单管理。

35. 【答案】A

【解析】包销是指承销商将发行人的股票按照协议全部购入或者在承销期结束时将售后剩余股票全部自行购入的承销方式。包销可分为全额包销和余额包销两种。全额包销，是指由承销商先全额购入发行人该次发行的股票，再发售给投资者的承销方式。余额包销，是指承销商按照协议到销售截止日将未售出的剩余股票全部自行购入的承销方式。

36. 【答案】D

【解析】金融市场的首要功能是资金融通。金融市场通过金融资产交易实现货币资金在供给者和需求者之间的转移，促进有形资本形成。盈余单位是指当前的总储蓄超过当前在资本品上支出的参与者。

37. 【答案】A

【解析】普通股股东基于股票的持有而享有股东权，这是一种综合权利，其中首要的是可以以股东身份参与股份公司的重大事项决策。作为普通股股东，行使这一权利的途径是参加股东大会、行使表决权。

38. 【答案】D

【解析】中国证券业协会是证券业的自律性组织，是社会团体法人。中国证券业协会是依据《中华人民共和国证券法》和《社会团体登记管理条例》的有关规定设立的具有独立法人地位的、由经营证券业务的金融机构自愿组成的证券业自律性组织，属于非营利性社会团体法人。

39. 【答案】D

【解析】证券公司次级债分为长期次级债和短期次级债。证券公司借入或发行期限在 1 年以上（不含 1 年）的次级债为长期次级债。证券公司为满足正常流动性资金需要，借入或发行期限在3个月以上(含3个月)、1年以下(含1年)的次级债为短期次级债。

40. 【答案】B

【解析】目前，我国基金全部是契约型基金。开放式基金是指基金份额不固定，基金份额可以在基金合同约定的时间和场所进行申购或者赎回的一种基金运作方式。

41. 【答案】D

【解析】D项，资产支持证券的评级为投资者提供证券选择的依据，因而构成资产证券化的又一重要环节。评级由国际资本市场上广大投资者承认的独立私营评级机构进行，评级考虑因素不包括由利率变动等因素导致的市场风险，而主要考虑资产的信用风险。

42. 【答案】A

【解析】股票的市场价格由股票的价值决定，但同时受许多其他因素的影响。其中，供求关系是最直接的影响因素，其他因素都是通过作用于供求关系而影响股票价格的。在任何价位上，如果买方的意愿购买量超过此时卖方的意愿出售量，股价将会上涨；反之，股价将会下跌。

43. 【答案】C

【解析】《证券业从业人员资格管理办法》第十三条规定，取得执业证书的人员，连续三年不在机构从业的，由协会注销其执业证书；重新执业的，应当参加协会组织的执业培训，并重新申请执业证书。

44. 【答案】B

【解析】可转换债券是一种附有转股权的特殊债券。在转换以前，它是一种公司债券，具备债券的一切特征，有规定的利率和期限，体现的是债权债务关系，持有者是债权人；在转换成股票后，它变成了股票，具备股票的一般特征，体现所有权关系，持有者由债权人变成了股权所有者。

45. 【答案】C

【解析】C项，债券贴现率计算公式为：债券必要回报率 = 真实无风险收益率 + 预期通货膨胀率 + 风险溢价。

46. 【答案】B

【解析】B项，量化分析法是利用统计、数值模拟和其他定量模型进行证券市场相关研究的一种方法，具有使用大量数据、模型和电脑的显著特点，广泛应用于解决证券估值、组合构造与优化、策略制定、绩效评估、风险计量与风险管理等投资相关问题。

47. 【答案】D

【解析】证券的清算和交收统称为证券结算，包括证券结算和资金结算。证券交易所上市证券的清算和交收由证券登记结算公司集中完成，主要模式为：证券登记结算公司作为中央对手方，与证券公司之间完成证券和资金的净额结算。

48. 【答案】B

【解析】1993年，证券市场建立了全国统一的股票发行审核制度，并先后经历了行政主导的审批制和市场化方向的核准制两个阶段。具体而言，审批制包括额度管理和指标管理两个阶段，而核准制包括通道制和保荐制两个阶段。2020年3月1日，新《证券法》正式施行，核准制开始向全面注册制转变，注册制改革是完善资本市场基础制度的重要体现。

49. 【答案】C

【解析】发行股票是股份公司筹措自有资本的手段，因此，股票是投入股份公司资本份额的证券化，属于资本证券。但是，股票又不是一种现实的资本，股份公司通过发行股票筹措的资金，是公司用于营运的真实资本。股票独立于真实资本之外，在股票市场上进行着独立的价值运动，是一种虚拟资本。

50.【答案】D

【解析】D 项，股份有限公司股票向特定对象转让导致股东累计超过200 人，以及股份有限公司申请股票在全国中小企业股份转让系统挂牌并公开转让。

二、组合型选择题(共 50 题，每题 1 分，共 50 分)以下备选项中只有 1 项最符合题目要求，不选、错选均不得分。

1.【答案】B

【解析】基金的绝对收益的计算是基金业绩评价的第一步。绝对收益是证券或投资组合在一定时间区间内所获得的回报，测量的是证券或投资组合的增值或贬值，常常用百分比来表示收益率。绝对收益的计算指标包括现金流和时间加权收益率、持有区间收益率、平均收益率、基金收益率。

2.【答案】C

【解析】Ⅰ、Ⅱ、Ⅲ三项，封闭式基金的交易遵从“价格优先、时间优先”的原则。价格优先指较高价格买进申报优先于较低价格买进申报，较低价格的卖出申报优先于较高价格的卖出申报；时间优先指买卖方向相同、申报价格相同的，先申报者优先于后申报者，先后顺序按照交易主机接受申报的时间确定。封闭式基金的报价单位为每份基金价格。基金的申报价格最小变动单位为 0.001 元人民币，买入与卖出封闭式基金份额申报数量应当为 100 份或其整数倍，单笔最大数量应低于 100 万份。沪、深证券交易所对封闭式基金交易实行与对 A 股交易同样的 10% 的涨跌幅限制。Ⅳ项，封闭式基金与 A 股一样实行T+1 交割、交收，即达成交易后，相应的基金交割与资金交收在交易日的下一个营业日(T+1)完成。

3.【答案】D

【解析】信托财产既包括有形财产，如股票、债券、物品、土地、房屋和银行存款等，又包括无形财产，如保险单、专利权商标、信誉等，甚至包括一些或然权益(如人死前立下的遗嘱为受益人创造了一种自然权益)。

4.【答案】D

【解析】优先股和债券的区别如下：①两者的根本区别在于其法律属性不同，优先股的法律属性还属于股票。根据我国现行的会计准则和国际做法，优先股作为权益或者负债入账需要由公司和会计师视优先股的不同条款，对是否符合负债或权益的本质进行判断。②优先股没有到期的概念，发行人没有偿还本金的压力。③在公司出现亏损或者利润不足支付优先股股息时，优先股股东相应的保障机制包括：如有约定，可将所欠股息累积到下一年度；恢复表决权直至公司支付所欠股息。而对于债券持有人而言，定期还本付息属于公司必须履行的强制义务，如果公司不能按时还本付息会构成违约事件，公司有破产风险。因此从风险角度来说，优先股的股息收益不确定性大于债券。④优先股的股息一般来自可分配税后利润，而债券的利息来自税前利润。

5.【答案】B

【解析】压力测试，是指将整个金融机构或资产组合置于某一特定压力情景之下，然后测试该金融机构或资产组合在这些关键市场变量突变压力下的表现状况，以考虑它们是否能经受得起这种市场的突变。证券公司开展压力测试，应当遵循以下原则：①全面性原则；②实践性原则；③审慎性原则；④前瞻性原则。

6. 【答案】B

【解析】股票退市是指上市公司股票在证券交易所终止上市交易。股票退市制度是资本市场重要的基础性制度，有利于健全资本市场功能，降低市场经营成本，增强市场主体活力，提高市场竞争能力；有利于实现优胜劣汰，惩戒重大违法行为，引导理性投资，保护投资者特别是中小投资者合法权益。股票退市包括主动退市和强制退市。

7. 【答案】A

【解析】量化分析法是利用统计、数值模拟和其他定量模型进行证券市场相关研究的一种方法，具有使用大量数据、模型和电脑的显著特点，广泛应用于解决证券估值、组合构造与优化、策略制定、绩效评估、风险计量与风险管理等投资相关问题，是继传统的基本分析和技术分析之后发展起来的一种重要的股票投资分析方法。

8. 【答案】A

【解析】按付息方式分类。根据债券发行条款中是否规定在约定期限向债券持有人支付利息，债券可分为零息债券、附息债券、息票累积债券三类，贴现债券即零息债券。

9. 【答案】A

【解析】基金业绩的评估不能仅看回报率，还需要综合考虑基金的投资目标与范围、基金风险水平、基金的规模和时期的选择。

10. 【答案】A

【解析】套期保值原则有：①种类相同或相关原则。②数量相等或相当原则。③交易方向相反原则。④月份相同或相近原则。

11. 【答案】A

【解析】证券承销业务可以采取代销或者包销方式。证券包销，是指证券公司将发行人的证券按照协议全部购入或者在承销期结束时将售后剩余证券全部自行购入的承销方式，前者为全额包销，后者为余额包销。

12. 【答案】B

【解析】根据《证券法》，证券服务机构为证券的发行、上市、交易等证券业务活动制作、出具审计报告及其他鉴证报告、资产评估报告、财务顾问报告、资信评级报告或者法律意见书等文件，应当勤勉尽责，对所依据的文件资料内容的真实性、准确性、完整性进行核查和验证。

13. 【答案】D

【解析】我国证券公司在 20 世纪 90 年代形成了股票经纪、股票承销和证券自营三大传统业务。随后在此基础上，又增加了资产管理和基金、私募股权投资、融资融券、转融通、约定购回式证券交易、债券质押式报价回购交易、股票质押式回购交易、现金管理和新三板主办券商等新业务。

14. 【答案】C

【解析】Ⅰ项，在投资学中，当期收益率被定义为债券的年利息收入与买入债券的实际价格的比率。当期收益率度量的是债券年利息收益占购买价格的百分比，反映每单位投资能够获得的债券年利息收益，但不反映每单位投资的资本损益。

15. 【答案】B

【解析】Ⅲ项，证券交易首先从费城、纽约开始，其后向芝加哥、波士顿等大城市蔓延，为美国证券市场的发展打下了基础。1790 年成立了美国第一个证券交易所——费城证券交易所。

16. 【答案】C

【解析】商业票据市场的特点包括：①发行成本较低；②采用信用发行的方式；③可以提高发行企业的信誉；④可以足额运用资金；⑤对利率的变动反应灵敏；⑥一级市场发行量大而二级市场很弱。

17. 【答案】D

【解析】对外发行债券是我国吸引国外资金的一个重要渠道，我国发行国际债券始于 20 世纪 80 年代初期。当时，在改革开放政策的指导下，为利用国外资金，加快我国的建设步伐，我国开始利用国际债券市场筹集资金，主要的债券品种包括政府债券、金融债券和可转换公司债券。

18. 【答案】B

【解析】Ⅰ项，金融期货交易双方的权利与义务对称，即对任何一方而言，都既有要求对方履约的权利，又有自己对对方履约的义务。Ⅲ项，金融期货交易双方均需开立保证金账户，并按规定缴纳履约保证金。Ⅳ项，金融期货交易双方都必须保有一定的流动性较高的资产，以备不时之需。

19. 【答案】D

【解析】Ⅱ项，在证券交易所挂牌交易的品种包括股票、基金、债券、权证和经中国证监会批准的其他交易品种。Ⅲ项，按基金运作方式划分，基金可分为封闭式基金和开放式基金等类型。Ⅰ、Ⅳ两项，特殊类型基金包括：①交易所交易基金(ETF)；②上市开放式基金(LOF)；③避险策略基金；④QDII 基金；⑤分级基金；⑥基金中基金(FOF)；⑦伞形基金；⑧养老目标基金。

20. 【答案】A

【解析】我国企业债券和公司债券主要有以下几方面的区别：①发行主体不同；②发行制度和监管机构不同；③募集资金用途不同；④发行期限不同；⑤发行定价方式不同；⑥担保要求不同；⑦发行市场不同。

21. 【答案】D

【解析】沪股通，是指投资者委托香港经纪商，经由香港联合交易所在上海设立的证券交易服务公司，向上海证券交易所进行申报(买卖盘传递)，买卖沪港通规定范围内的上海证券交易所上市的股票。沪股通股票范围包括上证 180 指数成分股、上证 380 指数成分股和A + H 股上市公司的上交所上市 A 股。

22. 【答案】B

【解析】集合竞价的所有交易以同一价格成交，然后进行集中撮合处理。所有买方有效委托按委托限价由高到低的顺序排列，限价相同者按照进入证券交易所交易系统电脑主机的时间先后排列。所有卖方有效委托按照委托限价由低到高的顺序排列，限价相同者也按照进入交易系统电脑主机的时间先后排列。系统依序逐笔将排在前面的买方委托与卖方委托配对成交。即按照价格优先、同等价格下时间优先的成交顺序依次成交，直至成交条件不满足为止，即所有买入委托的限价均低于卖出委托的限价，所有成交都以同一成交价成交。集合竞价中未能成交的委托，自动进入连续竞价。

23. 【答案】B

【解析】我国多层次股票市场体系初步形成。我国股票市场分为场内市场和场外市场。场内市场包括沪深主板市场、中小板市场、科创板市场、创业板市场和全国中小企业股份转让系统(新三板)。场外市场包括区域性股权交易市场和交易柜台市场。上海证券交易所和深圳证券交易所主板、中小企业板块是我国证券市场的主板市场。

24. 【答案】C

【解析】可交换公司债券与可转换公司债券的不同之处体现在：①发债主体和偿债主体不同；②适用的法规不同；③发行目的不同；④所换股份的来源不同；⑤股权稀释效应不同；⑥交割方式不同；⑦条款设置不同。

25. 【答案】D

【解析】ETF 可以实时套利，而 LOF 在跨市场套利时受到转托管的限制，转托管需要两个工作日，因此 LOF 套利需要承担较大的套利风险。

26. 【答案】C

【解析】符合基金资产估值规则的是：①基金管理人应于每个交易日当天对基金资产进行估值；②基金管理人虽然必须按规定对基金净资产进行估值，但遇到某些特殊情况，可以暂停估值；③采用估值技术确定公允价值时，应尽可能使用市场参与者在定价时考虑的所有市场参数，并应通过定期校验，确保估值技术的有效性；④基金资产估值是指通过对基金所拥有的全部资产及所有负债按一定的原则和方法进行估算，进而确定基金资产公允价值的过程。估值的目的是客观、准确地反映基金资产的价值。

27. 【答案】D

【解析】全国银行间债券市场是指依托于中国外汇交易中心暨全国银行间同业拆借中心(简称“同业中心”)和中央国债登记结算有限责任公司(简称“中央结算公司”)、银行间市场清算股份有限公司(上海清算所)的，包括商业银行、农村信用联社、保险公司、证券公司等金融机构进行债券买卖和回购的市场。

28. 【答案】B

【解析】证券投资基金运作关系包括：①基金投资者、基金管理人与基金托管人是基金的主要当事人；②基金市场上的各类中介服务机构通过提供自己的专业服务参与基金市场；③监管机构则对基金市场上的各类参与主体实施全面监管。Ⅳ项是基金管理人最主要的职责，不属于证券投资基金运作关系。

29. 【答案】C

【解析】金融机构发行债券的目的包括：①改善负债结构，增强负债的稳定性。金融机构的资金来源主要是各类存款，但存款面临着客户随时提款的可能性，相比而言，债券比存款具有更高的稳定性。②获得长期资金来源。金融债券期限一般在 1 年以上，运用这类资金进行长期投资，可以获得更高的利润。③扩大资产业务。发行金融债券是金融机构的一种主动负债，金融机构可以根据开展资产业务的需要，灵活地进行融资。

30. 【答案】A

【解析】中小企业板块的总体设计原则可以概括为“两个不变”和“四个独立”。“两个不变”是指中小企业板块运行所遵循的法律、法规和部门规章与主板市场相同，中小企业板块的上市公司须符合主板市场的发行上市条件和信息披露要求。“四个独立”是指中小企业板块是主板市场的组成部分，同时实行运行独立、监察独立、代码独立、指数独立。

31. 【答案】D

【解析】按照现行规定，我国的混合资本债券具有四个基本特征：①期限在 15 年以上，发行之日起 10 年内不得赎回。②混合资本债券到期前，如果发行人核心资本充足率低于 4%，发行人可以延期支付利息。③当发行人清算时，混合资本债券本金和利息的清偿顺序列于一般债务和次级债务之后、先于股权资本。④混合资本债券到期时，如果发行人无力支付清偿顺序在该债券之前的债务，或支付该债券将导致无力支付清偿顺序在混合资本债券之前的债务，发行人可以延期支付该债券的本金和利息。

32. 【答案】A

【解析】对证券投资基金从证券市场中取得的收入，包括买卖股票、债券的差价收入，股权的股息、红利收入，债券的利息收入及其他收入，暂不征收企业所得税。

33. 【答案】C

【解析】证券评级机构应当建立完善的业务制度，包括信用等级划分及定义、评级方法与程序、评级质量控制、尽职调查、信用评审委员会、评级结果公布、跟踪评级、信息保密、业务档案管理等。

34. 【答案】B

【解析】无限售条件股份具体包括：①人民币普通股，即 A 股，含向社会公开发行股票时向公司职工配售的公司职工股；②境内上市外资股，即 B 股；③境外上市外资股，即在境外证券市场上市的普通股，如 H 股；④其他。

35. 【答案】A

【解析】上市公司非公开发行股票，应当符合下列规定：①发行价格不低于定价基准日前 20 个交易日公司股票均价的 80%；②本次发行的股份自发行结束之日起，6 个月内不得转让；③控股股东、实际控制人及其控制的企业认购的股份，18 个月内不得转让；④募集资金使用符合《上市公司证券发行管理办法(2020 年修订)》第十条的规定；⑤本次发行将导致上市公司控制权发生变化的，还应当符合中国证监会的其他规定。

36. 【答案】D

【解析】外国政府类机构、国际开发机构应具备债券发行经验和良好的债务偿付能力。境外金融机构法人发行债券应具备以下条件：①实际缴纳资本不低于 100 亿元人民币或等值货币。②具有良好的公司治理机制和完善的风险管理体系。③财务稳健、资信良好、最近 3 年连续盈利。④具备债券发行经验和良好的债务偿付能力。⑤受到所在国家或地区金融监管当局的有效监管，主要风险监管指标符合金融监管当局规定。

37. 【答案】D

【解析】现代金融市场的一个重要趋势是机构投资者的比重逐渐提高。越是发达的金融市场，越离不开金融中介机构的参与；而中介机构越是发达，金融市场的功能也越完善、运作也更有效率。两者相互促进，优势互补。从表面看，两者存在互相替代的关系，实际上两者在竞争中共同获得了发展。金融市场上的参与各方是以信用为基础的借贷关系和委托代理关系。

38.【答案】B

【解析】基金份额持有人享有下列权利：①分享基金财产收益；②参与分配清算后的剩余基金财产；③依法转让或者申请赎回其持有的基金份额；④按照规定要求召开基金份额持有人大会或者召集基金份额持有人大会；⑤对基金份额持有人大会审议事项行使表决权；⑥查阅或者复制公开披露的基金信息资料；⑦对基金管理人、基金托管人、基金份额发售机构损害其合法权益的行为依法提起诉讼；⑧基金合同约定的其他权利。

39.【答案】D

【解析】Ⅰ项，古典经济学提出货币中性论，认为货币供应量的变化只影响名义变量而不影响实际变量，因而货币经济（金融）只是覆盖于实体经济上的一层面纱。Ⅱ项，凯恩斯指出，未来的不确定性是货币经济的主要特征，通过利率对投资的诱导作用，货币就能影响实体经济产出。Ⅲ项，“金融加速器”理论揭示了经济周期和金融周期两者之间反馈循环的微观机制，认为金融市场上资金借贷双方之间的信息不对称导致了外部融资的代理成本等摩擦，这些摩擦会产生“加速器”效应并放大对实体经济产出的动态影响。Ⅳ项，2008 年全球金融危机进一步表明，金融活动本身也是经济衰退和萧条的重要诱因。

40.【答案】C

【解析】Ⅲ项，对基金份额净值高低进行合理与否的判断是没有意义的，因为基金份额净值是由其持有的证券价格复合而成的。

41.【答案】D

【解析】红利贴现模型的一般公式为：

$$V = \sum_{t=1}^{n} \frac{DPS_1}{(1+r)^1} + \frac{P_n}{(1+r)^n}$$

式中：V——股票价值；DPS_t——第 t 期的现金红利；n——详细预测期数；r——股权要求收益率；P_n——持有期末卖出股权时的预期价格。

42.【答案】A

【解析】债券买卖交易中有公开报价、对话报价、双边报价和小额报价四种报价方式，前两者属于询价交易方式的范畴，后两者可通过点击确认、单向撮合的方式成交。

43.【答案】A

【解析】我国金融衍生工具市场分为交易所市场和场外交易市场，其中场外交易市场包括银行间市场和银行柜台市场、证券公司机构间与证券公司柜台市场两个部分。

44.【答案】A

【解析】记账式债券是没有实物形态的票券，利用证券账户通过电脑系统完成债券发行、交易及兑付的全过程。记账式国债的承销程序为：①招标发行；②远程投标；③债权托管；④分销。

45.【答案】B

【解析】政府机构类投资者，是指进行证券投资的政府机构。政府机构类投资者的特点是通常很少考虑盈利，参与证券投资的目的主要包括：①调剂资金余缺；②实施宏观调控；③实行特定产业政策等。

46. 【答案】B

【解析】2006 年以来我国资产证券化业务表现出下列特点：发行规模大幅增长，种类增多，发起主体增加；机构投资者范围增加；二级市场交易尚不活跃。

47. 【答案】B

【解析】《证券公司风险控制指标管理办法》通过资本杠杆率对公司杠杆进行约束，综合考虑流动性风险监管指标要求，从风险覆盖率、资本杠杆率、流动性覆盖率及净稳定资金率四个核心指标，构建合理有效的风险指标体系，进一步促进证券行业长期健康发展。证券公司必须持续符合下列风险控制指标标准：①风险覆盖率不得低于 100%；②资本杠杆率不得低于 8%；③流动性覆盖率不得低于 100%；④净稳定资金率不得低于 100%。

48. 【答案】B

【解析】资产证券化对发起人的资产负债管理的提升作用体现在它可以解决资产和负债的不匹配性。以银行为例，银行的其资产和负债的不匹配性主要表现在两个方面：①流动性和期限的不匹配；②利率的不匹配。银行的资产和负债的流动性和期限不匹配，主要是因为银行的资产主要是贷款等中长期、流动性较差的资产，而其负债则主要是活期贷款等期限短、流动性较高的资产，因而两者二者不能很好地匹配。如果发生挤兑等特殊情况，银行就无法支付，此时就会发生支付危机。

49. 【答案】C

【解析】Ⅱ项，根据《关于调整证券交易佣金收取标准的通知》，A 股、B 股、证券投资基金的交易佣金实行最高上限向下浮动制度，证券经纪商向客户收取的佣金(包括代收的证券交易监管费和证券交易所手续费等)不得高于证券交易金额的 3‰，也不得低于代收的证券交易监管费和证券交易所手续费等。Ⅲ项，A 股、证券投资基金每笔交易佣金不足 5 元的，按 5 元收取；B 股每笔交易佣金不足 1 美元或 5 港元的，按 1 美元或 5 港元收取。

50. 【答案】D

【解析】根据《证券投资者保护基金管理办法》，证券投资者保护基金公司履行以下职责：①筹集、管理和运作基金。②监测证券公司风险，参与证券公司风险处置工作。③证券公司被撤销、关闭和破产或被证监会采取行政接管、托管经营等强制性监管措施时，按照国家有关政策规定对债权人予以偿付。④组织、参与被撤销、关闭或破产证券公司的清算工作。⑤管理和处分受偿资产，维护基金权益。⑥发现证券公司经营管理中出现可能危及投资者利益和证券市场安全的重大风险时，向中国证监会提出监管、处置建议；对证券公司运营中存在的风险隐患会同有关部门建立纠正机制。⑦国务院批准的其他职责。

《金融市场基础知识》机考题库·真题试卷(五)

一、选择题(共50题，每题1分，共50分)以下备选项中只有1项符合题目要求，不选、错选均不得分。

1. 下列关于金融市场分类的说法，错误的是(　　)。

A. 按交割方式，可以将金融市场分为现货市场和衍生品市场

B. 按组织方式，可以将金融市场分为一级市场和二级 市场

C. 按金融资产到期期限，可以将金融市场分为货币市场和资本市场

D. 按交易工具，可以将金融市场分为债务市场和权益市场

2. 证券公司为客户买卖证券提供融资融券服务的，对单一客户融资业务规模不得超过净资本的(　　)

A. 5%　　B. 3%　　C. 1%　　D. 2%

3. 证券公司应根据公司业务规模、性质、复杂程度、风险水平及组织机构，充分考虑(　　)，制定有效的风险应急计划。

A. 风险来源结构　　B. 收益来源结构　　C. 压力测试结果　　D. 公司战略发展

4.《证券服务机构从事证券服务业务备案管理规定》规定，律师事务所为下列证券活动提供证券服务业务，制作、出具法律意见书，无须按照规定向中国证监会和国务院有关主管部门备案的是(　　)。

A. 首次公开发行股票、存托凭证及上市

B. 上市公司发行证券及上市

C. 上市公司合并、分立及分拆

D. 股份有限公司股票向特定对象转让导致股东累计超过100人

5. A公司由于经营不善连年亏损，已连续5年未能按约分配股息，则持有优先股的股东当年所持每一股优先股的表决权相当于(　　)股的普通股的表决权。

A. 1/2　　B. 0　　C. 2/3　　D. 1

6. 下列不属于存款吸收机构的是(　　)。

A. 储蓄银行　　B. 开发银行　　C. 租赁公司　　D. 信用合作社

7. 下列选项中，不属于中证中小投资者服务中心设立意义的是(　　)。

A. 完善监管政策，丰富投资者保护体系

B. 加强了中小投资者的合法权益

C. 我国资本市场迈向法治化、成熟化进程的标志

D. 扩大投资者服务

8. 一国借款人在国际证券市场上以外国货币为面值、向外国投资者发行的债券是(　　)。

A. 国际债券　　B. 亚洲债券　　C. 外国债券　　D. 欧洲债券

9. 下列关于基金当事人的说法，正确的是(　　)。

A. 基金托管人只是起到保证基金资产安全的服务机构，非当事人

B. 基金当事人包括基金份额持有人，基金管理人，托管人和基金监管机构

C. 基金管理人在基金运作中起核心作用，是基金资产的所有者

D. 基金份额持有人是基金一切活动的中心，可以分享基金财产收益

10. 通常情况下，中央政府债券通常被视为(　　)。

A. 低风险证券　　B. 无风险证券　　C. 政策性金融债　　D. 高收益债券

11. 下列关于首次公开发行股票募集资金运用的表述中，错误的是(　　)。

A. 金融类企业募集资金使用项目可以为财务性投资

B. 非金融类企业的募集资金使用项目不得为财务性投资

C. 募集资金应当有明确的使用方向，原则上应当用于主营业务

D. 非金融类企业可以投资于以买卖有价证券为主要业务的公司

12. 对于企业来讲，在创业板上市的作用不包括(　　)。

A. 分担投资风险　　B. 规范企业运作

C. 提高企业知名度　　D. 提升公司股价

13. A借给8100元，约定以10%的年利率复利计息，5年后还本付息，那么5年后A应该收到(　　)元。

A. 100　　B. 110　　C. 150　　D. 161.05

14. 如果计算股价指数，就需要将计算期的(　　)转化为指数值。

A. 股价或市值　　B. 平均股价或市值

C. 股价　　D. 市值

15. 基金信息披露分类中，不包括(　　)。

A. 运作信息披露　　B. 销售信息披露

C. 临时信息披露　　D. 募集信息披露

16. 资信评级机构申请证券评级业务，其具有3年以上资信评级业务经验的评级从业人员应当不少于(　　)人。

A. 5　　B. 10　　C. 20　　D. 30

17. 在金融期货交易中，(　　)。

A. 仅有极少数合约到期进行实物交割，绝大多数是通过做相反交易实现对冲而平仓的

B. 全部合约将在到期日进行实物交割

C. 仅有极少数合约是通过做相反交易实现对冲而平仓的，绝大多数到期进行实物交割

D. 全部合约将在到期前对冲平仓

18. 我国中小企业板块市场设立在(　　)。

A. 上海金融交易中心　　B. 上海证券交易所

C. 全国股转系统　　D. 深圳证券交易所

19. 以资本资产定价模型为基础的评价基金业绩的绝对指标是指(　　)。

A. 詹森指数　　B. 夏普指数　　C. 特雷诺指数　　D. 标准普尔指数

20. 可以将证券结算中的违约交收风险降低到最低程度的一项证券结算基本原则是(　　)。

A. 净额结算制度　　B. 分级结算制度

C. 货银对付交收制度　　D. 证券实名制

21. (　　)负责受理短期融资券的发行注册。

A. 中国银行保险监督管理委员会　　B. 中国银行间市场交易商协会

C. 中国人民银行　　D. 商务部

22. 基金资产估值引起的资产价值变动作为公允价值变动损益计入(　　)。

A. 流动负债　　B. 资本公积　　C. 基金资产原值　　D. 当期损益

23. 假定某投资者按940元的价格购买了面额为1000元，票面利率为10%、剩余期限为6年的债券，那么该投资者的当期收益率为(　　)。

A. 9.87%　　B. 10.35%　　C. 10.64%　　D. 17.21%

24. 关于在证券交易所上市股票征收印花税的理解，下列说法正确的是(　　)。

A. 证券交易印花税是印花税的一部分，税率为1‰

B. 股票交易印花税由交易者自行缴纳

C. 现行的做法是向成交双方分别收取印花税

D. 由证券经纪商在同投资者办理交收过程中代为扣收，并由证券经纪商统一向征税机关缴纳

25. 某投资人投资1万元申购某基金，申购费率为1.5%，假定申购当日基金份额净值为1.05元，则其可得到的申购份额为(　　)份。

A. 9480.95　　B. 9350.95　　C. 9383.06　　D. 9280.95

26. 金融期权的主要风险指标Delta =(　　)。

A. 期权价格变化/期权标的证券价格变化

B. 期权标的证券变化/期权价格变化

C. 期权价格变化/无风险利率变化

D. 无风险利率变化/期权价格变化

27. 由财政部面向境内中国公民储蓄类资金发行，以电子方式记录债权的不可流通的人民币债券是(　　)。

A. 特别国债　　B. 储蓄国债(电子式)

C. 记账式国债　　D. 储蓄国债(凭证式)

28. 由银行业金融机构作为发起机构，将信贷资产委托给受托机构，由受托机构发行的、以该财产所产生的现金支付其收益的受益证券为(　　)。

A. 财务公司债券　　B. 商业银行次级债

C. 资产支持证券　　D. 中央银行票据

29. 2005年，国际多边金融机构在(　　)发行熊猫债券。

A. 欧洲市场　　B. 全球　　C. 中国境内　　D. 亚洲市场

30. 发行人应在中国人民银行核准金融债券发行之日起(　　)个工作日内开始发行金融债券，并在规定期限内完成发行。

A. 20　　B. 30　　C. 60　　D. 90

31. 证券公司净资本的计算公式为(　　)。

A. 净资产+金融资产的风险调整－其他资产的风险调整－或有负债的风险调整－/+中国证监会认定或核准的其他调整项目

B. 净资产－金融资产的风险调整－其他资产的风险调整－/+或有负债的风险调整－中国证监会认定或核准的其他调整项目

C. 净资产－金融资产的风险调整－其他资产的风险调整－或有负债的风险调整－/+

中国证监会认定或核准的其他调整项目

D. 净资产 - 金融资产的风险调整 - 其他资产的风险调整 + 或有负债的风险调整 -/+ 中国证监会认定或核准的其他调整项目

32. 在大多数国家，社保基金中的全国性基金以(　　)的形式征收。

A. 企业所得税　　B. 社会保障税　　C. 增值税　　D. 个人所得税

33. 港股通交易以港币报价，投资者以(　　)交收。

A. 港币　　B. 美元　　C. 欧元　　D. 人民币

34. 下列关于凭证式国债的说法，不正确的是(　　)。

A. 发售采取开具凭证式国债收款凭证的方式

B. 商业银行可以申请加入凭证式国债承销团

C. 承销商发售数量不得突破所承销的国债量

D. 凭证式国债是一种可上市流通的储蓄型债券

35. 证券投资者保护的最终措施之一为(　　)。

A. 证券投资咨询　　B. 证券稽查

C. 证券投资者保护基金　　D. 投资者教育

36. 下列关于我国股票收益互换的说法中，错误的是(　　)。

A. 2015 年监管部门叫停了融资类股票收益互换业务

B. 股票收益互换是面向未来的交易约定

C. 实际操作中多为客户向证券公司支付固定利息，证券公司向客户支付指定的股票收益

D. 是股票收益与浮动利率进行现金流交换

37. 典型的间接融资形式是与(　　)发生信用关系。

A. 银行　　B. 金融机构　　C. 信托中心　　D. 信贷机构

38. 在竞价撮合系统中，上海证券交易所国债买断式回购交易每笔申报数量为最小(　　)手、最大(　　)手。

A. 1000；10000　　B. 1000；50000　　C. 100；5000　　D. 100；1000

39. 下列关于国际开发机构人民币债券的说法，错误的是(　　)。

A. 在中国境内发行

B. 所募资金用于中国境内的建设项目

C. 财政部对人民币债券发行利率进行管理

D. 以人民币计价

40. 保险公司次级债是指保险公司为了弥补临时性或者阶段性资本不足，经批准募集、期限在(　　)年以上(含此数)，且本金和利息的清偿顺序列于保单责任和其他负债之后、先于保险公司股权资本的保险公司债务。

A. 3　　B. 5　　C. 7　　D. 10

41. 会计师事务所职业保险的累计赔偿限额与累计职业风险基金之和需要达到(　　)万元，才可以申请证券资格。

A. 5000　　B. 1000　　C. 8000　　D. 3000

42. 下列不属于我国场外市场的是(　　)。

A. 中小企业板
B. 券商柜台市场
C. 私募基金市场
D. 区域性股权交易市场

43. 证券金融公司成立于(   )。
A. 2011 年 10 月 8 日
B. 2011 年 10 月 12 日
C. 2011 年 10 月 28 日
D. 2011 年 11 月 8 日

44. 证券发行一般包括证券创设、资金募集和证券交付三个环节，无纸化发行的证券以(   )作为证券创设的依据。
A. 发行初始登记
B. 证券制作
C. 证券签章
D. 证券制作和证券签章

45. 与其他股票、债券相比，基金是一种(   )的投资品种。
A. 低风险、高收益
B. 低风险、低收益
C. 风险相对适中、收益相对稳健
D. 高风险、高收益

46. 除全体股东约定不按出资比例分取红利外，有限责任公司有权按照(   )分取红利。
A. 标准出资比例
B. 约定出资比例
C. 实缴出资比例
D. 平均出资比例

47. 按(   )，证券市场分为股票市场、债券市场、基金市场等。
A. 品种结构　B. 交易场所结构　C. 层次结构　D. 进入市场的顺序

48. ETF 与 LOF 申购、赎回的标的不同，LOF 的申购、赎回的标的是(   )与现金的对价。
A. 基金价格　B. 基金份额　C. 基金资产　D. 一篮子股票

49. 发出收购要约后，收购人报送的上市公司收购报告书中，不是必须载明的内容为(   )。
A. 收购目的
B. 收购人的名称、住所
C. 收购股份的详细名称
D. 收购的具体时间

50. 某投资人赎回某基金 1 万份份额，持有时间为 8 个月，对应的赎回费率为 0.5%，假设赎回当日基金份额净值是 1.05 元，则其可得到的赎回金额为(   )元。
A. 10497.5　B. 10447.5　C. 10227.5　D. 10347.5

二、组合型选择题(共 50 题，每题 1 分，共 50 分)以下备选项中只有 1 项最符合题目要求，不选、错选均不得分。

1. 中国金融期货交易所是由(   )和上海期货交易所共同发起设立的中国首家公司制交易所。
Ⅰ. 郑州商品交易所
Ⅱ. 深圳证券交易所
Ⅲ. 大连商品交易所
Ⅳ. 上海证券交易所
A. Ⅰ、Ⅱ、Ⅲ、Ⅳ
B. Ⅱ、Ⅲ
C. Ⅲ、Ⅳ
D. Ⅰ、Ⅱ、Ⅳ

2. 下列可以加入银行间债券市场的有(   )。
Ⅰ. 中华人民共和国境内的商业银行及授权机构
Ⅱ. 信托投资公司
Ⅲ. 企业财务集团公司
Ⅳ. 个人投资者

A. Ⅰ、Ⅱ、Ⅲ、Ⅳ　　B. Ⅰ、Ⅲ、Ⅳ

C. Ⅰ、Ⅱ、Ⅳ　　D. Ⅱ、Ⅲ、Ⅳ

3. 国务院证券监督管理机构依法履行职责，有权采取的措施有(　　)。

Ⅰ. 进入涉嫌违法行为发生场所调查取证

Ⅱ. 询问当事人和与被调查事件有关的单位和个人，要求其对与被调查事件有关的事项作出说明

Ⅲ. 教育和组织证券业协会会员遵守证券法律、行政法规

Ⅳ. 查阅、复制与被调查事件有关的财产权登记、通信记录等文件和资料

A. Ⅰ、Ⅱ、Ⅳ　　B. Ⅰ、Ⅲ、Ⅳ　　C. Ⅱ、Ⅲ　　D. Ⅰ、Ⅱ、Ⅲ、Ⅳ

4. 利率期限结构理论是基于(　　)。

Ⅰ. 市场预期理论　　Ⅱ. 流动性偏好理论

Ⅲ. 市场分割理论　　Ⅳ. 理性预期理论

A. Ⅰ、Ⅱ、Ⅲ　　B. Ⅱ、Ⅲ、Ⅳ　　C. Ⅰ、Ⅲ、Ⅳ　　D. Ⅰ、Ⅱ、Ⅲ、Ⅳ

5. 下列关于股票简称的说法中，正确的有(　　)。

Ⅰ. N 股代表新加坡股　　Ⅱ. L 股代表伦敦股

Ⅲ. B 股代表境内上市外资股　　Ⅳ. H 股代表港股

A. Ⅱ、Ⅲ、Ⅳ　　B. Ⅰ、Ⅱ、Ⅲ　　C. Ⅲ、Ⅳ　　D. Ⅱ、Ⅳ

6.《证券期货投资者适当性管理办法》的实施对我国金融市场具有很重要的意义，从根本上体现了经营机构和投资者利益的辩证统一。下列说法中，正确的有(　　)。

Ⅰ. 该管理办法要求经营机构必须对普通投资者进行分类管理，并按照普通投资者的分类与产品、服务的风险等级进行匹配

Ⅱ. 对于普通投资者与经营机构发生纠纷时，在举证责任的划分上，也实行了举证责任倒置，对于是否落实投资者适当性工作，由经营机构进行举证

Ⅲ. 该管理办法要求对投资者进行分类评估和分类管理，为经营机构提供标准化服务奠定了基础

Ⅳ. 该管理办法同时确立了监管底线要求、自律组织规定产品名录指引、经营机构制定具体分级标准的层层把关、严控风险的产品分级机制

A. Ⅰ、Ⅲ、Ⅳ　　B. Ⅰ、Ⅱ、Ⅳ　　C. Ⅱ、Ⅲ　　D. Ⅰ、Ⅱ、Ⅲ、Ⅳ

7. 上海清算所托管债券的结算方式是(　　)。

Ⅰ. 券款对付　　Ⅱ. 见券付款　　Ⅲ. 中央对手方　　Ⅳ. 纯券过户

A. Ⅰ、Ⅱ、Ⅲ　　B. Ⅰ、Ⅱ、Ⅳ　　C. Ⅱ、Ⅲ、Ⅳ　　D. Ⅰ、Ⅱ、Ⅲ、Ⅳ

8. 下列关于优先股和永续债两者区别的说法中，正确的有(　　)。

Ⅰ. 优先股投资者具有在一定条件下恢复表决权的权利，而永续债一般不具有这一特点

Ⅱ. 从破产清算时剩余财产的清偿顺序来看，永续债的偿还顺序先于优先股

Ⅲ. 从发行人角度，支付不计入权益的永续债利息和优先股股息都可在税前扣除

Ⅳ. 从发行人角度，支付计入权益的永续债利息和优先股股息都不可在税前扣除

A. Ⅰ、Ⅲ、Ⅳ　　B. Ⅱ、Ⅲ

C. Ⅰ、Ⅱ、Ⅲ、Ⅳ　　D. Ⅰ、Ⅱ、Ⅳ

9. 改善和优化投资者结构需要大力培养机构投资者，充分发挥机构投资者市场“稳定器”的

作用，导入理性、成熟的投资理念，具体可以采取的办法有(　　)。

Ⅰ. 构筑多元化的投资基金群体　　Ⅱ. 积极推进保险资金入市

Ⅲ. 发展私募基金　　Ⅳ. 吸引海外资金入市

A. Ⅰ、Ⅱ、Ⅲ、Ⅳ　　B. Ⅲ、Ⅳ

C. Ⅰ、Ⅱ、Ⅳ　　D. Ⅰ、Ⅲ

10. 下列关于看涨期权交易双方的潜在盈亏的说法中，正确的有(　　)。

Ⅰ. 看涨期权买方的潜在盈利是无限的，潜在亏损是有限的

Ⅱ. 看涨期权买方的潜在盈利是有限的，潜在亏损是无限的

Ⅲ. 看涨期权卖方的潜在盈利是无限的，潜在亏损是有限的

Ⅳ. 看涨期权卖方的潜在盈利是有限的，潜在亏损是无限的

A. Ⅰ、Ⅳ　　B. Ⅱ、Ⅲ　　C. Ⅱ、Ⅳ　　D. Ⅰ、Ⅲ

11. 证券公司发行次级债券应提供募集说明书，借入次级债务应与债权人签订次级债务合同。募集说明书和次级债务合同应约定的事项包括(　　)。

Ⅰ. 次级债的金额　　Ⅱ. 清偿顺序在普通债之前

Ⅲ. 募集资金用途　　Ⅳ. 次级债本息的偿付安排

A. Ⅱ、Ⅲ、Ⅳ　　B. Ⅰ、Ⅱ、Ⅲ　　C. Ⅰ、Ⅱ、Ⅳ　　D. Ⅰ、Ⅲ、Ⅳ

12. 场外交易市场的特点是(　　)。

Ⅰ. 通常不对企业规模和盈利情况等作要求

Ⅱ. 信息披露要求较低

Ⅲ. 因风险较大，监管相对更加严格

Ⅳ. 交易制度通常采用做市商制度

A. Ⅰ、Ⅱ、Ⅲ、Ⅳ　　B. Ⅰ、Ⅱ、Ⅲ

C. Ⅰ、Ⅱ、Ⅳ　　D. Ⅲ、Ⅳ

13. 股票的收益一般高于债券，这是因为股票面临的(　　)比债券大得多，必须给投资者相应的补偿。

Ⅰ. 经营风险　　Ⅱ. 区域风险

Ⅲ. 财务风险　　Ⅳ. 经济周期波动风险

A. Ⅰ、Ⅲ、Ⅳ　　B. Ⅰ、Ⅱ、Ⅲ

C. Ⅰ、Ⅱ、Ⅲ、Ⅳ　　D. Ⅱ、Ⅳ

14. 网上委托的上网终端包括(　　)等设备。

Ⅰ. 普通电话　　Ⅱ. 电子计算机　　Ⅲ. 手机　　Ⅳ. 传真机

A. Ⅰ、Ⅲ、Ⅳ　　B. Ⅱ、Ⅲ　　C. Ⅰ、Ⅱ、Ⅳ　　D. Ⅱ、Ⅲ、Ⅳ

15. 《中华人民共和国证券法》赋予中国证监会的职责包括(　　)。

Ⅰ. 制定有关证券市场监督管理的规章和规则，并依法进行审批、核准、注册，办理备案

Ⅱ. 监督管理银行间同业拆借市场、银行间债券市场、银行间票据市场、银行间外汇市场和黄金市场及上述市场的有关衍生产品交易

Ⅲ. 依法监督检查证券发行、上市和交易的信息披露

Ⅳ. 依法对证券的发行、上市、交易、登记、存管、结算等行为进行监督管理

A. Ⅰ、Ⅱ、Ⅲ、Ⅳ　　B. Ⅰ、Ⅲ、Ⅳ

C. Ⅰ、Ⅱ、Ⅲ　　D. Ⅱ、Ⅲ、Ⅳ

16. 我国现行的证券投资基金的主要投资范围包括(　　)。

Ⅰ. 股票　　Ⅱ. 企业债券　　Ⅲ. 资产支持证券　　Ⅳ. 国债

A. Ⅰ、Ⅱ、Ⅲ　　B. Ⅰ、Ⅳ　　C. Ⅱ、Ⅲ、Ⅳ　　D. Ⅰ、Ⅱ、Ⅲ、Ⅳ

17. 下列有关备兑权证的表述正确的有(　　)。

Ⅰ. 备兑权证通常不会增加股份公司的股本

Ⅱ. 备兑权证通常会增加股份公司的股本

Ⅲ. 备兑权证所认兑的股票是已在市场上流通的股票

Ⅳ. 备兑权证所认兑的股票是新发行的股票

A. Ⅱ、Ⅳ　　B. Ⅰ、Ⅳ　　C. Ⅰ、Ⅲ　　D. Ⅱ、Ⅲ

18. 投资者适当性管理工作主要是以经营机构适当性义务为主线展开的，包括(　　)。

Ⅰ. 以判断投资者风险承受力为目标的投资者分类义务

Ⅱ. 以判断产品风险等级为目标的产品分级义务

Ⅲ. 以保护投资者利益为目标的投资者保护义务

Ⅳ. 以“将适当的产品销售给适当的投资者”为目标的销售匹配义务

A. Ⅱ、Ⅲ　　B. Ⅰ、Ⅲ、Ⅳ

C. Ⅰ、Ⅱ、Ⅲ、Ⅳ　　D. Ⅰ、Ⅱ、Ⅳ

19. 在银行间债券市场从事信用评级业务的信用评级机构应遵循的原则包括(　　)。

Ⅰ. 按照国家有关法律、法规、政策和中国人民银行有关规定，开展信用评级业务

Ⅱ. 根据独立、公正、客观、科学的原则设定信用评级方法体系，采用宏观与微观、动态与静态、定量与定性相结合的科学分析方法，确定被评对象的信用等级

Ⅲ. 严格依据公开的评级方法和程序，独立地开展信用评级工作，保证评级的公正性、一致性、完整性，信用评级结果不受任何单位和个人的影响

Ⅳ. 信用评级机构和评估人员如与被评对象有利益关系的，可不回避，但应说明有关情况

A. Ⅰ、Ⅲ、Ⅳ　　B. Ⅱ、Ⅲ、Ⅳ　　C. Ⅰ、Ⅱ、Ⅳ　　D. Ⅰ、Ⅱ、Ⅲ

20. 证券登记结算机构为证券交易提供(　　)服务，不以营利为目的，依法登记，取得法资格。

Ⅰ. 登记　　Ⅱ. 存管　　Ⅲ. 咨询　　Ⅳ. 结算

A. Ⅰ、Ⅲ、Ⅳ　　B. Ⅰ、Ⅱ、Ⅳ　　C. Ⅰ、Ⅱ、Ⅲ　　D. Ⅱ、Ⅲ、Ⅳ

21. 关于风险敞口与金融风险，下列说法正确的有(　　)。

Ⅰ. 持有外汇头寸是一种风险敞口　　Ⅱ. 持有外汇头寸是一种金融风险

Ⅲ. 汇率变动是一种风险敞口　　Ⅳ. 汇率变动是一种金融风险

A. Ⅲ、Ⅳ　　B. Ⅱ、Ⅲ　　C. Ⅰ、Ⅱ　　D. Ⅰ、Ⅳ

22. 关于金融市场的理解，下列说法正确的有(　　)。

Ⅰ. 金融市场是金融工具转手的场所

Ⅱ. 金融市场是资金融通的场所

Ⅲ. 金融市场揭示了金融资产的定价过程

Ⅳ. 金融市场是金融资产进行交易的场所

A. Ⅱ、Ⅲ、Ⅳ　　B. Ⅰ、Ⅱ、Ⅲ

C. Ⅰ、Ⅱ、Ⅲ、Ⅳ　　D. Ⅰ、Ⅳ

23. 下列关于无纸化发行证券的说法中，正确的有(　　)。

Ⅰ. 权利人只能通过对证券账户的控制来实现占有无纸化证券，不能通过直接的实物占有方式来占有证券

Ⅱ. 证券交易既能在账户之间通过划转方式进行，又能以实物证券进行交换

Ⅲ. 无纸化证券只能通过证券账户进行交付

Ⅳ. 在无纸化发行条件下，将证券初次记入证券持有人的证券账户视为完成发行证券的交付，可以明确证券无纸化发行完成发行的时间点，便于判断证券发行是否成功

A. Ⅰ、Ⅲ　　B. Ⅰ、Ⅳ　　C. Ⅱ、Ⅳ　　D. Ⅰ、Ⅲ、Ⅳ

24. 普通股股东行使资产收益权有一定的限制条件，其中包括法律上的限制，一般原则是(　　)。

Ⅰ. 股份公司只能用留存收益支付红利

Ⅱ. 红利的支付不能减少其注册资本

Ⅲ. 公司在无力偿还债务时不能支付红利

Ⅳ. 公司在无力偿还债务时依然可以支付红利

A. Ⅰ、Ⅱ、Ⅲ　　B. Ⅱ、Ⅳ　　C. Ⅰ、Ⅱ、Ⅳ　　D. Ⅰ、Ⅳ

25. 股票分析方法中，进行技术分析的假设包括(　　)。

Ⅰ. 市场的行为包含一切信息　　Ⅱ. 价格沿趋势移动

Ⅲ. 股票的价值决定价格　　Ⅳ. 历史会重复

A. Ⅰ、Ⅱ、Ⅲ　　B. Ⅱ、Ⅲ、Ⅳ　　C. Ⅰ、Ⅱ、Ⅳ　　D. Ⅰ、Ⅲ、Ⅳ

26. 全国中小企业股份转让系统的特点有(　　)。

Ⅰ. 全国性的证券交易场所

Ⅱ. 场外交易市场

Ⅲ. 主要为创新型、创业型、成长型中小微企业发展服务

Ⅳ. 股票转让采用无纸化的公开转让形式

A. Ⅱ、Ⅲ、Ⅳ　　B. Ⅰ、Ⅲ、Ⅳ　　C. Ⅰ、Ⅲ　　D. Ⅱ、Ⅳ

27. 货币政策的传导机制包括(　　)。

Ⅰ. 利率传导机制　　Ⅱ. 信用传导机制

Ⅲ. 资产价格传导机制　　Ⅳ. 汇率传导机制

A. Ⅰ、Ⅱ　　B. Ⅱ、Ⅲ

C. Ⅰ、Ⅱ、Ⅲ、Ⅳ　　D. Ⅲ、Ⅳ

28. ETF 的收益率与它跟踪指数的收益率之间往往存在跟踪误差，(　　)等都会导致跟踪误差。

Ⅰ. 抽样复制　　Ⅱ. 现金留存　　Ⅲ. 基金分红　　Ⅳ. 基金费用

A. Ⅰ、Ⅱ、Ⅲ　　B. Ⅰ、Ⅲ、Ⅳ　　C. Ⅱ、Ⅳ　　D. Ⅰ、Ⅱ、Ⅲ、Ⅳ

29. 证券服务机构一般包括(　　)。

Ⅰ. 信息技术系统服务机构　　Ⅱ. 财务顾问机构

Ⅲ. 资产评估机构　　Ⅳ. 资信评级机构

A. Ⅰ、Ⅲ、Ⅳ　　B. Ⅰ、Ⅱ、Ⅲ、Ⅳ

C. Ⅱ、Ⅲ　　D. Ⅰ、Ⅱ、Ⅳ

30. 从融资需求方的角度来看，我国企业数量众多，如按行业类型划分包括(　　)。

Ⅰ. 传统型　　Ⅱ. 创业型　　Ⅲ. 高科技型　　Ⅳ. 合伙型

A. Ⅰ、Ⅱ、Ⅲ　　B. Ⅰ、Ⅲ　　C. Ⅱ、Ⅲ、Ⅳ　　D. Ⅱ、Ⅳ

31. 中国人民银行专门行使国家中央银行职能，包括(　　)。

Ⅰ. 集中保管存款准备金　　Ⅱ. 制定金融规章

Ⅲ. 制定和执行货币政策　　Ⅳ. 代理国库

A. Ⅰ、Ⅳ　　B. Ⅱ、Ⅲ、Ⅳ

C. Ⅰ、Ⅱ、Ⅲ、Ⅳ　　D. Ⅰ、Ⅱ、Ⅲ

32. 股票投资分析的基本分析法，其假设是(　　)。

Ⅰ. 股票的价值决定价格　　Ⅱ. 股票的价格决定价值

Ⅲ. 股票的价格围绕价值波动　　Ⅳ. 股票的价值围绕价格波动

A. Ⅰ、Ⅲ　　B. Ⅱ、Ⅳ　　C. Ⅰ、Ⅳ　　D. Ⅱ、Ⅲ

33. 下列关于金融工程技术的说法中，正确的有(　　)。

Ⅰ. 风险管理是金融工程的核心内容之一

Ⅱ. 开发具有投机性质的交易工具和交易策略是金融工程在金融工具交易中最主要的应用

Ⅲ. 根据不同风险—收益偏好的投资者需求，开发短、中、长期投资工具是金融工程在投资管理领域的主要应用

Ⅳ. 兼并与收购是金融工程在公司理财方面的重要应用领域之一

A. Ⅰ、Ⅲ、Ⅳ　　B. Ⅰ、Ⅱ、Ⅲ、Ⅳ

C. Ⅰ、Ⅱ　　D. Ⅱ、Ⅲ

34. 关于金融现货交易和金融期货交易的区别，下列说法正确的有(　　)。

Ⅰ. 金融现货交易的对象是某个具体形态的金融工具，而金融期货交易的对象是金融期货合约

Ⅱ. 金融现货交易的首要目的是筹资或投资；金融期货交易是一种风险管理工具，风险厌恶者可以利用它进行套期保值、规避风险，风险者喜好者利用它承担更大的风险

Ⅲ. 金融现货交易价格是实时的成交价；而期货交易价格是对金融现货未来价格的预期

Ⅳ. 金融现货交易和金融期货交易在交易方式上不同，但在结算方式上是相似的

A. Ⅱ、Ⅲ、Ⅳ　　B. Ⅰ、Ⅱ、Ⅲ　　C. Ⅰ、Ⅱ　　D. Ⅲ、Ⅳ

35. 从内容上看，中国证券市场对外开放包含(　　)。

Ⅰ. 在国际资本市场募集资金

Ⅱ. 开放国内资本市场

Ⅲ. 有条件地开放境内企业和个人投资境外资本市场

Ⅳ. 对我国香港和澳门地区的开放

A. Ⅰ、Ⅱ　　B. Ⅰ、Ⅱ、Ⅲ、Ⅳ

C. Ⅰ、Ⅲ、Ⅳ　　D. Ⅱ、Ⅲ、Ⅳ

36. 基金的不同投资风格往往形成不同的风险和收益水平，因此对投资人而言，了解和考察其资产的投资风格非常重要，对基金投资风格的分析，其作用在于(　　)。

Ⅰ. 可以匹配投资者不同的风险偏好特征

Ⅱ. 降低投资者的投资选择成本

Ⅲ. 便于准确评价基金业绩

Ⅳ. 明显提高投资者的投资收益

A. Ⅰ、Ⅱ　B. Ⅲ、Ⅳ　C. Ⅱ、Ⅲ、Ⅳ　D. Ⅰ、Ⅱ、Ⅲ

37. 投资咨询机构及其从业人员从事证券服务业务时(　　)。

Ⅰ. 不得代理委托人从事证券投资

Ⅱ. 不得与委托人约定分享证券投资收益

Ⅲ. 不得与委托人约定分担证券投资损失

Ⅳ. 不得买卖本咨询机构正在提供服务的上市公司股票

A. Ⅰ、Ⅱ、Ⅲ　B. Ⅰ、Ⅱ、Ⅲ、Ⅳ

C. Ⅰ、Ⅲ、Ⅳ　D. Ⅱ、Ⅲ、Ⅳ

38. 风险与不确定性的区别是(　　)。

Ⅰ. 事件发生的概率确定

Ⅱ. 决策者知道最终呈现的可能状态以及相应的概率

Ⅲ. 人们对不确定性的厌恶程度要远远大于风险

Ⅳ. 事件发生的可能性变化

A. Ⅰ、Ⅲ、Ⅳ　B. Ⅰ、Ⅱ　C. Ⅱ、Ⅲ　D. Ⅲ、Ⅳ

39. 证券金融公司开展转融通业务，须以自己的名义开立相关资金账户，其中有(　　)。

Ⅰ. 在商业银行开立的转融通专用资金账户

Ⅱ. 在证券登记结算机构开立的转融通担保资金账户

Ⅲ. 在证券登记结算机构开立的转融通担保资金明细账户

Ⅳ. 在证券登记结算机构开立的转融通资金交收账户

A. Ⅰ、Ⅱ、Ⅲ、Ⅳ　B. Ⅰ、Ⅱ、Ⅳ

C. Ⅱ、Ⅲ　D. Ⅰ、Ⅲ、Ⅳ

40. 我国证券市场经过多年发展，逐步形成了自己的监管体系和自律管理体系，其中的监管和自律机构包括(　　)。

Ⅰ. 国务院证券监督管理机构及其派出机构

Ⅱ. 证券交易所

Ⅲ. 中央登记结算有限公司

Ⅳ. 行业协会和证券投资者保护基金公司

A. Ⅰ、Ⅲ、Ⅳ　B. Ⅰ、Ⅱ、Ⅳ

C. Ⅰ、Ⅱ、Ⅲ、Ⅳ　D. Ⅱ、Ⅲ

41. 我国证券账户按照账户用途划分可分为(　　)和其他账户等。

Ⅰ. 上海证券账户　Ⅱ. 人民币普通股票账户

Ⅲ. 人民币特种股票账户　Ⅳ. 证券投资基金账户

A. Ⅰ、Ⅲ　B. Ⅲ、Ⅳ　C. Ⅱ、Ⅲ、Ⅳ　D. Ⅰ、Ⅱ

42. 关于开放式基金份额的转换，以下表述正确的是(　　)。

Ⅰ. 投资者可以将其持有的基金份额转换为另一基金管理人的另一基金份额

Ⅱ. 基金份额转换不需要先赎回已持有的基金份额

Ⅲ. 基金份额转换费用由基金份额持有人承担

Ⅳ. 基金份额转换的效率通常高于先赎回再申购基金份额

A. Ⅰ、Ⅱ、Ⅳ　　B. Ⅱ、Ⅲ、Ⅳ

C. Ⅰ、Ⅱ、Ⅲ、Ⅳ　　D. Ⅰ、Ⅱ、Ⅲ

43. 股票基金的投资目标一般侧重于追求(　　)。

Ⅰ. 优先认股权　　Ⅱ. 资本利得

Ⅲ. 长期资本增值　　Ⅳ. 公司控股权

A. Ⅰ、Ⅳ　　B. Ⅰ、Ⅱ、Ⅲ、Ⅳ

C. Ⅱ、Ⅲ、Ⅳ　　D. Ⅱ、Ⅲ

44. 根据《中华人民共和国证券法》的规定，向不特定对象发行证券聘请承销团承销的，承销团应当由______和______的证券公司组成。(　　)

Ⅰ. 主承销商　　Ⅱ. 第一承销　　Ⅲ. 参与承销　　Ⅳ. 代理承销

A. Ⅰ、Ⅳ　　B. Ⅱ、Ⅳ　　C. Ⅱ、Ⅲ　　D. Ⅰ、Ⅲ

45. 金融债券的发行目的主要包括(　　)。

Ⅰ. 筹资用于某种特殊用途　　Ⅱ. 改变金融机构本身资产负债结构

Ⅲ. 提高被动负债　　Ⅳ. 引进战略投资者

A. Ⅱ、Ⅳ　　B. Ⅰ、Ⅱ　　C. Ⅲ、Ⅳ　　D. Ⅰ、Ⅱ、Ⅲ

46. 注册会计师申请证券许可证，应当符合的条件有(　　)。

Ⅰ. 具有证券、期货相关业务资格考试合格证书

Ⅱ. 取得注册会计师证书 2 年以上

Ⅲ. 在以往 3 年执业活动中没有违法违规行为

Ⅳ. 具有研究生以上学历

A. Ⅰ、Ⅲ　　B. Ⅲ、Ⅳ　　C. Ⅱ、Ⅲ　　D. Ⅰ、Ⅱ、Ⅳ

47. 计算净资本的主要目的之一是要求证券公司保持充足、易于变现的流动性资产，以满足紧急需要并抵御潜在的(　　)等，从而保证客户资产的安全。

Ⅰ. 市场风险　　Ⅱ. 信用风险　　Ⅲ. 营运风险　　Ⅳ. 结算风险

A. Ⅰ、Ⅲ、Ⅳ　　B. Ⅰ、Ⅱ、Ⅳ

C. Ⅰ、Ⅱ、Ⅲ、Ⅳ　　D. Ⅱ、Ⅲ

48. 科创板的制度设计的创新点包括(　　)。

Ⅰ. 上市标准多元化　　Ⅱ. 发行审核注册制

Ⅲ. 发行定价市场化　　Ⅳ. 退市制度从严化

A. Ⅰ、Ⅱ、Ⅲ　　B. Ⅰ、Ⅱ、Ⅲ、Ⅳ

C. Ⅲ、Ⅳ　　D. Ⅰ、Ⅱ、Ⅳ

49. 债券基金与债券的不同，表现在(　　)。

Ⅰ. 债券基金没有确定的到期日

Ⅱ. 债券基金通过分散投资可以有效避免单一债券可能面临的较高信用风险

Ⅲ. 债券基金的收益率比买入并持有到期的单个债券的收益率更难预测

Ⅳ. 债券基金的收益不如债券的利息固定

A. Ⅰ、Ⅱ、Ⅲ、Ⅳ　　B. Ⅱ、Ⅲ、Ⅳ

C. Ⅰ、Ⅲ、Ⅳ　　D. Ⅰ、Ⅱ

50. 下列关于基金资产估值责任的说法中，正确的有(　　)。

Ⅰ. 我国基金资产估值的责任人是基金管理人

Ⅱ. 我国 QDII 基金资产估值的责任人为境外托管人

Ⅲ. 基金托管人对基金管理人的估值结果负有复核责任

Ⅳ. 会计师事务所对基金管理人的估值结果负有复核责任

A. Ⅱ、Ⅲ、Ⅳ　　B. Ⅰ、Ⅱ、Ⅳ　　C. Ⅰ、Ⅲ　　D. Ⅰ、Ⅱ、Ⅲ、Ⅳ

《金融市场基础知识》机考题库·真题试卷(五)
参考答案及详解

一、**选择题**(共50题,每题1分,共50分)以下备选项中只有1项符合题目要求,不选、错选均不得分。

1.【答案】B

【解析】金融市场常见的分类标准有:①按金融资产到期期限,金融市场可分为货币市场和资本市场;②按交易工具,金融市场可分为债权市场和权益市场;③按发行流通性质,金融市场可分为一级市场和二级市场;④按组织方式,金融市场可分为交易所市场和场外交易市场;⑤按交割方式,金融市场可分为现货市场和衍生品市场;⑥按金融资产的种类,金融市场可分为证券市场和非证券金融市场;⑦按辐射地域,金融市场可分为国际金融市场和国内金融市场。

2.【答案】A

【解析】证券公司为客户买卖证券提供融资融券服务的,必须符合下列规定:①对单一客户融资业务规模不得超过净资本的5%;②对单一客户融券业务规模不得超过净资本的5%;③接受单只担保股票的市值不得超过该股票总市值的20%;④按对客户融资业务规模的10%计算风险准备;⑤按对客户融券业务规模的10%计算风险准备。

3.【答案】C

【解析】应急计划应当说明可能出现的风险以及在压力情况(包括会严重威胁机构生存能力的压力情景)下应当采取的措施。证券公司应根据公司业务规模、性质、复杂程度、风险水平及组织架构,充分考虑压力测试结果,制订有效的风险应急计划,确保公司可以应对紧急情况下的流动性需求。

4.【答案】D

【解析】《证券服务机构从事证券服务业务备案管理规定》规定,律师事务所为股份有限公司股票向特定对象转让导致股东累计超过200人提供证券服务业务,制作、出具法律意见书,应当按照规定向中国证监会和国务院有关主管部门备案。

5.【答案】D

【解析】公司长期未按约定分配股息,优先股股东恢复到与普通股股东同样的表决权,可以参与公司经营决策,与普通股一同参加投票,这类表决权可以被称为优先股“恢复的表决权”。

6.【答案】C

【解析】存款吸收机构,是指通过自己的账户,以中介的方式将资金从贷款人转向借款人的单位。存款吸收机构包括商业银行和其他存款吸收机构。商业银行通常吸收存款,在支付系统中处于核心地位。其他存款吸收机构包括储蓄银行、开发银行、信用合作社、投资银行、抵押贷款银行以及建房互助协会、吸收存款的小额贷款机构。

7.【答案】D

【解析】投服中心的成立,是中国证监会完善监管政策,丰富投资者保护体系,切实加强中小投资者合法权益保护工作的重要举措，也是我国资本市场迈向法治化、成熟化进程的重要标志。

8. 【答案】A

【解析】国际债券是指一国借款人在国际证券市场上以外国货币为面值、向外国投资者发行的债券；B 项，亚洲债券是指用亚洲国家货币定值，并在亚洲地区发行和交易的债券；C 项，外国债券是指某一国家借款人在本国以外的某一国家发行以该国货币为面值的债券；D 项，欧洲债券是指借款人在本国境外市场发行的、不以发行市场所在国货币为面值的国际债券。

9. 【答案】D

【解析】AB 两项，我国证券投资基金依据基金合同设立，基金份额持有人、基金管理人与基金托管人是基金合同的当事人，简称基金当事人。C 项，基金份额持有人即基金投资者，是基金的出资人、基金资产的所有者和基金投资收益的受益人，基金份额持有人是基金一切活动的中心。

10. 【答案】B

【解析】中央政府拥有税收、货币发行特权，通常情况下，中央政府债券不存在违约风险，因此，这一类证券被视为无风险证券，相对应的证券收益率被称为无风险利率，是金融市场上最重要的价格指标。

11. 【答案】D

【解析】募集资金应当有明确的使用方向，原则上应当用于主营业务。募集资金使用应当符合下列规定：符合国家产业政策和有关环境保护、土地管理等法律、行政法规规定；除金融类企业外，募集资金使用项目不得为持有交易性金融资产和可供出售的金融资产、借予他人、委托理财等财务性投资，不得直接或者间接投资于以买卖有价证券为主要业务的公司。

12. 【答案】D

【解析】创业板市场的功能主要表现在两个方面：①在风险投资机制中的作用，即承担风险资本的退出窗口作用；②作为资本市场所固有的功能，包括优化资源配置、促进产业升级等作用，因而，建立创业板市场是完善风险投资体系，为中小高科技企业提供直接融资服务的重要一环，也是多层次资本市场的重要组成部分。而对企业来讲，上市除了融通资金外，还有提高企业知名度、分担投资风险、规范企业运作等作用。

13. 【答案】D

【解析】货币的时间价值使得资金的借贷具有利上加利的特性，我们将其称为复利。在复利条件下，终值（期末价值、到期值）计算公式为：$FV = PV \cdot (1+i)^n$，式中：FV——终值；PV——本金（现值）；i——每期利率；n——期数。5 年后 A 收到 $100 \times (1+10\%)^5 = 161.05$（元）。

14. 【答案】B

【解析】如果计算股价指数，就需要将计算期的平均股价或市值转化为指数值，即将基期平均股价或市值定为某一常数（通常为 100、1000 或 10），并据此计算计算期股价的指数值。

15. 【答案】B

【解析】基金信息披露大致可分为基金募集信息披露、运作信息披露和临时信息披露三大类。基金募集信息披露可以分为首次募集信息披露和存续期募集信息披露；基金运作信息披露主要指在基金合同生效后至基金合同终止前，基金信息披露义务人依法定期披露基金的上市交易、投资运作及经营业绩等信息；基金临时信息披露主要指在基金存续期间，当发生重大事件或市场上流传误导性信息，可能引致对基金份额持有人权益或者基金份额价格产生重大影响时，基金信息披露义务人依法对外披露临时报告或澄清公告。

16. 【答案】B

【解析】申请证券评级业务许可的资信评级机构，具有符合相关规定的高级管理人员不少于 3 人；具有证券从业资格的评级从业人员不少于 20 人，其中包括具有 3 年以上资信评级业务经验的评级从业人员不少于 10 人，具有中国注册会计师资格的评级从业人员不少于 3 人。

17. 【答案】A

【解析】金融现货交易通常以基础金融工具与货币的转手而结束交易活动，而在金融期货交易中，仅有极少数的合约到期进行交割交收，绝大多数的期货合约是通过做相反交易实现对冲而平仓的。

18. 【答案】D

【解析】投资者适当性管理工作主要是以经营机构适当性义务为主线展开的，应当包括三类：①以判断投资者风险承受能力为目标的投资者分类义务；②以判断产品风险等级为目标的产品分级义务；③以“将适当的产品销售给适当的投资者”为目标的销售匹配义务。

19. 【答案】A

【解析】詹森指数是以资本资产定价模型为基础的评价基金业绩的绝对指标。詹森指数是一种在风险调整基础上的绝对绩效度量方法，表示在完全的风险水平情况下，基金经理对证券价格的准确判断能力。

20. 【答案】C

【解析】货银对付俗称“一手交钱，一手交货”，是指证券登记结算机构与结算参与人在交手过程中，当且仅当资金交付时给付证券、证券交付时给付资金。货银对付原则是证券结算的一项基本原则，可以将证券结算中的违约交收风险降低到最低程度。

21. 【答案】B

【解析】债务融资工具发行注册实行注册会议制度，由注册会议决定是否接受债务融资工具发行注册。企业发行短期融资券应根据《银行间债券市场非金融企业债务融资工具注册规则》在中国银行间市场交易商协会注册。

22. 【答案】D

【解析】公允价值变动损益是指基金持有的采用公允价值模式计量的交易性金融资产、交易性金融负债等公允价值变动形成的应计入当期损益的利得或损失，并于估值日对基金资产按公允价值估值时予以确认。

23. 【答案】C

【解析】在投资学中，当期收益率被定义为债券的年利息收入与买入债券的实际价格的比率。其计算公式为：$Y = C/P \times 100\%$。式中：Y——当期收益率；C——每年利息收益；P——债券价格。该投资者当期收益率 = 1000 × 10% /940 × 100% = 10.64%。

24. 【答案】A

【解析】证券交易印花税，是从普通印花税中发展而来的，属于行为税类，根据一笔股票交易成交金额单独对卖方收取的，A股基本税率为1‰且单向征收。为保证税源，简化缴款手续，现行的做法是由证券经纪商在同投资者办理交收过程中代为扣收；然后，在证券经纪商同中央结算公司的清算、交收中集中结算；最后，由中央结算公司统一向征税机关缴纳。

25. 【答案】C

【解析】净申购金额 = 申购金额 ÷（1 + 申购费率）= 10000 ÷（1 + 1.5%）= 9852.22（元）；申购份额 = 净申购金额 ÷ 申购当日基金份额净值 = 9852.22 ÷ 1.0500 = 9383.06（份）。

26. 【答案】A

【解析】Delta 值指期权标的证券价格变化对期权价格影响程度。Delta = 期权价格变化/期权标的证券价格变化。标的证券价格与认购期权价值为正相关关系，与认沽期权价值为负相关关系。

27. 【答案】B

【解析】储蓄国债（电子式）是指财政部面向境内中国公民储蓄类资金发行的、以电子方式记录债权的不可流通的人民币债券。储蓄国债（电子式）是 2006 年推出的国债新品种，具有以下特点：①针对个人投资者，不向机构投资者发行；②采用实名制，不可流通转让；③采用电子方式记录债权；④收益安全稳定，由财政部负责还本付息，免缴利息税；⑤鼓励持有到期；⑥手续简化；⑦付息方式较为多样。

28. 【答案】C

【解析】2005 年 4 月，中国人民银行、原中国银监会发布《信贷资产证券化试点管理办法》，资产支持证券是指由银行业金融机构作为发起机构，将信贷资产信托给受托机构，由受托机构发行的、以该财产所产生的现金支付其收益的受益证券。

29. 【答案】C

【解析】"熊猫债券"是指国际多边金融机构在中国发行的人民币债券，属于外国债券。

30. 【答案】C

【解析】发行人应在中国人民银行核准金融债券发行之日起60 个工作日内开始发行金融债券，并在规定期限内完成发行。发行人未能在规定期限内完成发行的，原金融债券发行核准文件自动失效，发行人不得继续发行本期金融债券。发行人仍需发行金融债券的，应另行申请。

31. 【答案】C

【解析】根据《关于修改〈证券公司风险控制指标管理办法〉的决定》，净资本基本计算公式为：净资本 = 净资产 - 金融资产的风险调整 - 其他资产的风险调整 - 或有负债的风险调整 -/ + 中国证监会认定或核准的其他调整项目。

32. 【答案】B

【解析】在大多数国家，社保基金分为两个层次：①国家以社会保障税等形式征收的全国性社会保障基金；②由企业定期向员工支付并委托基金公司管理的企业年金。

33. 【答案】D

【解析】沪港通，即沪港股票市场交易互联互通机制，是指上海证券交易所和香港联合交易所建立技术连接，使内地和香港投资者可以通过当地证券公司或经纪商买卖规定范围内的对方交易所上市的股票。沪港通包括沪股通和港股通。内地投资者买卖以港币报价的港股通股票，中国香港投资者买卖以人民币报价的沪股通股票，均以人民币交收。

34. 【答案】D

【解析】凭证式债券的形式是债权人认购债券的一种收款凭证，而不是债券发行人制定的标准格式的债券。我国于 1994 年开始发行凭证式国债。我国的凭证式国债通过各银行储蓄网点和财政部门国债服务部面向社会发行，券面上不印制票面金额，而是根据认购者的认购额填写实际的缴款金额，是一种国家储蓄债，可记名、挂失，以凭证式国债收款凭证记录债权，不能上市流通，从购买之日起计息。

35. 【答案】C

【解析】证券投资者保护基金，是指按照《证券投资者保护基金管理办法》筹集形成的、在防范和处置证券公司风险中用于保护证券投资者利益的资金。证券投资者保护基金是证券投资者保护的最终措施之一。

36. 【答案】D

【解析】D 项，股票收益互换，是针对特定股票的收益表现与固定利率进行现金流交换。

37. 【答案】A

【解析】典型的间接融资是银行的存贷款业务。因此，典型的间接融资形式便是与银行发生信用关系。

38. 【答案】B

【解析】国债买断式回购交易按照证券账户进行申报。每笔申报限量为最小 1000 手、最大 50000 手。

39. 【答案】C

【解析】AD 两项，国际开发机构人民币债券(简称“人民币债券”)，是指国际开发机构依法在中国境内发行的、约定在一定期限内还本付息的、以人民币计价的债券。B 项，人民币债券所募集资金用于向中国境内的建设项目提供中长期固定资产贷款或提供股本资金。C 项，中国人民银行对人民币债券发行利率进行管理。

40. 【答案】B

【解析】保险公司次级定期债务，是指保险公司为了弥补临时性或者阶段性资本不足，经批准募集、期限在 5 年以上(含 5 年)，且本金和利息的清偿顺序列于保单责任和其他负债之后、先于保险公司股权资本的保险公司债务。

41. 【答案】C

【解析】会计师事务所职业保险的累计赔偿限额与累计职业风险基金之和需要达到 8000 万元，才可以申请证券资格。

42. 【答案】A

【解析】场内市场包括：主板市场(含中小板市场)；科创板市场；二板市场，又被称为“创业板市场”；全国中小企业股份转让系统(简称“全国股份转让系统”)，俗称“新三板”。场外市场包括：区域性股权交易市场；券商柜台市场；机构间私募产品报价与服务系统；私募基金市场。

43. 【答案】C

【解析】2011年10月28日中国证券金融公司成立。中国证券金融股份有限公司是经国家同意，中国证券监督主管部门批准，由上海证券交易所、深圳证券交易所和中国证券登记结算有限责任公司共同发起设立的证券类金融机构。

44. 【答案】A

【解析】证券无纸化发行初始登记，不发行实物证券，而是通过证券公司进行资金的募集和证券的登记。无纸化发行的证券以发行初始登记作为证券创设的依据。

45. 【答案】C

【解析】基金主要投资于有价证券，投资选择灵活多样，从而使基金的收益有可能高于债券，投资风险又可能小于股票，是一种风险相对适中、收益相对稳健的投资品种。

46. 【答案】C

【解析】《公司法》第三十四条规定，股东按照实缴的出资比例分取红利；公司新增资本时，股东有权优先按照实缴的出资比例认缴出资。但是，全体股东约定不按照出资比例分取红利或者不按照出资比例优先认缴出资的除外。

47. 【答案】A

【解析】按品种结构，证券市场分为股票市场、债券市场、基金市场、衍生产品市场等；按层次结构，证券市场分为发行市场和交易市场；按交易场所结构，证券市场分为有形市场和无形市场。

48. 【答案】B

【解析】ETF与投资者交换的是基金份额与一篮子证券或商品；而LOF申购、赎回的是基金份额与现金的对价。

49. 【答案】D

【解析】《中华人民共和国证券法》规定，发出收购要约，收购人必须事先向国务院证券监督管理机构报送上市公司收购报告书，并载明下列事项：①收购人的名称、住所；②收购人关于收购的决定；③被收购的上市公司名称；④收购目的；⑤收购股份的详细名称和预定收购的股份数额；⑥收购期限、收购价格；⑦收购所需资金额及资金保证；⑧报送上市公司收购报告书时持有被收购公司股份数占该公司已发行的股份总数的比例。

50. 【答案】B

【解析】赎回总金额 = 赎回份额 × 赎回日基金份额净值；赎回费用 = 赎回总金额 × 赎回费率；赎回金额 = 赎回总金额 - 赎回费用。即赎回总金额 = 10000 × 1.05 = 10500（元），赎回费用 = 10500 × 0.5% = 52.5（元），赎回金额 = 10500 - 52.5 = 10447.5（元）。

二、组合型选择题（共50题，每题1分，共50分）以下备选项中只有1项最符合题目要求，不选、错选均不得分。

1. 【答案】A

【解析】中国金融期货交易所于2006年9月8日在上海成立，是经国务院同意、中国证监会批准，由上海期货交易所、郑州商品交易所、大连商品交易所、上海证券交易所和深圳证券交易所共同发起设立的中国首家公司制交易所，注册资本为5亿元人民币。

2. 【答案】A

【解析】银行间债券市场的发行主要面向银行和非银行金融机构等机构投资者。2016 年 2 月 14 日，中国人民银行公布《全国银行间债券市场柜台业务管理办法》，首次允许符合条件的企业和个人通过银行柜台直接买卖债券。

3. 【答案】A

【解析】中国证监会依法履行职责，除Ⅰ、Ⅱ、Ⅳ三项外，有权采取下列措施：①对证券发行人、证券公司、证券服务机构、证券交易场所、证券登记结算机构进行现场检查。②查阅、复制当事人和与被调查事件有关的单位和个人的证券交易记录、登记过户记录、财务会计资料及其他相关文件和资料；对可能被转移、隐匿或者毁损的文件和资料，可以予以封存、扣押。③查询当事人和与被调查事件有关的单位和个人的资金账户、证券账户、银行账户以及其他具有支付、托管、结算等功能的账户信息，可以对有关文件和资料进行复制；④在调查操纵证券市场、内幕交易等重大证券违法行为时，经国务院证券监督管理机构主要负责人或者其授权的其他负责人批准，可以限制被调查的当事人的证券买卖，但限制的期限不得超过 3 个月；案情复杂的，可以延长 3 个月。⑤通知出境入境管理机关依法阻止涉嫌违法人员、涉嫌违法单位的主管人员和其他直接责任人员出境。

4. 【答案】A

【解析】利率期限结构理论是基于以下三个理论建立起来的：①市场预期理论，市场预期理论又被称为无偏预期理论，认为利率期限结构完全取决于对未来即期利率的市场预期。②流动性偏好理论，流动性偏好理论的基本观点是投资者并不认为长期债券是短期债券的理想替代物。③市场分割理论，该理论认为，在贷款或融资活动进行时，贷款者和借款者并不能自由地在利率预期的基础上将证券从一个偿还期部分替换成另一个偿还期部分。

5. 【答案】A

【解析】Ⅱ、Ⅲ、Ⅳ三项，境内上市外资股原来是指股份有限公司向境外投资者募集并在我国境内上市的股份，投资者限于：外国的自然人、法人和其他组织；我国香港、澳门、台湾地区的自然人、法人和其他组织；定居在国外的中国公民等。这类股票被称为 B 股。境外上市外资股主要由 H 股、N 股、L 股和 S 股等构成。H 股是指在中国内地注册的公司在香港上市的外资股，认购和交易均用港币，在中国香港上市的外资股被称为“H 股”。依此类推，在纽约、新加坡、伦敦上市的外资股分别被称为“N 股”“S 股”“L 股”。Ⅰ项，N 股代表纽约股。S 股代表新加坡股。

6. 【答案】B

【解析】Ⅲ项，《证券期货投资者适当性管理办法》要求经营机构对投资者进行分类评估和分类管理，为经营机构提供差异化服务奠定基础。随着投资者需求日趋多元化，经营机构需要区别对待不同类型的投资者，提供适合其自身特点和需求的产品和服务。

7. 【答案】D

【解析】从目前来看，我国银行间债券市场的清算结算机制，主要分全额双边清算和净额集中清算两种类型，前者主要采用“券款对付”的结算方式，此外还有纯券过户、见券付款(PAD)和见款付券等三种方式；而后者采用“中央对手方”的结算方式。在我国，中央国债公司托管的债券全部采用全额清算的结算方式，而上海清算所托管的债券可以采用两种清算结算方式。

8. 【答案】D

【解析】与永续债相比，优先股投资者具有在一定条件下恢复表决权的权利，而永续债一般不具有这一特点；从破产清算时剩余财产的清偿顺序来看，永续债券的偿还顺序先于优先股；从发行人角度，支付不计入权益的永续债利息可在税前扣除，支付计入权益的永续债利息不能在税前扣除，而优先股股息都不能在税前扣除。

9. 【答案】A

【解析】改善和优化投资者结构需要大力培养机构投资者，具体可以采取如下办法：①构筑多元化的投资基金群体，加快指数型基金和风险投资基金。②积极推进保险资金入市。③发展私募基金。④吸引海外资金入市(QFII)。

10. 【答案】A

【解析】看涨期权买方的亏损是有限的，其最大亏损额为期权价格，而盈利可能是无限大的。相反，看涨期权卖方的盈利是有限的，其最大盈利为期权价格，而亏损可能是无限大的。期权的买方以较小的期权价格作为代价换取大幅盈利的可能性，而期权卖方则为赚取期权费而承担了大幅亏损的风险。

11. 【答案】D

【解析】证券公司发行次级债券应提供募集说明书，借入次级债务应与债权人签订次级债务合同。募集说明书和次级债务合同应约定以下事项：①清偿顺序在普通债之后。②次级债的金额、期限、利率。③次级债本息的偿付安排。④借入或募集资金用途。⑤证券公司应向债权人披露的信息内容和披露时间、方式。⑥次级债的借入或发行、偿还或兑付应符合《证券公司次级债管理规定》。

12. 【答案】C

【解析】场外交易市场的特征是：①场外交易市场是一个分散的无形市场。②场外交易市场的组织方式采取做市商制度。③场外交易市场是一个拥有众多证券种类和证券经营机构的市场，以未能在证券交易所批准上市的股票和债券为主。④场外交易市场是一个以议价方式进行证券交易的市场。⑤场外交易市场的管理比证券交易所市场宽松，挂牌标准和信息披露要求都比较低。

13. 【答案】A

【解析】债券通常有规定的票面利率，可获得固定的利息。股票的股息红利不固定，一般视公司经营情况而定。股票的收益率一般高于债券，是因为股票面临的经营风险、财务风险和经济周期波动风险比债券大得多，必须给投资者相应的补偿。

14. 【答案】B

【解析】网上委托是指证券公司通过基于互联网或移动通信网络的网上证券交易系统，向客户提供用于下达证券交易指令、获取成交结果的一种服务方式，包括需下载软件的客户端委托和无须下载软件、直接利用证券公司网站的页面客户端委托。网上委托的上网终端包括电子计算机、手机等设备。

15. 【答案】B

【解析】国务院证券监督管理机构在对证券市场实施监督管理中履行下列职责：①依法

制定有关证券市场监督管理的规章、规则，并依法进行审批、核准、注册，办理备案；②依法对证券的发行、上市、交易、登记、存管、结算等行为，进行监督管理；③依法对证券发行人、证券公司、证券服务机构、证券交易场所、证券登记结算机构的证券业务活动，进行监督管理；④依法制定从事证券业务人员的行为准则，并监督实施；⑤依法监督检查证券发行、上市、交易的信息披露；⑥依法对证券业协会的自律管理活动进行指导和监督；⑦依法监测并防范、处置证券市场风险；⑧依法开展投资者教育；⑨依法对证券违法行为进行查处；⑩法律、行政法规规定的其他职责。

16. 【答案】D

【解析】我国《证券投资基金法》规定，基金财产应当用于上市交易的股票、债券以及中国证监会规定的其他证券品种。具体而言，目前我国的基金主要可投资于国内依法公开发行上市的股票、非公开发行股票、国债、企业债券和金融债券、公司债券、货币市场工具、资产支持证券等。

17. 【答案】C

【解析】备兑权证通常由投资银行发行，备兑权证所认兑的股票不是新发行的股票，而是已在市场上流通的股票，不会增加股份公司的股本。

18. 【答案】C

【解析】《中华人民共和国证券投资基金法》规定，基金份额持有人享有下列权利：分享基金财产收益；参与分配清算后的剩余基金财产；依法转让或者申请赎回其持有的基金份额；按照规定要求召开基金份额持有人大会，对基金份额持有人大会审议事项行使表决权；查阅或者复制公开披露的基金信息资料；对基金管理人、基金托管人、基金销售机构损害其合法权益的行为依法提起诉讼；基金合同约定的其他权利。

19. 【答案】D

【解析】Ⅳ项，信用评级机构和评估人员如与被评对象有利益关系的，应当回避。

20. 【答案】B

【解析】《中华人民共和国证券法》规定。证券登记结算公司为证券交易提供集中登记、存管与结算服务，不以营利为目的，依法登记，取得法人资格。

21. 【答案】D

【解析】风险敞口通常是指金融机构在各种业务活动中容易受到风险因素影响的资产和负债的价值，或说暴露在风险中的头寸状况。持有外汇头寸是一种风险敞口，而不是金融风险；而汇率变动是一种金融风险，不是风险敞口。

22. 【答案】C

【解析】金融市场是指以金融资产为交易对象，以金融资产的供给方和需求方为交易主体形成的交易机制及其关系的总和。广而言之，金融市场是实现货币借贷和资金融通、办理各种票据和有价证券交易活动的市场。比较完善的金融市场定义是：金融市场是交易金融资产并确定金融资产价格的一种机制。

23. 【答案】D

【解析】关于证券的无纸化发行，权利人只能通过对证券账户的控制来实现占有无纸化证券，不能通过直接的实物占有方式来占有证券，证券交易也只能在账户之间通过划转方式进行。所以，无纸化证券只能通过证券账户进行交付、在无纸化发行条件下，将证券初次记入证券持有人的证券账户视为完成发行证券的交付，可以明确证券无纸化发行完成发行的时间点，便于判断证券发行是否成功。认购证券的投资者可据此及时向证券发行人主张权利。

24. 【答案】A

【解析】普通股票股东行使资产收益权有一定的限制条件。法律上的限制一般原则是：①股份公司只能用留存收益支付红利；②红利的支付不能减少其注册资本；③公司在无力偿债时不能支付红利。我国有关法律规定，公司缴纳所得税后的利润，在支付普通股票的红利之前，应按如下顺序分配：弥补亏损，提取法定公积金，提取任意公积金。

25. 【答案】C

【解析】技术分析的理论基础是建立在三个假设之上的，即：①市场的行为包含一切信息；②价格沿趋势移动；③历史会重复。技术分析理论的内容就是市场行为的内容。

26. 【答案】B

【解析】Ⅰ、Ⅲ两项，全国中小企业股份转让系统，又称为“新三板”，是经国务院批准设立的全国性的证券交易场所，成立于2012年9月20日，主要为创新型、创业型、成长型中小微企业发展服务。Ⅱ项，全国中小企业股份转让系统属于场内市场。Ⅳ项，根据《全国中小企业股份转让系统业务规则(试行)》，股票转让采用无纸化的公开转让形式，或经中国证监会批准的其他转让形式。

27. 【答案】C

【解析】货币政策的传导机制主要包括以下四种：①利率传导机制。以利率为渠道是传统凯恩斯主义学派货币政策传导机制的核心观点。②信用传导机制。伯南克提出了银行借贷渠道和资产负债渠道两种信用传导机制，并得出货币政策传递过程中即使利率没发生变化，也会通过信用途径来影响国民经济总量的结论。③资产价格传导机制。货币学派的托宾q理论与莫迪利安尼的生命周期理论提出的传导机制中，货币政策通过其他相关的资产价格以及真实财富效应作用于整个经济。④汇率传导机制。开放经济条件下，汇率是外汇资产的价格，同时也是货币政策传导的重要渠道之一。

28. 【答案】D

【解析】导致ETF产生跟踪误差的因素：①与其他指数基金一样，ETF会不可避免地承担所跟踪指数面临的系统性风险。②尽管套利交易的存在使二级市场交易价格不会偏离基金份额净值太大，但由于受供求关系的影响，二级市场价格常常会高于或低于基金份额净值。此外，ETF的收益率与所跟踪指数的收益率之间往往会存在跟踪误差。抽样复制、现金留存、基金分红以及基金费用等都会导致跟踪误差。

29. 【答案】B

【解析】证券服务机构，是指依法设立的从事证券服务业务的法人机构，包括会计师事务所、律师事务所以及从事资产评估、资信评级、财务顾问、信息技术系统服务的证券服务机构。

30. 【答案】A

【解析】从融资需求方的角度来看，由于我国企业数量众多，如按行业类型划分，可将企业分为传统型、创业型、高科技型等类型；如按企业成长周期划分，可将企业分为创立期、成长期、成熟期和衰退期。因此，不同企业类型在不同时期的融资需求各不相同，有效分层的资本市场可以为企业提供更加丰富多元的融资渠道。

31. 【答案】C

【解析】一般来说，中央银行的主要职能可概括为“发行的银行”“银行的银行”“政府的银行”，其中“政府的银行”具体职能包括：①代理国库收支；②代理国家债券的发行；③对政府提供信贷；④代表政府管理金融活动，制定、发布并监督执行有关金融监管和业务的命令及规章，负责金融业的统计、调查、分析和预测；⑤持有、管理、经营国家外汇储备和黄金储备；⑥代表政府参加国际金融组织活动，进行国际金融合作。“发行的银行”是指中央银行垄断货币发行权，是全国唯一有权发行货币的机构。货币发行权经国家以法律形式授予，中央银行还对调节货币供应量、保证货币流通的正常与稳定负有责任。“银行的银行”包括集中保管商业银行的存款准备金的职责。

32. 【答案】A

【解析】基本分析法的两个假设为：①股票的价值决定其价格；②股票的价格围绕价值波动。因此，价值成为测量价格合理与否的尺度。基本分析法体现了以价值分析理论为基础、以统计方法和现值计算方法为主要分析手段的基本特征。基本分析主要包括宏观经济分析、行业和区域分析、公司分析三大内容。

33. 【答案】A

【解析】Ⅱ项，金融工程用于证券及衍生产品的交易，主要是开发具有套利性质的交易工具和交易策略。

34. 【答案】B

【解析】Ⅳ项，金融现货交易与金融期货交易在交易方式和结算方式上都存在不同：①交易方式上，金融现货交易一般要求在成交后的几个交易日内完成资金与金融工具的全额结算，期货交易则实行保证金交易和逐日盯市制度，交易者并不需要在成交时拥有或借入全部资金或基础金融工具。②结算方式上，金融现货交易通常以基础金融工具与货币的转手而结束交易活动，而在金融期货交易中，仅有极少数的合约到期进行交割交收，绝大多数的期货合约是通过做相反交易实现对冲而平仓的。

35. 【答案】B

【解析】从内容上看，中国证券市场对外开放包含：①在国际资本市场筹集资金。从1984 年以来，财政部、国家开发银行、中国进出口银行、中信公司、中国银行、中国建设银行等国内机构陆续在境外发行外币债券，发行覆盖了欧洲、美国、日本、中国香港、新加坡等市场；②开放国内资本市场；③有条件地开放境内企业和个人投资境外资本市场；④对我国香港特别行政区和澳门特别行政区开放。

36. 【答案】D

【解析】基金投资风格是指基金经理在资产组合管理过程中所采用的某一特定方式或投资目标，是严格按照承诺对资产进行配置以获取预期收益的投资战略或计划。分析基金投资风格的作用包括：①匹配投资者不同的风险偏好特征；②降低投资者的投资选择成本；③便于准确评价基金业绩等。

37. 【答案】B

【解析】《中华人民共和国证券法》规定，证券投资咨询机构及其从业人员从事证券服务业务不得有下列行为：①代理委托人从事证券投资。②与委托人约定分享证券投资收益或者分担证券投资损失。③买卖本证券投资咨询机构提供服务的证券。④法律、行政法规禁止的其他行为。因以上行为给投资者造成损失的，应当依法承担赔偿责任。

38. 【答案】C

【解析】理论界对于风险与不确定性的关系有不同的看法。一种观点认为，风险就是一种不确定性，与不确定性没有本质的区别，二者在使用中经常是可以相互替换的。另一种观点认为，尽管二者有密切的联系，但又有本质区别。在风险状态下，决策者知道最终呈现的可能状态以及相应的概率，即知道整个事件发生的概率分布，风险具有可量化的性质。而在不确定性状态下，决策者不了解事件发生的概率结果，不确定性具有不可以量化的特征。人们一般对于不确定性的厌恶要远远大于风险，降低不确定性对于风险管理具有重要的意义，通常是管理部门的职责。

39. 【答案】B

【解析】证券金融公司开展转融通业务，应当以自己的名义，在商业银行开立转融通专用资金账户，在证券登记结算机构分别开立转融通担保资金账户和转融通资金交收账户，转融通专用资金账户用于存放证券金融公司拟向证券公司融出的资金及证券公司归还的资金；转融通担保资金账户用于记录证券公司交存的、担保证券金融公司因向证券公司转融通所生债权的资金；转融通资金交收账户用于办理证券金融公司与转融通业务有关的资金结算。

40. 【答案】B

【解析】我国证券市场经过 20 多年的发展，逐步形成了以国务院证券监督管理机构、国务院证券监督管理机构的派出机构、证券交易所、国务院批准的其他全国性证券交易场所、行业协会和证券投资者保护基金为一体的监管体系和自律管理体系。

41. 【答案】D

【解析】我国证券账户的种类有两种划分依据：①按照交易场所划分，可分为上海证券账户和深圳证券账户。②按照账户用途划分，可分为人民币普通股票账户、人民币特种股票账户、证券投资基金账户和其他账户等。

42. 【答案】B

【解析】Ⅰ项，开放式基金份额的转换是指投资者不需要先赎回已持有的基金份额，就可以将其持有的基金份额转换为同一基金管理人管理的另一基金份额的一种业务模式。

43. 【答案】D

【解析】股票基金是指以股票为主要投资对象的证券投资基金。在我国，根据中国证监会对基金类别的分类标准，80% 以上的基金资产投资于股票的，为股票基金。股票基金的风险较高，但预期收益也较高，其投资目标侧重于追求资本利得和长期资本增值，比较适合长期投资。

44. 【答案】D

【解析】《中华人民共和国证券法》的规定，向不特定对象发行证券聘请承销团承销的，承销团由主承销商和参与承销的证券公司组成。

45. 【答案】B

【解析】金融债券的发行主体是银行或非银行金融机构。金融机构一般有雄厚的资金实力，信用度较高，因此，金融债券往往也有良好的信誉：银行和非银行金融机构是社会信用的中介，它们的资金来源主要靠吸收公众存款和金融业务收入。它们发行债券的目的主要有：①筹资用于某种特殊用途；②改变本身的资产负债结构。

46. 【答案】A

【解析】按照《注册会计师执行证券、期货相关业务许可证管理规定》的规定，注册会计师申请证券许可证应当符合下列条件：①所在会计师事务所已取得证券许可证，或者符合《注册会计师执行证券、期货相关业务许可证管理规定》第六条所规定的条件并已提出申请。②具有证券、期货相关业务资格考试合格证书。③取得注册会计师证书 1 年以上。④不超过 60 周岁。⑤执业质量和职业道德良好，在以往 3 年执业活动中没有违法违规行为。

47. 【答案】C

【解析】净资本指标的主要目的：①要求证券公司保持充足、易于变现的流动性资产，以满足紧急需要并抵御潜在的市场风险、信用风险、营运风险、结算风险等，从而保证客户资产的安全；②在证券公司经营失败、破产关闭时，仍有部分资金用于处理公司的破产清算等事宜。

48. 【答案】B

【解析】科创板的制度设计有六个创新点，分别是上市标准多元化、发行审核注册制、发行定价市场化、退市制度从严化、交易机制差异化和持续监管更具针对性。

49. 【答案】A

【解析】作为投资于一篮子债券的组合投资工具，债券基金与单一债券存在重大区别，主要表现为债券基金没有确定的到期日、可通过分散投资可以有效避免单一债券可能面临的较高信用风险、收益率比买入并持有到期的单个债券的收益率更难预测以及收益不如债券的利息固定。

50. 【答案】C

【解析】我国基金资产估值的责任人是基金管理人，但基金托管人对基金管理人的估值结果负有复核责任。

《金融市场基础知识》机考题库·真题试卷(六)

一、选择题(共50题，每题1分，共50分)以下备选项中只有1项符合题目要求，不选、错选均不得分。

1. 在报价驱动中，做市商的收入来源是(　　)。
   A. 买卖证券的差价　　B. 投资收入
   C. 股息收入　　D. 手续费、佣金收入
2. 证券登记结算公司的职能不包括(　　)。
   A. 证券的存管和过户　　B. 为投资者开立资金结算账户
   C. 受发行人的委托派发证券权益　　D. 证券账户、结算账户的设立
3. (　　)是指在一国证券市场流通的代表外国公司有价证券的可转让凭证。
   A. 证券凭证　　B. 国外凭证　　C. 存托凭证　　D. 流通凭证
4. 对于股票已经被证券交易所决定终止上市交易的强制退市公司，证券交易所应当设置(　　)。
   A. 退市整理期　　B. 冷静期　　C. 清算期　　D. 等待期
5. 财政部和中国证监会对注册会计师、会计师事务所执行证券、期货相关业务实行(　　)管理。
   A. 注册制　　B. 审批制　　C. 许可证　　D. 审核制
6. 两笔金额相等的资金，如果发生在不同的时期，其实际价值量也是不相等的。这是因为(　　)。
   A. 货币具有时间价值　　B. 汇率变动
   C. 投资项目不同　　D. 所有者主观感受不同
7. 网上投资者首次公开发行股票，如果有效申购倍数超过150倍的，回拨后网下发行比例不超过本次公开发行股票数量的(　　)。
   A. 10%　　B. 20%　　C. 30%　　D. 40%
8. 营业收入快速增长，拥有自主研发、国际领先技术，同行业竞争中处于相对优势地位的尚未在境外上市红筹企业，申请在科创板上市的，市值及财务指标应当符合的标准是(　　)。
   A. 预计市值不低于人民币100亿元
   B. 预计市值不低于人民币50亿元
   C. 预计市值不低于人民币50亿元，且最近一年营业收入不低于人民币3亿元
   D. 预计市值不低于人民币30亿元，且最近一年营业收入不低于人民币5亿元
9. 下列不属于金融衍生工具的是(　　)。
   A. 基金　　B. 信用联结票据　　C. 金融期货　　D. 金融期权
10. 1988年国际清算银行(BIS)制定的《巴塞尔协议》规定，开展国际业务的银行必须将其资本对加权风险资产的比率维持在8%以上，其中核心资本至少为总资本的(　　)。
   A. 40%　　B. 70%　　C. 50%　　D. 60%

11. 目前，我国证券投资基金托管费按(　　)的一定比例逐日计提。
A. 基金投资规模　　B. 基金发行规模
C. 基金资产净值　　D. 基金资产总值

12. 下列关于债券估值的基本原理的说法中，错误的是(　　)。
A. 债券估值的基本原理就是现金流贴现
B. 债券投资者持有债券，会获得利息和本金偿付
C. 在不发生违约事件的情况下，债券发行人应按照发行条款向债券持有人定期偿付利息和本金
D. 债券的付息方式会影响债券的现金流，但债券的币种不会影响债券的现金流

13. 系统风险又称为(　　)。
A. 政策风险　　B. 特殊风险　　C. 自有风险　　D. 不可分散风险

14. 基金托管人的职责不包括(　　)。
A. 资产保管
B. 资金清算
C. 会计复核和对投资运作的监督等
D. 产品设计、基金营销、基金注册登记和基金估值等

15. 我国债券市场分为场内市场和场外市场，其中，(　　)将市场参与者限定为机构。
A. 场外债券零售市场　　B. 银行间柜台市场
C. 场内市场　　D. 银行间市场

16. 下列各项不是我国现有股份期货合约中的标的指数的是(　　)。
A. 上证 50 指数　　B. 沪深 300 指数
C. 中证 100 指数　　D. 中证 500 指数

17. 普通股票股东要求分配公司资产的权利不是任意的，普通股票股东行使剩余资产分配权的先决条件是(　　)。
A. 公司解散清算
B. 出席股东大会的股东所持表决权的 2/3 以上通过
C. 公司连续 5 年亏损
D. 股东大会作出减少公司注册资本的决议

18. 中国证券业协会会员由单位会员构成，其中不包括(　　)。
A. 联席会员　　B. 特别会员　　C. 普通会员　　D. 法定会员

19. 融券保证金比例是指客户融券卖出时支付的保证金与融券交易金额的比例，计算公式为(　　)。
A. 融券保证金比例 = 保证金/(卖出证券数 × 卖出价格) × 100%
B. 融券保证金比例 = 保证金/(融券卖出证券数量 × 卖出价格) × 100%
C. 融券保证金比例 = 保证金/(融券卖出证券数量 × 证券市价) × 100%
D. 融券保证金比例 = 保证金/(融券卖出证券数量 × 收盘价)100%

20. 下列选项中，不属于债券买卖交易报价方式的是(　　)。
A. 双边报价　　B. 大额报价　　C. 公开报价　　D. 对话报价

21. 货币市场基金在每日进行利润分配时，当日申购的基金份额自(　　)起享有基金的分

配权益。

A. 下一个交易日　B. 下一日　C. 下两个交易日　D. 当日

22. 律师事务所接受当事人委托，为其证券发行、上市和交易等证券业务活动提供制作、出具(　　)等文件的法律服务。

A. 财务审计报告　B. 承销合同

C. 保荐书　D. 法律意见书

23. “货币供应量↑→银行存款和贷款↑→投资↑→总产出↑”描述的是货币政策(　　)。

A. 利率传导机制　B. 汇率传导机制

C. 信用传导机制　D. 资产价格传导机制

24. 证券托管一般指投资者将持有的证券委托给(　　)保管，并由后者代为处理有关证券收益事务的行为。

A. 证券交易所　B. 存管银行

C. 证券登记结算机构　D. 证券公司

25. 在中国，机构投资者目前主要是具有证券自营业务资格的(　　)。

A. 保险经营机构　B. 证券经营机构

C. 银行业金融机构　D. 合格境外机构投资者

26. 分离交易的可转换公司债券是(　　)和公司债券的组合产品。

A. 认股权证　B. 分离权证　C. 认债权证　D. 转换权证

27. 以下关于开放式基金的描述中，正确的是(　　)。

A. 开放式基金的非交易过户只适用于合格的个人投资者，机构投资者不能进行非交易过户

B. 由于需要收取一定转换费用，开放式基金份额转换的综合费用较高

C. 开放式基金的非交易过户，是从投资者的一个基金账户转移到其名下的另一个基金账户

D. 基金持有人可以办理其基金份额在不同销售机构的转托管手续

28. (　　)是商业银行业务活动的总括性反应。

A. 现金流量表　B. 利润表

C. 资产负债表　D. 所有者权益变动表

29. 在不采用信用交易的情况下，投资者(　　)。

A. 可以卖出账户上不存在的证券，但必须在5个交易日内平仓

B. 必须用自己账户上的资金买入证券，或者卖出自己账户上实际存在的证券

C. 可以根据个人的信用卡资金额度买入证券

D. 可以卖出账户上不存在的证券，但必须得到经纪商的授信

30. (　　)管理费率最高。

A. 证券衍生工具基金　B. 股票基金

C. 债券基金　D. 货币市场基金

31. 沪伦通初期从(　　)起步。

A. 金融衍生工具　B. 存托凭证　C. 债券　D. 基金

32. 养老目标基金的运作形式是(　　)。

A. 基金中基金　　B. 分级基金　　C. 伞形基金　　D. 避险策略基金

33. 证券公司设立集合资产管理计划的投资人数不得超过(　　)人。

A. 50　　B. 100　　C. 200　　D. 500

34. (　　)年，我国第一家专业性证券公司——深圳特区证券公司成立。

A. 1986　　B. 1987　　C. 1991　　D. 2003

35. 影响公司股份总数变动的行为不包括(　　)。

A. 股份回购　　B. 发行公司债券　　C. 定向增发　　D. 公募增发

36. 科创板在财务类指标方面，不再采用单一的连续亏损退市指标，而是在定性基础上作出定量规定，多维度刻画丧失持续经营能力的主业“空心化”企业的基本特征，引入(　　)的退市指标(第一年触及该指标挂*ST，第二年仍触及该指标退市)，体现持续经营能力方面的要求。

A. 净利润为负且营业收入低于三个亿

B. 扣非净利润为负且营业收入低于三个亿

C. 扣非净利润为负且营业收入低于一个亿

D. 净利润为负且营业收入低于一个亿

37. 股份公司向不特定对象公开募集股份的增资方式是(　　)。

A. IPO　　B. 公募　　C. 增发　　D. 配股

38. 债券按债券形态分类，可以分为(　　)。

A. 政府债券、金融债券和公司债券

B. 零息债券、附息债券和息票累积债券

C. 实物债券、凭证式债券和记账式债券

D. 短期债券、中期债券和长期债券

39. 证券交易中，结算参与人必须按照货银对付的要求，根据清算结果，向(　　)足额交付其应付的证券和资金。

A. 证券登记结算公司　　B. 证券公司

C. 发行人　　D. 证券交易所

40. 下列关于资产证券化运作程序的说法中，错误的是(　　)。

A. 原始权益人根据自身的资产证券化融资要求，确定资产证券化目标

B. 承销商负责向投资者销售资产支持证券，方式包括包销和代销两种

C. 特设信托机构在对证券化资产进行风险分析后，对一定的资产集合进行风险结构的重组

D. 特殊目的机构除开展资产证券化业务之外，还可以通过其他业务获得收入

41. 我国首个实行注册制的场内市场是(　　)。

A. 科创板市场　　B. 创业板市场

C. 主板市场　　D. 全国中小企业股份转让系统

42. 证券投资基金的资金主要投向(　　)。

A. 实业　　B. 邮票　　C. 有价证券　　D. 珠宝

43. 中国证监会是(　　)直属机构。

A. 国务院金融稳定发展委员会　　B. 全国人大

C. 中国人民银行　　　　　　　　　　D. 国务院

44. 按照《慈善组织保值增值投资活动管理暂行办法》的规定，在下列活动中，属于慈善组织可以开展的投资活动的是(　　)。

A. 直接购买银行、信托、证券、基金、期货、保险资产管理机构、金融资产投资公司等金融机构发行的资产管理产品

B. 直接购买商品及金融衍生品类产品

C. 直接投资二级市场股票的

D. 投资人身保险产品

45. (　　)是指从买入债券到卖出债券期间所获得的年平均收益与买入债券的实际价格的比率。

A. 当前收益率　　B. 到期收益率　　C. 持有期收益率　　D. 赎回收益率

46. 目前我国 A 股账户不可用于买卖(　　)。

A. 人民币普通股票　　　　　　　　B. B 股

C. 债券　　　　　　　　　　　　　D. 证券投资基金

47. 银行间债券市场债券交易的成交报价方式，包括询价交易和(　　)。

A. 点击成交　　B. 协议竞价　　C. 连续竞价　　D. 集合竞价

48. 证券金融公司开展转融通业务，下列哪项不是以自己的名义在证券登记结算机构分别开立的账户？(　　)

A. 转融通专用证券账户　　　　　　B. 转融通担保证券账户

C. 转融通证券交收账户　　　　　　D. 转融通专用资金账户

49. 股票是(　　)签发的证明股东所持股份的凭证。

A. 有限责任公司　　　　　　　　　B. 个人独资企业

C. 股份有限公司　　　　　　　　　D. 合伙企业

50. 证券可以以客户预期的价格或更有利的价格成交，有利于客户实现预期投资计划的委托方式是(　　)。

A. 市价委托　　B. 限价委托　　C. 零数委托　　D. 整数委托

二、组合型选择题(共 50 题，每题 1 分，共 50 分)以下备选项中只有 1 项最符合题目要求，不选、错选均不得分。

1. 我国当前的金融监管体制已经从“一行三会”过渡到“一委一行两会”，其中“一委一行两会”包括(　　)。

Ⅰ. 国务院金融稳定发展委员会　　　Ⅱ. 中国人民银行

Ⅲ. 原中国银监会　　　　　　　　　Ⅳ. 中国银保监会

A. Ⅰ、Ⅱ、Ⅲ　　B. Ⅰ、Ⅱ、Ⅳ　　C. Ⅱ、Ⅲ、Ⅳ　　D. Ⅰ、Ⅲ、Ⅳ

2. 机构投资者在金融市场中的作用主要包括(　　)。

Ⅰ. 有利于促进直接融资　　　　　　Ⅱ. 健全金融市场运行机制

Ⅲ. 有利于投资资金分散化　　　　　Ⅳ. 促进金融体系的稳定运作

A. Ⅰ、Ⅲ、Ⅳ　　B. Ⅱ、Ⅲ　　C. Ⅰ、Ⅱ、Ⅳ　　D. Ⅰ、Ⅱ、Ⅲ、Ⅳ

3. 下列关于金融期货与金融期权的特点的说法中，正确的有(　　)。

Ⅰ. 金融期货交易中双方潜在的盈利和亏损都是无限的

Ⅱ. 金融期货交易中双方潜在的盈利和亏损都是有限的

Ⅲ. 金融期权买方在交易中的潜在亏损是有限的，仅限于所支付的期权费，而可能取得的盈利却是无限的

Ⅳ. 金融期权出售方在交易中所取得的盈利是有限的，仅限于所收取的期权费，而可能遭受的损失是无限的

A. Ⅱ、Ⅲ、Ⅳ　B. Ⅱ、Ⅳ　C. Ⅰ、Ⅲ、Ⅳ　D. Ⅰ、Ⅲ

4. 企业债券募集的资金可用于(　　)。

Ⅰ. 固定资产投资项目　Ⅱ. 弥补亏损

Ⅲ. 收购产权(股权)　Ⅳ. 补充营运资金

A. Ⅰ、Ⅲ、Ⅳ　B. Ⅰ、Ⅱ、Ⅲ、Ⅳ

C. Ⅱ、Ⅳ　D. Ⅰ、Ⅱ、Ⅲ

5. 下列关于公开发行企业债券，说法正确的有(　　)。

Ⅰ. 该公司累计债券余额不超过该公司净资产的40%

Ⅱ. 该公司最近3年平均可分配利润足以支付公司债券1.5年的利息

Ⅲ. 该公司的债券利率不超过国务院规定的利率水平

Ⅳ. 该公司筹集的资金投向必须符合国家产业政策

A. Ⅰ、Ⅲ　B. Ⅱ、Ⅲ、Ⅳ　C. Ⅱ、Ⅳ　D. Ⅰ、Ⅲ、Ⅳ

6. 根据《非金融企业债务融资工具信用评级业务自律指引》的规定，下列说法中，正确的有(　　)。

Ⅰ. 评级结果有效期内发生可能影响受评对象偿债能力的重大事项时，信用评级机构应启动不定期跟踪评级程序，发布不定期跟踪评级结果和报告

Ⅱ. 信用评级机构在终止跟踪评级时，应公布最近一次的评级结果及其有效期，说明该项评级此后将不再更新

Ⅲ. 信用评级机构应完整保存评级业务开展过程中的资料、文档、记录和报告等业务信息

Ⅳ. 业务档案的保存期限应不低于10年，且不低于债务融资工具存续期满后3年

A. Ⅱ、Ⅲ　B. Ⅰ、Ⅱ、Ⅲ　C. Ⅰ、Ⅱ　D. Ⅲ、Ⅳ

7. 认购开放式基金通常的步骤包括(　　)。

Ⅰ. 开立基金账户　Ⅱ. 认购　Ⅲ. 确认　Ⅳ. 验资

A. Ⅰ、Ⅱ、Ⅲ　B. Ⅰ、Ⅲ、Ⅳ　C. Ⅱ、Ⅲ、Ⅳ　D. Ⅰ、Ⅱ、Ⅲ、Ⅳ

8. 证券公司是证券市场的主要中介机构，其专业化的中介服务包括(　　)。

Ⅰ. 证券经纪　Ⅱ. 投资咨询　Ⅲ. 资产管理　Ⅳ. 保荐与承销

A. Ⅱ、Ⅲ　B. Ⅰ、Ⅲ、Ⅳ

C. Ⅰ、Ⅱ、Ⅲ、Ⅳ　D. Ⅰ、Ⅱ、Ⅳ

9. 下列关于设立私募基金子公司的说法，正确的是(　　)。

Ⅰ. 每家证券公司设立的私募基金子公司原则上不超过一家

Ⅱ. 私募基金子公司及其下设基金管理机构将自有资金投资于本机构设立的私募基金的，对单只基金的投资金额不得超过该只基金总额的20%

Ⅲ. 私募基金子公司及其下设特殊目的机构可对外提供担保和贷款

Ⅳ. 私募基金子公司及其下设特殊目的机构不得成为对所投资企业的债务承担连带责任的出资人

A. Ⅰ、Ⅱ、Ⅲ　B. Ⅰ、Ⅱ、Ⅳ　C. Ⅰ、Ⅲ、Ⅳ　D. Ⅱ、Ⅲ、Ⅳ

10. 以下关于证券投资基金概念的表述，正确的是(　　)。

Ⅰ. 基金管理人按照基金的资产规模获得一定比率的管理费收入

Ⅱ. 证券投资基金是一种通过基金管理人专业资产管理的直接投资方式

Ⅲ. 证券投资基金的投资人共享投资收益，共担投资风险

Ⅳ. 证券投资基金是独立于管理人和托管人的资产

A. Ⅰ、Ⅱ、Ⅳ　B. Ⅰ、Ⅲ、Ⅳ　C. Ⅰ、Ⅱ、Ⅲ　D. Ⅱ、Ⅲ、Ⅳ

11. 股权类期货是以(　　)为基础资产的期货合约。

Ⅰ. 单只股票　Ⅱ. 股票组合　Ⅲ. 认股权证　Ⅳ. 股票价格指数

A. Ⅰ、Ⅱ　B. Ⅰ、Ⅱ、Ⅲ　C. Ⅲ、Ⅳ　D. Ⅰ、Ⅱ、Ⅳ

12. 关于证券公司缴纳证券投资者保护基金，下列说法正确的有(　　)。

Ⅰ. 证券公司应当缴纳的基金，按照证券公司佣金收入的一定比例预先提取

Ⅱ. 证券公司缴纳的基金，由中国证券业协会代扣代收

Ⅲ. 证券公司应在年度审计结束后，根据其审计后的收入和事先核定的比例确定需要缴纳的基金金额

Ⅳ. 证券公司在年度审计结束后，应当及时向证券投资者保护基金公司申报清缴

A. Ⅰ、Ⅱ、Ⅲ、Ⅳ　B. Ⅰ、Ⅱ

C. Ⅰ、Ⅲ、Ⅳ　D. Ⅱ、Ⅲ、Ⅳ

13. 关于有面额股票和无面额股票的说法中，正确的是(　　)。

Ⅰ. 同次发行的有面额股票的每股票面金额是相等的

Ⅱ. 我国股票发行价格可以按票面金额，也可以超过票面金额或低于票面金额

Ⅲ. 无面额股票又称比例股票

Ⅳ. 无面额股票只注明其在公司总股本中所占的比例

A. Ⅰ、Ⅱ、Ⅲ、Ⅳ　B. Ⅰ、Ⅱ、Ⅳ

C. Ⅰ、Ⅲ、Ⅳ　D. Ⅱ、Ⅳ

14. 关于清算与交收的联系，下列说法中正确的是(　　)。

Ⅰ. 清算在前，交收在后

Ⅱ. 清算与交收密不可分，清算与交收同步进行

Ⅲ. 清算结果正确才能保障交收的顺利进行

Ⅳ. 清算包括资金清算与证券清算，交收实现证券由卖方向买方的转移和对应的资金由买方向卖方转移

A. Ⅰ、Ⅳ　B. Ⅱ、Ⅲ、Ⅳ　C. Ⅰ、Ⅲ、Ⅳ　D. Ⅱ、Ⅲ

15. 在科创板发行审核注册制方面，中国证监会主要承担的职责有(　　)。

Ⅰ. 通过向发行人提出审核问询、发行人回答问题方式开展审核工作

Ⅱ. 负责科创板股票发行注册

Ⅲ. 对上海证券交易所审核工作进行监督

Ⅳ. 实施事前、事中、事后全过程监管

A. Ⅰ、Ⅲ B. Ⅱ、Ⅲ、Ⅳ C. Ⅰ、Ⅱ、Ⅳ D. Ⅱ、Ⅳ

16. 商业银行是以经营(　　)为主要业务，以盈利为主要经营目标的金融企业。

Ⅰ. 存款 Ⅱ. 贷款

Ⅲ. 代理客户买卖证券 Ⅳ. 办理转账结算

A. Ⅱ、Ⅲ B. Ⅰ、Ⅲ、Ⅳ

C. Ⅰ、Ⅱ、Ⅲ、Ⅳ D. Ⅰ、Ⅱ、Ⅳ

17. 国家股由(　　)持有。

Ⅰ. 国务院授权的部门

Ⅱ. 国务院授权的机构

Ⅲ. 财政部授权的部门

Ⅳ. 根据国务院规定，由地方人民政府授权的部门或机构

A. Ⅰ、Ⅱ、Ⅲ B. Ⅱ、Ⅲ C. Ⅰ、Ⅱ、Ⅳ D. Ⅰ、Ⅲ、Ⅳ

18. 证券投资基金是一种(　　)集合投资方式。

Ⅰ. 利益共享 Ⅱ. 业余理财 Ⅲ. 风险自担 Ⅳ. 风险共担

A. Ⅰ、Ⅱ B. Ⅰ、Ⅲ、Ⅳ C. Ⅰ、Ⅳ D. Ⅲ、Ⅳ

19. 为了更好地理解债券的收益率，我们引进"收益率曲线"这个概念。收益率曲线的基本类型有(　　)。

Ⅰ. 正向的 Ⅱ. 反向的 Ⅲ. 水平的 Ⅳ. 拱形的

A. Ⅰ、Ⅱ、Ⅲ B. Ⅱ、Ⅲ、Ⅳ

C. Ⅰ、Ⅲ、Ⅳ D. Ⅰ、Ⅱ、Ⅲ、Ⅳ

20. 下列关于大额可转让定期存单的说法中，正确的有(　　)。

Ⅰ. 有固定利率，也有浮动利率

Ⅱ. 利率高低取决于发行银行的信用评级

Ⅲ. 利率高低取决于存单的期限

Ⅳ. 利率高低取决于经济形势

A. Ⅰ、Ⅱ、Ⅲ B. Ⅰ、Ⅱ、Ⅲ、Ⅳ

C. Ⅰ、Ⅱ、Ⅲ、Ⅳ D. Ⅱ、Ⅲ、Ⅳ

21. 国务院金融稳定发展委员会重点关注的领域有(　　)。

Ⅰ. 影子银行 Ⅱ. 互联网金融

Ⅲ. 金融控股公司 Ⅳ. 资产管理行业

A. Ⅱ、Ⅲ B. Ⅰ、Ⅱ、Ⅲ、Ⅳ

C. Ⅰ、Ⅱ、Ⅲ D. Ⅰ、Ⅳ

22. 直接从基金资产中列支的有(　　)。

Ⅰ. 持有人大会费用 Ⅱ. 会计师费

Ⅲ. 赎回费 Ⅳ. 基金转换费

A. Ⅰ、Ⅱ、Ⅲ、Ⅳ B. Ⅰ、Ⅱ

C. Ⅰ、Ⅱ、Ⅳ D. Ⅲ、Ⅳ

23. 若中央银行计划降低货币供应量，需采取的操作工具有(　　)。

Ⅰ. 提高再贴现率 Ⅱ. 提高存款准备金率

Ⅲ. 正回购　　　　Ⅳ. 逆回购

A. Ⅰ、Ⅳ　　B. Ⅰ、Ⅱ、Ⅳ　　C. Ⅱ、Ⅲ　　D. Ⅰ、Ⅱ、Ⅲ

24. 在上海市场首次公开发行股票时，设初步询价日为6月30日(周四)，下列哪些投资者可以参与网下发行业务？(　　)

Ⅰ. 6月30日以前20个交易日，所持有上海市场非限售A股市值的日均值为5000万元

Ⅱ. 6月28日以前20个交易日，所持有上海市场非限售A股市值的日均值为1000万元

Ⅲ. 6月28日以前20个交易日，所持有上海A股流通市值的日均值为2000万元，其中非限售A股市值的日均值为1000万元

Ⅳ. 6月28日以前20个交易日，所持有上海市场A股流通市值的日均值为1000万元，其中非限售A股市值的日均值为500万元

A. Ⅱ、Ⅳ　　B. Ⅰ、Ⅳ　　C. Ⅰ、Ⅲ　　D. Ⅱ、Ⅲ

25. VaR方法可应用在(　　)。

Ⅰ. 绩效评价　　　　Ⅱ. 资产配置与投资决策

Ⅲ. 风险监管　　　　Ⅳ. 风险管理与控制

A. Ⅱ、Ⅳ　　B. Ⅰ、Ⅲ、Ⅳ　　C. Ⅰ、Ⅲ　　D. Ⅰ、Ⅱ、Ⅲ、Ⅳ

26. 已办理指定交易的投资者，根据需要可以变更指定交易，但投资者具有(　　)的情形时，交易参与人不得为其申报撤销指定交易。

Ⅰ. 撤销当日有交易行为　　　　Ⅱ. 撤销当日有申报

Ⅲ. 新股申购未到期　　　　Ⅳ. 因回购或其他事项未了结的

A. Ⅱ、Ⅲ、Ⅳ　　B. Ⅰ、Ⅲ

C. Ⅰ、Ⅱ、Ⅲ、Ⅳ　　D. Ⅰ、Ⅱ、Ⅳ

27. 申请办理股票非交易过户登记时，如果申请人涉及(　　)，还需要提供相关主管部门的批准文件。

Ⅰ. 过户股份涉及国有股东须履行国有资产监督管理机构批准或备案程序的

Ⅱ. 银行保险业上市公司股东持股变动达到6%的

Ⅲ. 证券业上市公司股东持股变动达到3%的

Ⅳ. 证券业挂牌公司股东持股变动达到2%的

A. Ⅱ、Ⅲ、Ⅳ　　B. Ⅰ、Ⅱ、Ⅲ　　C. Ⅰ、Ⅱ　　D. Ⅲ、Ⅳ

28. 下列关于金融期权的说法中，错误的有(　　)。

Ⅰ. 期权交易实际上是一种权利的双方面有偿让渡

Ⅱ. 期权的买方承担买卖基础工具的义务

Ⅲ. 期权的卖方可以选择履行合约

Ⅳ. 期权交易是对选择权的买卖

A. Ⅰ、Ⅳ　　B. Ⅱ、Ⅲ、Ⅳ　　C. Ⅰ、Ⅱ、Ⅲ　　D. Ⅰ、Ⅱ、Ⅳ

29. 在分析和评价风险严重性时，需要考虑(　　)。

Ⅰ. 风险损失的相对性

Ⅱ. 单一风险事件和所有风险事件产生的不同类型损失及其对主体的综合影响

Ⅲ. 综合考量风险发生的时间、持续的时间、发生频率等因素
Ⅳ. 考虑风险损失的绝对量，同时考虑到主体的风险承受能力
A. Ⅰ、Ⅱ、Ⅳ B. Ⅰ、Ⅲ、Ⅳ C. Ⅱ、Ⅲ、Ⅳ D. Ⅰ、Ⅱ、Ⅲ、Ⅳ

30. 银行间现券交易的询价交易方式下的报价方式包括(　　)。
Ⅰ. 意向报价 Ⅱ. 双向报价 Ⅲ. 对话报价 Ⅳ. 特定对象报价
A. Ⅰ、Ⅲ、Ⅳ B. Ⅰ、Ⅱ、Ⅲ C. Ⅱ、Ⅲ、Ⅳ D. Ⅰ、Ⅱ、Ⅳ

31. 为了保护投资者利益，大多数国家的(　　)不同程度地对投资者适当性问题作出了硬性规定或者原则性指引。
Ⅰ. 政府监管机构 Ⅱ. 行业自律组织
Ⅲ. 金融企业 Ⅳ. 上市公司
A. Ⅰ、Ⅲ、Ⅳ B. Ⅱ、Ⅲ、Ⅳ C. Ⅰ、Ⅱ、Ⅳ D. Ⅰ、Ⅱ、Ⅲ

32. 全国性社会保障基金属于国家控制的财政收入，主要用于支付(　　)，是社会福利网的最后一道防线。
Ⅰ. 退休金 Ⅱ. 救灾款 Ⅲ. 失业救济 Ⅳ. 市政建设
A. Ⅱ、Ⅳ B. Ⅰ、Ⅲ C. Ⅲ、Ⅳ D. Ⅰ、Ⅱ

33. 证券市场的形成得益于(　　)。
Ⅰ. 社会化大生产和商品经济的发展 Ⅱ. 股份制的发展
Ⅲ. 资本主义的诞生 Ⅳ. 信用制度的发展
A. Ⅰ、Ⅲ B. Ⅰ、Ⅱ、Ⅳ
C. Ⅰ、Ⅱ、Ⅲ、Ⅳ D. Ⅱ、Ⅳ

34. 证券公司应当按《证券公司融资融券业务管理办法》规定的有关条件和征信的要求制定选择客户的具体标准，一般主要包括(　　)。
Ⅰ. 从事证券交易时间 Ⅱ. 账户状态
Ⅲ. 投资风格及业绩 Ⅳ. 关联关系
A. Ⅰ、Ⅳ B. Ⅰ、Ⅲ、Ⅳ
C. Ⅱ、Ⅲ D. Ⅰ、Ⅱ、Ⅲ、Ⅳ

35. 证券投资基金的资产总值包括基金拥有的(　　)。
Ⅰ. 各类证券的价值 Ⅱ. 银行存款本息
Ⅲ. 基金应收的申购基金款 Ⅳ. 其他投资所形成的价值
A. Ⅰ、Ⅱ、Ⅳ B. Ⅲ、Ⅳ
C. Ⅰ、Ⅱ、Ⅲ、Ⅳ D. Ⅰ、Ⅱ

36. 目前我国发行的普通国债品种包括(　　)。
Ⅰ. 记账式国债 Ⅱ. 储蓄国债(凭证式)
Ⅲ. 储蓄国债(电子式) Ⅳ. 联名国债
A. Ⅰ、Ⅲ、Ⅳ B. Ⅰ、Ⅱ、Ⅲ、Ⅳ
C. Ⅰ、Ⅱ、Ⅲ D. Ⅱ、Ⅳ

37. 场外交易市场的功能包括(　　)。
Ⅰ. 拓宽融资渠道，改善大型国有企业融资环境
Ⅱ. 为暂不具备在证券交易所上市的证券提供流通转让的场所

Ⅲ. 拓宽融资渠道，改善中小企业融资环境

Ⅳ. 提供风险分层的金融资产管理渠道

A. Ⅱ、Ⅲ　　B. Ⅰ、Ⅱ、Ⅲ、Ⅳ

C. Ⅱ、Ⅲ、Ⅳ　　D. Ⅰ、Ⅳ

38. 可交换公司债券的担保物是预备用于交换的股票及其孳息，其中孳息包括(　　)。

Ⅰ. 资本公积转增股本　　Ⅱ. 送股

Ⅲ. 分红　　Ⅳ. 派息

A. Ⅰ、Ⅱ、Ⅲ、Ⅳ　　B. Ⅰ、Ⅲ、Ⅳ

C. Ⅰ、Ⅱ、Ⅳ　　D. Ⅱ、Ⅲ

39. 根据《中华人民共和国证券投资基金法》的规定，基金托管人职责终止的情形有(　　)。

Ⅰ. 被依法取消基金托管资格

Ⅱ. 被基金份额持有人大会解任

Ⅲ. 依法解散、被依法撤销、被依法宣告破产

Ⅳ. 因违法违规行为被监管机构调查

A. Ⅰ、Ⅱ、Ⅲ　　B. Ⅲ、Ⅳ

C. Ⅰ、Ⅱ、Ⅲ、Ⅳ　　D. Ⅰ、Ⅱ

40. 根据 ETF 跟踪具体指数的不同，股票型 ETF 可进一步细分为(　　)等。

Ⅰ. 全球指数 ETF　　Ⅱ. 综合指数 ETF

Ⅲ. 行业指数 ETF　　Ⅳ. 风格指数 ETF

A. Ⅰ、Ⅱ、Ⅲ、Ⅳ　　B. Ⅰ、Ⅱ、Ⅲ

C. Ⅰ、Ⅳ　　D. Ⅱ、Ⅲ、Ⅳ

41. 下列关于证券交易所的说法，正确的有(　　)。

Ⅰ. 会员大会是证券交易所的最高权力机构

Ⅱ. 理事会是证券交易所的决策机构

Ⅲ. 监事会是证券交易所的监督机构

Ⅳ. 证券交易所的总经理、副总经理、首席专业技术管理人员每届任期为五年

A. Ⅰ、Ⅱ、Ⅲ　　B. Ⅰ、Ⅱ、Ⅳ　　C. Ⅱ、Ⅲ、Ⅳ　　D. Ⅰ、Ⅲ

42. 下列关于国库券市场特点的说法中，正确的有(　　)。

Ⅰ. 违约风险小

Ⅱ. 具有高度的可流动性

Ⅲ. 相对其他货币市场产品而言，面额较小

Ⅳ. 国库券的发行可以满足财政部的临时性短缺资金需求

A. Ⅰ、Ⅱ　　B. Ⅱ、Ⅲ、Ⅳ

C. Ⅰ、Ⅲ、Ⅳ　　D. Ⅰ、Ⅱ、Ⅲ、Ⅳ

43. 下列选项中，属于 ETF 和 LOF 共同特点的有(　　)。

Ⅰ. 可以申购、赎回　　Ⅱ. 可以场内交易

Ⅲ. 报价频率相同　　Ⅳ. 申购、赎回的场所相同

A. Ⅱ、Ⅲ、Ⅳ　　B. Ⅰ、Ⅱ、Ⅲ、Ⅳ

C. Ⅰ、Ⅱ　　D. Ⅰ、Ⅲ

44. 下列金融期权属于实值期权的是(　　)。

Ⅰ. 看涨期权协定价格低于金融工具市场价格

Ⅱ. 看涨期权协定价格高于金融工具市场价格

Ⅲ. 看跌期权协定价格低于金融工具市场价格

Ⅳ. 看跌期权协定价格高于金融工具市场价格。

A. Ⅱ、Ⅲ　　B. Ⅰ、Ⅲ　　C. Ⅰ、Ⅳ　　D. Ⅱ、Ⅳ

45. 下列关于科创板重点服务的行业领域的说法中，正确的有(　　)。

Ⅰ. 新一代信息技术领域　　Ⅱ. 新材料领域

Ⅲ. 节能环保领域　　Ⅳ. 新能源领域

A. Ⅰ、Ⅱ、Ⅲ、Ⅳ　　B. Ⅰ、Ⅲ、Ⅳ

C. Ⅱ、Ⅲ、Ⅳ　　D. Ⅰ、Ⅱ、Ⅳ

46. 金融债券发行的目的是(　　)。

Ⅰ. 增强负债的稳定　　Ⅱ. 缓解短期资金周转不灵

Ⅲ. 获得长期资金来源　　Ⅳ. 扩大资产业务

A. Ⅰ、Ⅱ、Ⅲ　　B. Ⅱ、Ⅲ、Ⅳ　　C. Ⅰ、Ⅲ、Ⅳ　　D. Ⅰ、Ⅱ、Ⅳ

47. 下列关于金融机构次级债的说法中，正确的有(　　)。

Ⅰ. 商业银行次级债的募集方式为既可以向目标债权人定向募集，也可以公开募集

Ⅱ. 保险公司次级债的清偿顺序于保单责任和其他负债之后，先于保险公司股权资本

Ⅲ. 保险公司次级债务的偿还只有在确保偿还次级债务本息后偿付能力充足率不低于100%的前提下，募集人才能偿付本息

Ⅳ. 证券公司次级债有长期次级债和短期次级债，都可以按比例计入净资本

A. Ⅱ、Ⅲ　　B. Ⅱ、Ⅲ、Ⅳ　　C. Ⅰ、Ⅱ　　D. Ⅰ、Ⅲ

48. 下列关于新股网上网下申购的说法，正确的有(　　)。

Ⅰ. 首次公开发行股票采用询价方式的，公开发行股票后总股本在4亿股(含)以下的，网下初始发行比例不低于本次公开发行股票数量的60%

Ⅱ. 首次公开发行股票采用询价方式的，发行后总股本超过4亿股的，网下初始发行比例不低于本次公开发行股票数量的70%

Ⅲ. 首次公开发行股票网下投资者申购数量低于网下初始发行量的，发行人和主承销不得将网下发行部分向网上回拨，应当中止发行

Ⅳ. 网上投资者申购数量不足网上初始发行量的，不得回拨给网下投资者

A. Ⅰ、Ⅱ、Ⅲ、Ⅳ　　B. Ⅰ、Ⅳ

C. Ⅱ、Ⅲ　　D. Ⅰ、Ⅱ、Ⅲ

49. 下列关于货币乘数的说法，正确的有(　　)。

Ⅰ. 货币乘数与存款准备金率有关

Ⅱ. 货币乘数描述的是基础货币供给之间的倍数关系

Ⅲ. 法定存款准备金率越高货币乘数越大

Ⅳ. 多数情况下提现率不影响货币乘数

A. Ⅲ、Ⅳ　　B. Ⅰ、Ⅱ、Ⅲ、Ⅳ

C. Ⅰ、Ⅱ　　D. Ⅱ、Ⅲ

50. 下列关于10年期国债期货合约的说法中，正确的是(　　)。

Ⅰ. 上市的10年期国债期货合约交易代码为T

Ⅱ. 实行到期实物交割

Ⅲ. 标的为面值1000万元人民币、票面利率6%的名义长期国债

Ⅳ. 挂牌合约为最近的3个季月，最低交易保证金为2%

A. Ⅱ、Ⅲ、Ⅳ　B. Ⅰ、Ⅱ、Ⅳ　C. Ⅱ、Ⅳ　D. Ⅰ、Ⅱ、Ⅲ、Ⅳ

《金融市场基础知识》机考题库·真题试卷(六)
参考答案及详解

一、**选择题**(共50题，每题1分，共50分)以下备选项中只有1项符合题目要求，不选、错选均不得分。

1. 【答案】A

【解析】报价驱动是一种连续交易商市场，也被称为做市商市场。在这一市场中，证券交易的买价和卖价都由做市商给出，做市商将根据市场的买卖力量和自身情况进行证券的双向报价。投资者之间并不直接成交，而是从做市商手中买进证券或向做市商卖出证券。做市商的收入来源是买卖证券的差价。

2. 【答案】B

【解析】证券登记结算公司依据《证券法》履行以下职能：①证券账户、结算账户的设立；②证券的存管和过户；③证券持有人名册登记；④证券交易的清算和交收；⑤受发行人的委托派发证券权益；⑥办理与上述业务有关的查询、信息服务；⑦国务院证券监督管理机构批准的其他业务。B项，证券公司直接为投资者开立资金结算账户。

3. 【答案】C

【解析】存托凭证(Depositary Receipts，DR)是指在一国证券市场流通的代表外国公司有价证券的可转让凭证。存托凭证一般代表外国公司股票，有时也代表债券。存托凭证也被称为预托凭证。美国存托凭证出现后，各国根据各自情况相继推出了适合本国的存托凭证，比如全球存托凭证(以下简称“GDR”)、国际存托凭证(以下简称“IDR”)。

4. 【答案】A

【解析】对于股票已经被证券交易所决定终止上市交易的强制退市公司，证券交易所应当设置“退市整理期”，在其退市前给予30个交易日的股票交易时间。创业板交易类退市不再设置退市整理期，科创板设置30个交易日的退市整理期。

5. 【答案】C

【解析】《注册会计师执行证券、期货相关业务许可证管理规定》规定，财政部和中国证券监督管理委员会对注册会计师、会计师事务所执行证券、期货相关业务实行许可证管理。注册会计师、会计师事务所执行证券、期货相关业务，必须取得证券、期货相关业务许可证。

6. 【答案】A

【解析】货币的时间价值是指货币随时间的推移而发生的增值。货币具有时间价值的原因在于，人们认为对于一定数量的货币，越早得到，其价值越高。因为不同时点单位货币的价值不相等，所以，不同时点货币不宜直接比较价值，需要折算到同一时点上才能比较。

7. 【答案】A

【解析】网上投资者有效申购倍数超过50倍、低于100倍(含)的，应当从网下向网上回拨，回拨比例为本次公开发行股票数量的20%；网上投资者有效申购倍数超过100倍的，回拨比例为本次公开发行股票数量的 40%；网上投资者有效申购倍数超过 150 倍的，回拨后无锁定网下发行比例不超过本次公开发行股票数量的10%。其中所指公开发行股票数量应按照扣除设定限售期的股票数量计算。网上投资者申购数量不足网上初始发行量的，可回拨给网下投资者。

8. 【答案】A

【解析】营业收入快速增长，拥有自主研发、国际领先技术，同行业竞争中处于相对优势地位的尚未在境外上市红筹企业，以及存在表决权差异安排的发行人，申请在科创板上市的，市值及财务指标应当至少符合下列标准之一：①预计市值不低于人民币 100 亿元。②预计市值不低于人民币 50 亿元，且最近一年营业收入不低于人民币 5 亿元。

9. 【答案】A

【解析】金融衍生工具从其自身交易的方法和特点可以分为金融远期合约、金融期货、金融期权、金融互换和结构化金融衍生工具。从基础工具分类角度，金融衍生工具可以划分为股权类产品的衍生工具、货币衍生工具、利率衍生工具、信用衍生工具以及其他衍生工具其中信用衍生工具主要包括信用互换、信用联结票据以及信用风险缓释合约、信用风险缓释凭证等信用风险缓释工具。

10. 【答案】C

【解析】1988 年国际清算银行制定的《巴塞尔协议》规定，开展国际业务的银行必须将其资本对加权风险资产的比率维持在 8% 以上，其中核心资本至少为总资本的 50%。这一要求促使各国银行大力拓展表外业务，相继开发了既能增进收益又不扩大资产规模的金融衍生工具，如期权、互换、远期利率协议等。

11. 【答案】C

【解析】基金托管费是指基金托管人为基金提供托管服务而向基金收取的费用。我国的基金管理费、基金托管费及基金销售服务费均是按照前一日基金资产净值的一定比例逐日计提，按月支付。

12. 【答案】D

【解析】ABC 项，债券估值的基本原理就是现金流贴现。债券投资者持有债券，会获得利息和本金偿付。把现金流入用适当的贴现率进行贴现并求和，便可得到债券的理论价格。债券发行条款规定了债券的现金流，在不发生违约事件的情况下，债券发行人应按照发行条款向债券持有人定期偿付利息和本金。D 项，债券的付息方式（浮动、可调、固定）、债券的币种（单一货币、双币债券）等因素都会影响债券的现金流。

13. 【答案】D

【解析】系统风险是指由于多种因素的影响和变化，导致投资者风险增大，从而给投资者带来损失的可能性，又被称为“不可分散风险”或“不可回避风险”。

14. 【答案】D

【解析】基金托管人的职责主要体现在资产保管、资金清算、会计复核以及对投资运作的监督等方面。在我国，基金托管人只能由依法设立并取得基金托管资格的商业银行或其他金融机构承担。

15. 【答案】D

【解析】我国债券市场分为场内市场和场外市场。场外市场包括银行间市场和银行间柜台市场，前者的市场参与者限于机构，属于场外债券批发市场；后者参与者限于个人，属于场外债券零售市场。场内市场包括上海证券交易所和深圳证券交易所。

16. 【答案】C

【解析】我国现有股份期货合约中的标的指数包括：①沪深 300 股指期货合约的合约标的为沪深 300 指数；②中证 500 股指期货合约的合约标的为中证 500 指数；③上证 50 股指期货合约的合约标的为上证 50 指数。

17. 【答案】A

【解析】资产收益权和剩余资产分配权直接体现了普通股股东对股份公司的剩余索取权。资产收益权是股东按照其持有的股份比例分取股利的权利。剩余资产分配权是在公司解散清算时股东按照其持有的股份比例获取剩余财产的权利。

18. 【答案】A

【解析】BCD 三项，中国证券业协会的最高权力机构是由全体会员组成的会员大会，理事会为其执行机构。中国证券业协会实行会长负责制。中国证券业协会会员由单位会员构成，包括法定会员、普通会员和特别会员，另设观察员。

19. 【答案】B

【解析】融券保证金比例是指投资者融券卖出时交付的保证金与融券交易金额的比例。融券保证金比例是指投资者融券卖出时交付的保证金与融券交易金额的比例。其计算公式为：融券保证金比例 = 保证金/(融券卖出证券数量 × 卖出价格) × 100%。

20. 【答案】B

【解析】ACD 三项，债券买卖交易中有公开报价、对话报价、双边报价和小额报价四种报价方式。公开报价是指参与者为表明自身交易意向而面向市场作出的、不可直接确认成交的报价。对话报价是指参与者为达成交易而直接向交易对手方作出的、对手方确认即可成交的报价。双边报价是银行间债券市场开展双边报价业务的交易员进行现券买卖报价时，在中国人民银行核定的债券买卖差价范围内连续报出该券种的买卖实价，并同时报出该券种的买卖数量、清算速度等交易要素。小额报价是在交易系统中，一次报价、规定交易数量范围和对手范围的现券单向撮合交易方式。

21. 【答案】A

【解析】货币市场基金在每日进行利润分配时，当日申购的基金份额自下一个交易日起享有基金的分配权益，当日赎回的基金份额自下一个交易日起不享有基金的分配权益，但中国证监会认定的特殊货币市场基金品种除外。

22. 【答案】D

【解析】证券法律业务指律师事务所接受当事人委托，为其证券发行、上市和交易等证券业务活动提供的制作、出具法律意见书等文件的法律服务。

23. 【答案】C

【解析】当扩张性货币政策引起货币(准备金和存款)增加时，银行的可贷资金也相应增加。对银行信贷比较依赖的企业的筹资额度也会扩大，这会刺激企业的投资支出，最终会扩大社会总产出。货币政策信用传导机制中银行信贷渠道的运行机制可表示为：货币供应量↑→银行存款和贷款↑→投资↑→总产出↑。

24. 【答案】D

【解析】证券托管是指投资者将持有的证券委托给证券公司保管，并由后者代为处理有关证券权益事务的行为。证券存管是指证券公司将投资者交给其保管的证券以及自身持有的证券统一交给证券登记结算机构保管，并由后者代为处理有关证券权益事务的行为。

25.【答案】B

【解析】在机构投资者中，证券经营机构是证券市场上最为活跃的投资者，其以自有资本、营运资金和受托投资资金进行证券投资。我国证券经营机构主要为证券公司。按照《中华人民共和国证券法》的规定，证券公司可以通过从事证券自营业务和证券资产管理业务，以自己的名义或代其客户进行证券投资。

26.【答案】A

【解析】分离交易的可转换公司债券是认股权证和公司债券的组合产品，该种产品中的公司债券和认股权证可在上市后分别交易，即发行时是组合在一起的，上市后自动拆分成公司债券和认股权证。这种债券的购买者可以按预先规定的条件在公司发行股票时享有优先购买权。

27.【答案】D

【解析】AC 两项，开放式基金的非交易过户，是指不采用申购、赎回等交易方式，将一定数量的基金份额按照一定规则从某一投资者基金账户转移到另一投资者基金账户的行为。接受划转的主体必须是合格的个人投资者或机构投资者。B 项，基金份额的转换常常会收取一定的转换费用，尽管如此，由于基金份额的转换不需要先赎回已持有的基金再购买另一基金，综合费用仍有优势。

28.【答案】C

【解析】资产负债表是商业银行业务活动的总括反映。商业银行的主要业务包括负债业务、资产业务和表外业务。

29.【答案】B

【解析】在不采用信用交易的情况下，客户必须用自己账户上的资金买入证券，或者卖出自己账户上实际存在的证券。因此，证券经纪商在受理客户委托买卖证券时，要查验证实客户的资金及证券。

30.【答案】A

【解析】基金管理费率通常与基金规模成反比，与风险成正比。基金规模越大，风险程度越低，基金管理费率越低。我国积极管理的股票基金一般按照年管理费率 1.5% 的比例计提管理费，指数基金和债券基金的年管理费率一般为 0.3% ~1.0%，货币市场基金的年管理费率一般为 0.15% ~0.33%。从基金类型看，证券衍生工具基金的基金管理费率最高。股票基金居中，债券基金次之，货币市场基金最低。

31.【答案】B

【解析】沪伦通，是指上交所与伦交所的互联互通机制。初期从存托凭证起步。沪伦通存托凭证业务包括东西两个业务方向。东向业务是指符合条件的伦交所上市公司在上交所主板上市中国存托凭证。西向业务是指符合条件的上交所的 A 股上市公司在伦交所主板发行上市全球存托凭证。

32.【答案】A

【解析】养老目标基金是指以追求养老资产的长期稳健增值为目的，鼓励投资人长期持有，采用成熟的资产配置策略，合理控制投资组合波动风险的公开募集证券投资基金。养老目标基金应当采用基金中基金形式或中国证监会认可的其他形式运作。

33. 【答案】C

【解析】证券公司可以为单一投资者设立单一资产管理计划，也可以为多个投资者设立集合资产管理计划。集合资产管理计划的投资者人数不少于 2 人，不得超过 200 人。

34. 【答案】B

【解析】1987 年，我国第一家专业性证券公司——深圳特区证券公司成立；1988 年，国债柜台交易正式启动。之后，各省(市)陆续组建了一批证券公司、信托投资公司、财务公司、保险公司、中小商业银行以及财政系统陆续设立了证券营业网点。这些机构的出现形成了证券公司的雏形，在我国证券市场的早期探索试验中扮演了重要角色。

35. 【答案】B

【解析】股份公司在首次公开发行股票并在证券交易所上市以后，还会因增发和定向增发、配股、公积金转增股本、股份回购、可转换债券转换为股票、股票分割和合并等而引起公司股份总数的变动并对股票价格产生影响。

36. 【答案】C

【解析】实行与科创板板块特征、上市公司特点相适应的退市制度。退市的标准更加多元客观，减少可调节、可粉饰的空间。财务类指标方面，不再采用单一的连续亏损退市指标，而是在定性基础上作出定量规定，多维度刻画丧失持续经营能力的主业“空心化”企业的基本特征，引入“扣非净利润为负且营业收入低于一个亿”的退市指标，体现持续经营能力方面的要求。

37. 【答案】C

【解析】向不特定对象公开募集股份，简称增发，是股份公司向不特定对象公开募集股份的增资方式。增发的目的是向社会公众募集资金，扩大股东人数，分散股权，增强股票的流通性，并可避免股份过分集中。公募增资的股票价格大都以市场价格为基础，是常用的增资方式。

38. 【答案】C

【解析】债券划分种类有很多，依据不同的标准会有不同的分类，具体如下：①按发行主体，债券可以分为政府债券、金融债券和公司债券；②按债券形态，债券可以分为实物债券、凭证式债券和记账式债券；③按期限长短，债券可以分为短期债券、中期债券和长期债券；④按付息方式，债券可以分为零息债券、附息债券和息票累积债券。

39. 【答案】A

【解析】我国上市证券的集中交易主要采用净额结算方式，结算参与人必须按照货银对付原则的要求，根据清算结果，向证券登记结算公司足额交付其应付的证券和资金，并为交易行为提供交收担保。结算参与人未按时履行交收义务，证券登记结算公司有权按照业务规则处理其证券、资金和担保物。

40. 【答案】D

【解析】特殊目的机构是一个以资产证券化为唯一目的的、独立的信托实体，有时也可以由发起人设立。注册后的特殊目的机构的活动受法律的严格限制，其资本化程度很低，资金全部来源于发行证券的收入。

41. 【答案】A

【解析】科创板市场是我国首个实行注册制的场内市场，是我国多层次资本市场体系的重要组成部分。科创板的开板，标志着我国证券交易所市场逐步确立了由主板（含中小板）、科创板、创业板、新三板构成的多层次资本市场体系框架。

42. 【答案】C

【解析】证券投资基金与股票、债券筹集资金的投向不同，股票和债券是直接投资工具，筹集的资金主要投向实业领域，而基金是间接投资工具，筹集的资金主要投向有价证券等金融工具。

43. 【答案】D

【解析】中国证券监督管理委员会（简称“中国证监会”）是国务院直属事业单位，是全国证券、期货市场的主管部门，依照法律、法规和国务院授权，统一监督管理全国证券期货市场，维护证券期货市场秩序，保障其合法运行。

44. 【答案】A

【解析】2018 年 10 月 25 日，民政部发布的《慈善组织保值增值投资活动管理暂行办法》规定，自 2019 年 1 月 1 日起慈善组织开展投资活动应采用下列方式：①直接购买银行、信托、证券、基金、期货、保险资产管理机构、金融资产投资公司等金融机构发行的资产管理产品；②通过发起设立、并购、参股等方式直接进行股权投资；③将财产委托给受金融监督管理部门监管的机构进行投资。

45. 【答案】C

【解析】持有期收益率，是指买入债券到卖出债券期间所获得的年平均收益，它与到期收益率的区别仅仅在于末笔现金流是卖出价格而非债券到期偿还金额。

46. 【答案】B

【解析】人民币普通股票账户简称“A 股账户”，A 股账户是我国目前用途最广、数量最多的一种通用型证券账户，可用于买卖人民币普通股票、债券和证券投资基金。B 项，B 股即人民币特种股票，不在 A 股账户交易。

47. 【答案】A

【解析】中国人民银行发布的《全国银行间债券市场债券交易规则》规定：银行间市场的交易方式包括询价交易方式和点击成交交易方式。询价交易方式，是指交易双方自行协商确定交易价格以及其他交易要素的交易方式，包括报价、格式化询价和确认成交三个步骤。点击成交交易方式，是指报价方发出具名或匿名的要约报价，受价方点击该报价后成交或由限价报价直接与之匹配成交的交易方式。

48. 【答案】D

【解析】证券金融公司开展转融通业务，应当以自己的名义，在证券登记结算机构分别开立转融通专用证券账户、转融通担保证券账户、转融通证券交收账户。

49. 【答案】C

【解析】股票是一种有价证券，它是股份有限公司在筹集资本时向投资者签发的证明股东所持股份和享有权益的凭证。股票实质上代表了股东对股份公司净资产的所有权，这种所有权是一种综合权利，股东凭借股票可以获得公司的股息和红利，参加股东大会并行使自己投票表决、参与公司重大决策等权利，同时也承担相应的责任与风险。

50. 【答案】B

【解析】限价委托是指客户向证券经纪商发出买卖某种股票的指令时，对买卖的价格作出限定。即在买入股票时，限定一个最高价，只允许证券经纪人按其规定的最高价或低于最高价的价格成交，在卖出股票时，则限定一个最低价。限价委托的最大特点是，股票的买卖可按照投资人希望的价格或者更好的价格成交，有利于投资人实现预期投资计划。

二、组合型选择题(共50题，每题1分，共50分)以下备选项中只有1项最符合题目要求，不选、错选均不得分。

1. 【答案】B

【解析】中国当前的金融监管体制已经从“一行三会”过渡到了“一委一行两会”，即国务院金融稳定发展委员会、中国人民银行、中国证券监督管理委员会以及中国银行保险监督管理委员会。

2. 【答案】C

【解析】机构投资者在金融市场中的作用主要包括以下四个方面：①有利于改善储蓄转化为投资的机制与效率，促进直接融资；②有利于促进不同金融市场之间的有机结合与协调发展，健全金融市场运行机制；③有利于分散金融风险，促进金融体系的稳定运行；④有利于实现社会保障体系与宏观经济的良性互动发展。

3. 【答案】C

【解析】Ⅰ、Ⅱ两项，金融期货交易双方都无权违约，也无权要求提前交割或推迟交割，而只能在到期前的任一时间通过反向交易实现对冲或到期进行交割。而在对冲或到期交割前，价格的变动必然使其中一方盈利而另一方亏损，其盈利或亏损的程度决定于价格变动的幅度。因此，从理论上说，金融期货交易中双方潜在的盈利和亏损都是无限的。Ⅲ、Ⅳ两项，从理论上说，期权购买者在交易中的潜在亏损是有限的，仅限于所支付的期权费，而可能取得的盈利却是无限的；期权出售者在交易中所取得的盈利是有限的，仅限于所收取的期权费，而可能遭受的损失却是无限的。

4. 【答案】A

【解析】根据《国家发展改革委关于推进企业债券市场发展、简化发行核准程序有关事项的通知》，企业债券筹集资金的用途包括：①固定资产投资项目；②收购产权(股权)；③调整债务结构；④补充营运资金。

5. 【答案】D

【解析】公开发行企业债券必须符合下列条件：①股份有限公司的净资产额不低于3000万元，有限责任公司和其他类型企业的净资产额不低于6000万元。②累计债券余额不超过发行人净资产(不包括少数股东权益)的40%。③最近3年平均可分配利润(净利润)足以支付债券1年的利息。④筹集的资金投向符合国家产业政策，所需相关手续齐全。⑤债券的利率由企业根据市场情况确定，但不得超过国务院限定的利率水平。⑥已发行的企业债券或者其他债务未处于违约或者延迟支付本息的状态。⑦最近3年没有重大违法违规行为。

6. 【答案】B

【解析】Ⅳ项，信用评级机构应完整保存评级业务开展过程中的资料、文档、记录和报告等业务信息。业务档案的保存期限应不低于10年，且不低于债务融资工具存续期满或受评主体违约后5年。

7. 【答案】A

【解析】在基金募集期内购买基金份额的行为通常被称为基金的认购。开放式基金认购一般分为开户、认购与确认三个步骤：①开户。投资人认购开放式基金，一般通过基金管理人或管理人委托的商业银行、证券公司等基金销售机构办理。②认购。投资人在办理开放式基金认购申请时，须填写认购申请表，并须按销售机构规定的方式全额缴款。③确认。销售机构对认购申请的受理并不代表该申请一定成功，而仅代表销售机构接受了认购申请，申请的成功与否应以注册登记机构的确认结果为准。

8. 【答案】C

【解析】根据《证券法》，我国证券公司的主要业务包括证券经纪业务，证券投资咨询业务，与证券交易、证券投资活动有关的财务顾问业务，证券承销与保荐业务，证券自营业务，证券资产管理业务，融资融券业务，证券做市交易业务，证券公司中间介绍(IB)业务，私募投资基金业务和另类投资业务等。

9. 【答案】B

【解析】私募基金子公司及其下设特殊目的机构不得对外提供担保和贷款，不得成为对所投资企业的债务承担连带责任的出资人。

10. 【答案】B

【解析】Ⅱ项，从本质上来说，证券投资基金是一种间接透过基金管理人代理投资的一种方式，投资人通过基金管理人的专业资产管理，以期得到比自行管理更高的报酬。

11. 【答案】D

【解析】股权类期货是以单只股票、股票组合或者股票价格指数为基础资产的期货合约。股票价格指数期货是以股票价格指数为基础变量的期货交易，是为适应人们控制股市风险，尤其是系统性风险的需要而产生的。单只股票期货是以单只股票作为基础工具的期货，买卖双方约定，以约定的价格在合约到期日买卖规定数量的股票。股票组合的期货是金融期货中最新的一类，是以标准化的股票组合为基础资产的金融期货。

12. 【答案】C

【解析】Ⅱ项，证券公司应当缴纳的基金，按照证券公司佣金收入的一定比例预先提取，并由中国证券登记结算有限责任公司代扣代收。

13. 【答案】C

【解析】按是否在股票票面上标明金额，股票可以分为有面额股票和无面额股票。有面额股票是指在股票票面上记载一定金额的股票。无面额股票又称为比例股票或份额股票，是指在股票票面上不记载股票面额，只注明它在公司总股本中所占比例的股票。Ⅱ项，我国《公司法》规定，股票发行价格可以按票面金额，也可以超过票面金额，但不得低于票面金额。

14. 【答案】C

【解析】证券交易成交后，首先要对买方在资金方面的应付额和在证券方面的应收种类和数量进行计算，同时也要对卖方在资金方面的应收额和在证券方面的应付种类和数量进行计算。这一过程属于清算，包括资金清算和证券清算。清算结束后，需要完成证券由卖方向买方转移和对应的资金由买方向卖方转移，这一过程属于交收。

15. 【答案】B

【解析】中国证监会主要承担以下三个方面的职责：①负责科创板股票发行注册；②对上海证券交易所审核工作进行监督；③实施事前、事中、事后全过程监管。

16. 【答案】D

【解析】商业银行在各国金融体系中起着举足轻重的作用，其业务经营活动直接影响实体经济的运行。商业银行是以经营存、放款，办理转账结算为主要业务，以盈利为主要经营目标的金融企业。

17. 【答案】C

【解析】国家股是指有权代表国家投资的部门或机构以国有资产向公司投资形成的股份，包括公司现有国有资产折算成的股份。国家股由国务院授权的部门或机构持有，或根据国务院决定，由地方人民政府授权的部门或机构持有。

18. 【答案】C

【解析】证券投资基金是指通过向投资者募集资金，形成独立基金财产，由专业投资机构（基金管理人）进行基金投资与管理，由基金托管人进行资产托管，由基金投资人共享投资收益、共担投资风险的集合投资方式。其特点包括：①集合理财、专业管理；②组合投资，分散风险；③利益共享，风险共担；④严格监管，信息透明；⑤独立托管，保障安全。

19. 【答案】D

【解析】从形状上来看，债券收益率曲线主要包括四种类型：①正向的，表示期限越长的债券利率越高。②反向的，表示期限越长的债券利率越低。③水平的，表示不同期限的债券利率相等，通常是正利率曲线与反利率曲线转化过程中出现的暂时现象。④拱形的，表示期限相对较短的债券，利率与期限呈正向关系；期限相对较长的债券，利率与期限呈反向关系。

20. 【答案】A

【解析】大额可转让定期存单，是银行印发的一种定期存款凭证，凭证上印有一定的票面金额、存入和到期日以及利率，到期后可按票面金额和规定利率提取全部本利，逾期存款不计息。利率既有固定的，也有浮动的，一般比同期限的定期存款的利率高；不能提前支取，但是可以在二级市场上流通转让。利率高低取决于发行银行的信用评级和存单的期限。

21. 【答案】B

【解析】国务院金融稳定发展委员会目前重点关注四方面问题：①影子银行，使影子银行业务回归银行资产负债表；②资产管理行业，理顺和精简对资产管理行业的监管；③互联网金融，加强互联网金融业务的持牌监管，健全互联网金融监管长效机制；④金融控股公司，对跨部门交易出台相应的监管政策。

22. 【答案】B

【解析】可以从基金财产中列支的费用包括：①基金管理人的管理费；②基金托管人的托管费；③基金合同生效后的会计师费和律师费；④基金份额持有人大会费用；⑤基金

的证券交易费用；⑥按照国家有关规定和基金合同规定可以在基金财产中列支的其他费用。

23. 【答案】D

【解析】Ⅰ项，中央银行提高再贴现率，表示货币供应量将趋于减少。Ⅱ项，法定准备率越高，则银行吸收的存款用于贷款的数额就越少，货币供应量也会越少。Ⅲ项，正回购为中国人民银行向一级交易商卖出有价证券，并约定在未来特定日期买回有价证券的交易行为，正回购为央行从市场上收回流动性的操作，正回购到期则为央行向市场投放流动性的操作。

24. 【答案】D

【解析】《首次公开发行股票网下投资者管理细则》规定，发行人和主承销商应要求参与首发股票项目网下申购业务的网下投资者指定的股票配售对象，以首发股票项目初步询价开始前2个交易日为基准日，其在项目发行上市所在证券交易所基准日前20个交易日(含基准日)的非限售股票的流通市值日均值应为1000万元(含)以上。

25. 【答案】D

【解析】相对于以往的风险度量方法，VaR具有全面性、简明性、实用性，这决定了VaR在金融风险管理中有着广泛的应用基础，主要表现在风险管理与控制、资产配置和投资决策、绩效评价和风险监管等方面。

26. 【答案】C

【解析】证券账户具有下列情形之一的，交易参与人不得为其申报撤销指定交易：①撤销当日有交易行为的；②撤销当日有申报的；③新股申购未到期的；④因回购或其他事项未了结的；⑤相关机构未允许撤销的。

27. 【答案】C

【解析】《证券非交易过户业务实施细则》规定，申请人在申请办理非交易过户登记时，涉及以下情形的，申请人还需提交以下材料：①过户股份涉及国有股东须履行国有资产监督管理机构批准或备案程序的，需提交国有资产监督管理机构或者国家出资企业出具的批准或备案文件。②银行保险业上市公司、挂牌公司的股东持股变动达到或者超过总股本5%的，需提交中国银行保险业监督管理委员会的批准文件。③证券业上市公司、挂牌公司的股东持股变动达到或者超过总股本5%的，需提交中国证券监督管理委员会的批准文件。④其他需行政审批或备案后方可办理的过户业务，需提交有关主管部门的批准或备案文件。法律法规、部门规章以及规范性文件另有规定的，从其规定。

28. 【答案】C

【解析】期权又被称为选择权，是指其持有者能在规定的期限内按交易双方商定的价格购买或出售一定数量的基础工具的权利。期权交易就是对这种选择权的买卖。期权交易实际上是一种权利的单方面有偿让渡。期权的买方以支付一定数量的期权费为代价而拥有了这种权利，但不承担必须买进或卖出的义务；期权的卖方则在收取了一定数量的期权费后，在一定期限内必须无条件服从买方的选择并履行成交时的允诺。

29. 【答案】D

【解析】在分析和评价风险严重性时，需要考虑的因素包括：①风险损失的相对性，即不仅要考虑风险损失的绝对量也要考虑主体的风险承受能力；②考虑单一风险事件和所有风险事件产生的不同类型损失及其对主体的综合影响，既要考虑直接损失和有形损失，也要考虑间接损失和无形损失；③要综合考量风险发生的时间、持续时间、发生频率等因素，以提升对风险影响评估的科学性。

30. 【答案】B

【解析】询价交易方式是指交易双方自行协商确定交易价格以及其他交易要素的交易方式，询价交易方式下，报价包括意向报价、双向报价和对话报价三种报价方式。

31. 【答案】D

【解析】出于保护投资者尤其是中小投资者的利益，大多数国家和地区的政府监管机构、行业自律组织以及金融企业不同程度地对投资者适当性问题作出了硬性规定或者原则性指引。

32. 【答案】B

【解析】全国性社会保障基金属于国家控制的财政收入，主要用于支付失业救济和退休金，是社会福利网的最后一道防线，对资金的安全性和流动性要求非常高。而由企业控制的企业年金的资金运作周期长，对账户资产增值有较高要求，但对投资范围限制不多。

33. 【答案】B

【解析】证券市场的形成得益于三个方面：①社会化大生产和商品经济的发展。随着生产力的发展，社会分工日益复杂，商品经济日益社会化，社会化大生产产生了对巨额资金的需求，客观上需要有一种新的筹集资金的机制以适应社会经济进一步发展的要求。②股份制的发展。股份公司的建立、公司股票和债券的发行，为证券市场的产生提供了现实的基础和客观的要求。③信用制度的发展。信用工具一般都有流通变现的要求，而证券市场为有价证券的流通、转让创造了条件。

34. 【答案】D

【解析】证券公司应当按《证券公司融资融券业务管理办法》规定的有关条件和征信的要求制定选择客户的具体标准，一般主要包括：①从事证券交易时间。②账户状态。③信誉状况。④资产状况。⑤投资风格及业绩。⑥关联关系。

35. 【答案】C

【解析】基金资产总值是指一个基金所拥有的资产(包括现金、股票、债券和其他有价证券及其他资产)于每个营业日收市后，根据收盘价计算出来的总资产价值。基金资产总值是指基金所拥有的各类证券的价值、银行存款本息、基金应收的申购基金款以及其他投资所形成的价值总和。

36. 【答案】C

【解析】1981 年后我国发行的国债品种有普通国债及其他类型国债。目前我国发行的普通国债有记账式国债、储蓄国债(凭证式)和储蓄国债(电子式)。

37. 【答案】C

【解析】场外交易市场是我国多层次资本市场体系的重要组成部分，主要具备以下功能：①拓宽融资渠道，改善中小企业融资环境；②为不能在证券交易所上市交易的证券提供流通转让的场所；③提供风险分层的金融资产管理渠道。

38. 【答案】A

【解析】预备用于交换的股票的孳息包括：①资本公积转增股本；②送股；③分红；④派息。该股票及其孳息用于对债券持有人交换股份和本期债券本息偿付提供担保。

39. 【答案】A

【解析】《中华人民共和国证券投资基金法》规定，有下列情形之一的，基金托管人职责终止：被依法取消基金托管资格；被基金份额持有人大会解任；依法解散、被依法撤销或者被依法宣告破产；基金合同约定的其他情形。

40. 【答案】A

【解析】ETF通常是以某一选定的指数所包含的成分证券为投资对象，依据构成指数的证券种类和比例，采用完全复制或抽样复制的方法进行被动投资的指数型基金。根据ETF跟踪的指数不同，可分为股票型ETF、债券型ETF等。根据ETF跟踪具体指数的不同，股票型ETF可进一步细分为全球指数ETF、综合指数ETF、行业指数ETF和风格指数ETF(如成长型、价值型等)等。

41. 【答案】A

【解析】证券交易所的组织形式分为公司制和会员制。我国上海证券交易所和深圳证券交易所均采用会员制组织形式。Ⅰ项，会员制交易所的最高权力机构是会员大会；Ⅱ项，会员制证券交易所的决策机构是理事会。Ⅲ项，证券交易所的监督机构是监事会。Ⅳ项，证券交易所的总经理、副总经理、首席专业技术管理人员每届任期三年。

42. 【答案】D

【解析】国库券市场的特点有：违约风险小；具有高度的流动性；相对其他货币市场产品而言，面额较小；国库券的发行可以满足财政部的临时性短缺资金需求。

43. 【答案】C

【解析】LOF与ETF都具备开放式基金可以申购、赎回和场内交易的特点。与ETF不同，LOF不一定采用指数基金模式，也可以是主动管理型基金；同时，申购和赎回均以现金进行，对申购和赎回没有规模上的限制，可以在交易所申购、赎回，也可以在代销网点进行。LOF所具有的可以在场内外申购、赎回以及场内外转托管的制度安排，使LOF不会出现封闭式基金大幅度折价交易的现象。

44. 【答案】C

【解析】实值期权是指具有内在价值的期权。当看涨期权的敲定价格低于相关期货合约的当时市场价格时，该看涨期权具有内涵价值。当看跌期权的敲定价格高于相关期货合约的当时市场价格时，该看跌期权具有内涵价值。

45. 【答案】A

【解析】上海证券交易所在《上海证券交易所科创板企业上市推荐指引》中指出，根据创业板定位，保荐机构优先推荐三类企业和六大领域的科技创新企业上市。其中，六大领域包括：①新一代信息技术领域。②高端装备领域。③新材料领域。④新能源领域。⑤节能环保领域。⑥生物医药领域。

46. 【答案】C

【解析】金融债券是银行及非银行金融机构依照法定程序发行并约定在一定期限内还本付息的有价证券。金融债券的发行目的有：①改善负债结构；②增强负债的稳定；③获得长期资金来源；④扩大资产业务。

47. 【答案】A

【解析】I 项，次级定期债务的募集方式为商业银行向目标债权人定向募集，目标债权人为企业法人。Ⅳ项，证券公司短期次级债务不计入净资本。

48. 【答案】D

【解析】Ⅳ项，网上投资者申购数量不足网上初始发行量的，可回拨给网下投资者。

49. 【答案】C

【解析】中央银行发行的基础货币，包括社会流通中的现金和银行体系中作为准备金的存款。商业银行可以根据基础货币，创造出倍数的货币供给额，其中，基础货币和货币供给之间的倍数关系，被称为货币乘数。货币乘数与准备金率和提现率有关，与法定存款准备金率呈反比关系。

50. 【答案】B

【解析】Ⅲ项，据中国金融期货交易所公布的国债期货合约，上市的 10 年期国债期货合约的标的为面值 100 万元人民币、票面利率 3%的名义长期国债。

证券业从业人员一般从业资格考试辅导系列

金融市场基础知识

高频考点

主编：圣才学习网
www.100xuexi.com

中国石化出版社

目　录

第一章　金融市场体系

高频考点一：金融市场的功能

金融市场的功能包括资金融通（首要功能）、价格发现、提供流动性、风险管理、降低搜寻成本和信息成本。

高频考点二：直接融资与间接融资的区别

区别	直接融资	间接融资
特点	资金获得的直接性	资金获得的间接性
	融资的分散性	融资的相对集中性
	融资的信誉有较大的差异性	融资信誉的差异性相对较小
	部分融资方式具有不可逆性	全部具有可逆性（即可返还性）
	融资者有相对较强的自主性	融资的主动权主要掌握在金融中介机构手中
融资方式	①股票市场融资；②债券市场融资；③风险投资融资；④商业信用融资；⑤民间借贷	①银行信用融资；②消费信用融资；③租赁融资
主要区别	融资过程中资金的需求者与资金的供给者是否直接形成债权债务关系	

高频考点三：金融市场的分类

（1）按金融资产到期期限划分，将金融市场划分为货币市场和资本市场。

（2）按交易工具分为债权市场和权益市场。

（3）按发行流通性质分为一级市场和二级市场。

（4）按组织方式分为交易所市场和场外交易市场。

（5）按交割方式分为现货市场和衍生品市场。

（6）按金融资产的种类分为证券市场和非证券金融市场。

（7）按辐射地域分为国际金融市场和国内金融市场。

高频考点四：全球金融体系的参与者

全球金融体系的主要参与者包括金融公司、非金融公司、住户、为住户服务的非营利机构、广义政府、公共部门。

第二章　中国的金融体系与多层次资本市场

高频考点一：我国金融市场的发展现状

我国已经逐渐形成了一个由货币市场、债券市场、股票市场、外汇市场、黄金市场、商品期货市场和金融衍生品市场等构成的，具有交易场所多层次、交易品种多样化和交易机制多元化等特征的金融市场体系。

(1)货币市场。我国货币市场建设始于1984年银行间同业拆借市场的建立，目前已经形成包括银行间同业拆借市场、短期债券市场、债券回购市场和票据贴现市场在内的统一的货币市场格局。

(2)债券市场。我国债券交易市场分为场外市场和场内市场。

(3)股票市场。我国多层次股票市场体系初步形成。

(4)外汇市场。外汇市场发展与汇率市场化改革、资本开放进程、人民币国际化齐头并进，相辅相成。

(5)黄金市场。

(6)商品期货市场。我国已成立了上海期货交易所、大连商品交易所和郑州商品交易所三大商品期货交易所。

(7)金融衍生品市场。2006年9月，中国金融期货交易所正式成立，成为我国首家金融衍生品交易所。2010年4月16日，中国金融期货交易所推出沪深300股指期货合约，标志着我国金融衍生品市场进入稳步发展阶段。中国金融期货交易所目前已经上市交易沪深300、上证50、中证500股指期货，2年期、5年期、10年期国债期货6个金融期货品种。2015年2月9日，我国首个场内金融期权——上证50ETF期权，在上海证券交易所正式上市交易。

高频考点二：影响我国金融市场运行的主要因素

影响我国金融市场运行的主要因素是经济因素、法律因素、市场因素、技术因素、心理因素、体制或管理因素、其他因素。

(1)经济因素

经济因素是影响我国金融市场运行的最重要因素。经济因素包括经济增长、经济周期波动、政府宏观经济政策及特定的财政金融行为等混合因素，还包括国际经济环境因素。影响金融市场运行的四个主要宏观经济变量是国内生产总值、经济周期、通货膨胀与利率、汇率和国际资本流动。影响金融市场的宏观经济政策主要包括货币政策、财政政策、收入政策。国际经济环境因素包括经济全球化、放松管制和加强管制两种经济哲学的交替以及世界货币制度的影响。

(2)法律因素

(3)市场因素

包括国内和国际统一的市场组织、丰富的市场交易品种、市场的交易机制或市场模式等因素。

(4)技术因素

(5)心理因素

投机的成功与否，很大程度上取决于人们对资产价格走势的预期与实际情况是否相符。

(6)体制或管理因素

(7)其他因素

影响金融市场的其他因素还包括文化因素、人口因素等。

高频考点三：我国金融市场的监管体制

中国当前的金融监管体制已经从“一行三会”过渡到了“一委一行两会”，即国务院金融稳定发展委员会、中国人民银行、中国证券监督管理委员会以及中国银行保险监督管理委员会。中国证券监督管理委员会作为国务院负责证券期货业监督管理的正部级事业单位，根据法律、法规和国务院授权，对全国证券、期货市场实行集中统一监督管理。

高频考点四：中央银行的职能

中国人民银行是我国的中央银行，它的主要职能可概括为“发行的银行”“银行的银行”“政府的银行”。

(1)发行的银行

“发行的银行”是指中央银行垄断货币发行权，是全国唯一有权发行货币的机构。货币发行权经国家以法律形式授予，中央银行还对调节货币供应量、保证货币流通的正常与稳定负有责任。

(2)银行的银行

“银行的银行”是指中央银行与商业银行之间带有管理和被管理性质的特殊关系，它只与商业银行和其他金融机构发生业务往来，并不与企业和个人发生直接的信用关系。中央银行面向银行等金融机构提供的服务包括：①集中保管商业银行的存款准备金；②作为商业银行的最后贷款人；③组织全国商业银行之间的清算。

(3)政府的银行

“政府的银行”是指中央银行代表国家制定和执行货币政策，处理对外金融关系，为国家提供各种金融服务。作为“政府的银行”，其具体职能包括：①代理国库收支；②代理国家债券的发行；③对政府提供信贷；④代表政府管理金融活动，制定、发布并监督执行有关金融监管和业务的命令及规章，负责金融业的统计、调查、分析和预测；⑤持有、管理、经营国家外汇储备和黄金储备；⑥代表政府参加国际金融组织活动，进行国际金融合作。

高频考点五：存款准备金制度

存款准备金制度，是指国家以法律形式规定存款性金融机构所吸收的存款必须按一定比例，向中央银行缴纳一定准备金的制度。法定准备率越高，则银行吸收的存款用于贷款的数额就越少，货币供应量也会越少；反之，则越多。超额准备金是商业银行准备金中超过法定的部分。

高频考点六：货币乘数

货币乘数指基础货币和货币供给之间的倍数关系。货币乘数的计算公式为：$m=1/r=(c+1)/(c+r+e)$。其中：m 为货币乘数，r 为法定准备金率，c 为提现率，e 为超额准备金率。

高频考点七：货币政策的目标

(1)最终目标：稳定物价、充分就业、促进经济增长、金融稳定、平衡国际收支。

(2)中介目标：选取必须符合以下标准：可测性、可控性、相关性、抗干扰性和适应性。

(3)操作目标：操作目标的选择在很大程度上取决于中介目标的选择。

高频考点八：货币政策工具

货币政策工具可分为一般性货币政策工具、选择性货币政策工具及其他政策工具。

(1)一般性货币政策工具：实施对象是整体经济和金融活动，主要包括存款准备金制度、再贴现政策和公开市场业务三大工具。

(2)选择性货币政策工具：希望在不影响货币供应总量的情况下，对某些具体用途的信贷数量产生影响，主要包括消费者信用控制、证券市场信用控制、不动产信用控制，除此之外，还有直接信用控制和间接信用控制等。

(3)创新型货币政策工具：主要包括短期流动性调节工具(SLO)、常备借贷便利(SLF)、抵押补充贷款(PSL)、中期借贷便利(MLF)、临时流动性便利(TLF)、临时准备金动用安排(CRA)以及定向中期借贷便利(TMLF)等。

高频考点九：货币政策的传导机制

货币政策的传导机制的一般过程是：货币政策工具→操作目标→中介目标→最终目标。具体的传导机制包括四个。

(1)利率传导机制：货币供应量↑→实际利率↓→投资↑→总产出↑。

(2)信用传导机制：货币供应量↑→银行存款和贷款↑→投资↑→总产出↑。

(3)资产价格传导机制：货币供应量↑→股价↑→托宾q↑→投资↑→总产出↑。

(4)汇率传导机制：货币供应量↑→实际利率↓→汇率↓→净出口↑→总产出↑。

高频考点十：我国的多层次资本市场

我国逐渐建立起包含沪深证券交易所的主板市场、科创板市场、创业板市场和全国中小企业股份转让系统、区域股权交易市场、券商柜台市场、机构间私募产品报价与服务系统、私募基金市场等内容的多层次资本市场体系。其中，主板市场、科创板市场、创业板市场和全国中小企业股份转让系统属于场内市场，区域股权交易市场、券商柜台市场、机构间私募产品报价与服务系统和私募基金市场属于场外市场。

科创板的开板，标志着我国证券交易所市场逐步确立了由主板、科创板、创业板、新三板构成的多层次资本市场体系框架。

高频考点十一：主板市场

主板市场是一个国家或地区证券发行、上市及交易的主要场所，一般而言，各国主要的证券交易所代表着国内主板市场。主板市场对发行人的营业期限、股本大小、盈利水平、最低市值等方面的要求标准较高，上市企业多为大型成熟企业，具有较大的资本规模以及稳定的盈利能力。相对创业板市场而言，主板市场是资本市场中最重要的组成部分，很大程度上能够反映国家或地区的经济发展状况，有“宏观经济晴雨表”之称。

上海、深圳证券交易所是我国证券市场的主板市场。上海证券交易所于1990年12月19日正式营业；深圳证券交易所于1991年7月3日正式营业。

高频考点十二：科创板

(1)发行条件

①发行后股本总额不低于人民币3000万元；②首次公开发行的股份达到公司股份总数

的 25% 以上；③公司股本总额超过人民币 4 亿元的，首次公开发行股份的比例为 10% 以上；④市值和财务指标满足规定的标准等其他条件。

（2）科创板服务的企业类型和行业领域

《上海证券交易所科创板企业发行上市申报及推荐暂行规定》规定，申报科创板发行上市的发行人，应当属于下列行业领域的高新技术产业和战略性新兴产业：

①新一代信息技术领域，主要包括半导体和集成电路、电子信息、下一代信息网络、人工智能、大数据、云计算、软件、互联网、物联网和智能硬件等。

②高端装备领域，主要包括智能制造、航空航天、先进轨道交通、海洋工程装备及相关服务等。

③新材料领域，主要包括先进钢铁材料、先进有色金属材料、先进石化化工新材料、先进无机非金属材料、高性能复合材料、前沿新材料及相关服务等。

④新能源领域，主要包括先进核电、大型风电、高效光电光热、高效储能及相关服务等。

⑤节能环保领域，主要包括高效节能产品及设备、先进环保技术装备、先进环保产品、资源循环利用、新能源汽车整车、新能源汽车关键零部件、动力电池及相关服务等。

⑥生物医药领域，主要包括生物制品、高端化学药、高端医疗设备与器械及相关服务等。

⑦符合科创板定位的其他领域。

（3）发行审核制度

科创板的发行审核实行注册制。

高频考点十三：创业板市场

创业板市场又被称为二板市场，是为具有高成长性的中小企业和高科技企业融资服务的资本市场。与主板市场相比，在创业板市场上市的企业规模较小、上市条件相对较低，中小企业更容易上市募集发展所需资金。

经国务院同意、中国证监会批准，我国创业板市场于 2009 年 10 月 23 日在深圳证券交易所正式启动。

高频考点十四：全国中小企业股份转让系统

全国中小企业股份转让系统，又被称为“新三板”，是经国务院批准设立的全国性的证券交易场所，成立于 2012 年 9 月 20 日，主要为创新型、创业型、成长型中小微企业发展服务。

第三章　证券市场主体

高频考点一：证券市场融资活动的特点

(1)证券融资是一种直接融资。

(2)证券融资是一种强市场性的金融活动。

(3)证券融资是在由各种中介机构组成的证券中介服务体系的支持下完成的。

(4)证券融资是一种长期融资。

高频考点二：证券发行人

证券发行人主要包括政府及其机构、企业(公司)和金融机构。

(1)政府和政府机构

政府发行债券所筹集的资金既可以用于协调财政资金短期周转、弥补财政赤字、兴建政府投资的大型基础性的建设项目，也可以用于实施某种特殊的政策，在战争期间还可以用于弥补战争费用的开支。

(2)企业(公司)

企业的组织形式可分为独资制、合伙制和公司制。现代公司主要采取股份有限公司和有限责任公司两种形式，其中，只有股份有限公司才能发行股票。

(3)金融机构

金融机构作为证券市场的发行主体，既发行债券，也发行股票。

高频考点三：金融债券的特点

金融债券作为债券的一种特殊类型，它具有以下特点：

(1)金融债券表示的是银行等金融机构与金融债券持有者之间的债权债务关系；

(2)金融债券一般不记名、不挂失，但可以抵押和转让；

(3)我国金融债券的发行对象主要为个人，利息收入可免征个人收入所得税和个人收入调节税；

(4)金融债券的利息不计复利，不能提前支取，延期兑付亦不计逾期利息；

(5)金融债券的利率固定，一般都高于同期储蓄利率；

(6)我国发行过金融债券所筹集的资金一般都专款专用，如建设银行曾发行的投资债券，其主要用途就是为国家大、中型建设项目筹措资金。

高频考点四：机构投资者与个人投资者

(1)机构投资者

机构投资者与个人投资者相对应，只要是在证券市场上从事投资及相关活动的法人机构，均是一般意义上的机构投资者。机构投资者的特点是：①投资资金规模化；②投资管理专业化；③投资结构组合化；④投资行为规范化。机构投资者在金融市场中的作用主要包括以下四个方面：

①发展机构投资者有利于改善储蓄转化为投资的机制与效率，促进直接金融市场的发展。

②发展机构投资者有利于促进不同金融市场之间的有机结合与协调发展，健全金融市场

的运行机制。

③发展机构投资者有利于分散金融风险，促进金融体系的稳定运行。

④发展机构投资者有利于实现社会保障体系与宏观经济的良性互动发展。

(2)个人投资者

个人投资者指从事证券投资的社会自然人，他们是证券市场最广泛的投资主体，具有分散性和流动性。个人投资者的特点是：①资金规模有限；②专业知识相对匮乏；③投资行为具有随意性、分散性和短期性；④投资的灵活性强。

高频考点五：金融机构投资者

金融机构类投资者，是指进行证券投资、从事金融资产交易的金融机构，包括证券经营机构、银行业金融机构、保险经营机构以及其他金融机构(信托投资公司、企业集团财务公司和金融租赁公司等)。

高频考点六：合格境外机构投资者

合格境外机构投资者和人民币合格境外机构投资者(QFII)，是指经中国证券监督管理委员会批准，使用来自境外的资金进行境内证券期货投资的境外机构投资者。

我国对申请合格境外投资者资格所应具备的条件要求如下：

(1)财务稳健，资信良好，具备证券期货投资经验；

(2)境内投资业务主要负责人员符合申请人所在境外国家或者地区有关从业资格的要求(如有)；

(3)治理结构、内部控制和合规管理制度健全有效，按照规定指定督察员负责对申请人境内投资行为的合法合规性进行监督；

(4)经营行为规范，近3年或者自成立以来未受到监管机构的重大处罚；

(5)不存在对境内资本市场运行产生重大影响的情形。

高频考点七：合格境内机构投资者

合格境内机构投资者(QDII)，是指符合《合格境内机构投资者境外证券投资管理试行办法》规定，经中国证监会批准在中华人民共和国境内募集资金，运用所募集的部分或者全部资金以资产组合方式进行境外证券投资管理的境内基金管理公司和证券公司等证券经营机构。

QDII可投资于下列金融产品或工具：

(1)银行存款、可转让存单、银行承兑汇票、银行票据、商业票据、回购协议、短期政府债券等货币市场工具。

(2)政府债券、公司债券、可转换债券、住房按揭支持证券、资产支持证券等及经中国证监会认可的国际金融组织发行的证券。

(3)已与中国证监会签署双边监管合作谅解备忘录的国家或地区证券市场挂牌交易的普通股、优先股、全球存托凭证和美国存托凭证、房地产信托凭证。

(4)在已与中国证监会签署双边监管合作谅解备忘录的国家或地区证券监管机构登记注册的公募基金。

(5)与固定收益、股权、信用、商品指数、基金等标的物挂钩的结构性投资产品。

(6)远期合约、互换及在已与中国证监会签署双边监管合作谅解备忘录的国家或地区交易所上市交易的权证、期权、期货等金融衍生产品。

高频考点八：证券公司

（1）证券公司的定义

证券公司指依照《公司法》和《证券法》设立的经营证券业务的有限责任公司或股份有限公司。在我国，设立证券公司必须经国务院证券监督管理机构审查批准。

（2）证券公司的监管制度

证券公司的监管制度主要包括证券公司业务许可制度、以诚信与资质为标准的市场准入制度、分类监管制度、以净资本和流动性为核心的风险监控和预警制度、合规管理制度、客户交易结算资金第三方存管制度、信息报送与披露制度等。

（3）证券公司的主要业务

我国证券公司的主要业务包括证券经纪业务，证券投资咨询业务，与证券交易、证券投资活动有关的财务顾问业务，证券承销与保荐业务，证券自营业务，证券资产管理业务，融资融券业务，证券做市交易业务，证券公司中间介绍（IB）业务，私募投资基金业务和另类投资业务等。

①证券经纪业务。又被称为代理买卖证券业务，是指证券公司接受客户委托代客户买卖有价证券的业务。在证券经纪业务中，证券公司只收取一定比例的佣金作为业务收入。经纪委托关系的建立表现为开户和委托两个环节。

②证券投资咨询业务。是指从事证券投资咨询业务的机构及其咨询人员为证券投资人或者客户提供证券投资分析、预测或者建议等直接或者间接有偿咨询服务的活动。

③财务顾问业务。是指与证券交易、证券投资活动有关的咨询、建议、策划业务。

④证券承销。是指证券公司代理证券发行人发行证券的行为。发行人向不特定对象公开发行的证券，法律、行政法规规定应当由证券公司承销的，发行人应当同证券公司签订承销协议。证券承销业务可以采取代销或者包销方式。

⑤证券自营业务。是指证券公司以自己的名义，以自有资金或者依法筹集的资金，为本公司买卖在境内证券交易所上市交易的证券，在境内银行间市场交易的政府债券、国际开发机构人民币债券、央行票据、金融债券、短期融资券、公司债券、中期票据和企业债券，以及经中国证监会批准或者备案发行并在境内金融机构柜台交易的证券，以获取盈利的行为。证券公司开展自营业务，需要取得证券监管部门的业务许可。

⑥证券资产管理业务。证券公司可以为单一投资者设立单一资产管理计划，也可以为多个投资者设立集合资产管理计划。集合资产管理计划的投资者人数不少于两人，不得超过200人。

⑦融资融券业务。证券公司开展融资融券业务，必须经中国证监会批准。证券公司在向客户融资融券前，应当办理客户征信，了解客户的身份、财产与收入状况、证券投资经验和风险偏好，并以书面和电子方式予以记载、保存，并收取一定比例的保证金。

⑧中间介绍业务。证券公司受期货公司委托从事中间介绍业务，应当提供的服务包括：协助办理开户手续；提供期货行情信息、交易设施；中国证监会规定的其他服务。但证券公司不得代理客户进行期货交易、结算或者交割，不得代期货公司、客户收付期货保证金，不得利用证券资金账户为客户存取、划转期货保证金。

高频考点九：证券公司设立另类子公司的要求

（1）具有健全的公司治理结构，完善有效的内部控制机制、风险管理制度和合规管理制度，防范与另类子公司之间出现风险传递和利益冲突；

(2)具备中国证监会核准的证券自营业务资格；

(3)最近六个月内各项风险控制指标符合中国证监会及协会的相关要求，且设立另类子公司后，各项风险控制指标仍持续符合规定；

(4)最近一年未因重大违法违规行为受到刑事或行政处罚，且不存在因涉嫌重大违法违规正受到监管部门和有关机关调查的情形；

(5)公司章程有关条款中明确规定公司可以设立另类子公司，并经注册地中国证监会派出机构审批；

(6)中国证监会及中国证券业协会规定的其他条件。

高频考点十：证券服务机构

证券服务机构包括证券投资咨询机构、财务顾问机构、资信评级机构、资产评估机构、会计师事务所、律师事务所、信息技术系统服务机构等。从事证券投资咨询业务，必须依法取得中国证监会的业务许可。

高频考点十一：转融通业务

转融通业务是指证券金融公司将自有或者依法筹集的资金和证券出借给证券公司，以供其办理融资融券业务的经营活动。

证券金融公司开展转融通业务，可以使用下列资金和证券：

(1)自有资金和证券。

(2)通过证券交易所的业务平台融入的资金和证券。

(3)通过证券金融公司的业务平台融入的资金。

(4)依法筹集的其他资金和证券。

证券金融公司向证券公司转融通的期限一般不得超过6个月。转融通的期限，自资金或者证券实际交付之日起算。证券金融公司应对转融通标的证券暂停交易、终止交易和其他特殊情形下转融通期限的顺延或者缩短作出约定。证券金融公司开展转融通业务，应当向证券公司收取一定比例的保证金，确定并公布可充抵保证金证券的种类和折算率。保证金可以证券充抵，但货币资金占应收取保证金的比例不得低于15%。

高频考点十二：证券交易所

(1)定义

证券交易所是证券买卖双方公开交易的场所，是一个高度组织化、集中进行证券交易的市场，它是整个证券市场的核心。证券交易所本身并不进行证券买卖，也不决定证券价格，而是为证券交易提供场所和设施，配备必要的管理和服务人员，并对证券交易进行周密的组织和严格的管理，使证券交易顺利进行且有一个稳定、公开、高效的系统。

(2)特征

①有固定的交易场所和交易时间；②参加交易者为具备会员资格的证券经营机构，交易采取经纪制度，即一般投资者不能直接进入交易所买卖证券，只能委托会员作为经纪人间接进行交易；③交易的对象限于合乎一定标准的上市证券；④通过公开竞价的方式决定交易价格；⑤集中证券的供求双方，具有较高的成交速度和成交率；⑥实行“公开、公平、公正”原则，并对证券交易进行严格管理。

(3)职能

①提供证券交易的场所、设施和服务；②制定和修改证券交易所的业务规则；③依法审核公开发行证券申请；④审核、安排证券上市交易，决定证券终止上市和重新上市；⑤提供非公开发行证券转让服务；⑥组织和监督证券交易；⑦对会员进行监管；⑧对证券上市交易公司及相关信息披露义务人进行监管；⑨对证券服务机构为证券上市、交易等提供服务的行为进行监管；⑩管理和公布市场信息；⑪开展投资者教育和保护；⑫法律、行政法规规定的以及中国证监会许可、授权或者委托的其他职能。

(4)组织形式

证券交易所的组织形式包括公司制和会员制两种。公司制证券交易所组织机构由股东大会、董事会、监事会和经理层构成。股东大会是公司制证券交易所的最高权力机构，董事会是股东大会的执行机构和经营决策机构，监事会是监督机构，经理层负责日常的经营管理活动。会员制证券交易所是一个由会员自愿组成的、不以营利为目的的社会法人团体。会员制证券交易所设会员大会、理事会、总经理和监事会。

高频考点十三：会员大会

会员大会每年召开一次，由理事会召集，理事长主持。理事长因故不能履行职责时，由理事长指定的副理事长或者其他理事主持。有下列情形之一的，应当召开临时会员大会：①理事人数不足规定的最低人数；②1/3 以上会员提议；③理事会或者监事会认为必要。

会员大会应当有 2/3 以上的会员出席，其决议须经出席会议的会员过半数表决通过。会员大会结束 10 个工作日内，证券交易所应当将全部文件及有关情况向中国证监会报告。

高频考点十四：理事会

理事会设理事长 1 人，副理事长 1 至 2 人。总经理应当是理事会成员，理事长是证券交易所的法定代表人。理事长不得兼任证券交易所总经理。

理事会会议至少每季度召开一次，会议须有 2/3 以上理事出席，其决议应当经出席会议的 2/3 以上理事表决同意方为有效。理事会决议应当在会议结束后两个工作日内向中国证监会报告。

高频考点十五：监事会

证券交易所监事会人员不得少于 5 人，其中会员监事不得少于 2 名，职工监事不得少于 2 名，专职监事不得少于 1 名。监事每届任期 3 年。会员监事由会员大会选举产生，职工监事由职工大会、职工代表大会或者其他形式民主选举产生，专职监事由中国证监会委派。证券交易所理事、高级管理人员不得兼任监事。

监事会至少每 6 个月召开一次会议。监事长、1/3 以上监事可以提议召开临时监事会会议。监事会决议应当经半数以上监事通过。监事会决议应当在会议结束后两个工作日内向中国证监会报告。

高频考点十六：中国证券业协会

中国证券业协会是证券业的自律性组织，是社会团体法人，具有独立法人地位。中国证券业协会采取会员制的组织形式，权力机构为全体会员组成的会员大会，理事会为其执行机构。中国证券业协会章程由会员大会制定，并报中国证监会备案。中国证券业协会会员由单位会员构成，包括法定会员、普通会员和特别会员，另设观察员。

高频考点十七：证券登记结算公司

设立证券登记结算公司必须经国务院证券监督管理机构批准。根据《证券法》，设立证券登记结算公司应当具备下列条件：①自有资金不少于人民币 2 亿元；②具有证券登记、存管和结算服务所必需的场所和设施；③国务院证券监督管理机构规定的其他条件。证券登记结算机构履行下列职能：

(1)证券账户、结算账户的设立。

(2)证券的存管和过户。

(3)证券持有人名册登记。

(4)证券交易的清算和交收。

(5)受发行人的委托派发证券权益。

(6)办理与上述业务有关的查询、信息服务。

(7)国务院证券监督管理机构批准的其他业务。

高频考点十八：证券市场监管

(1)证券市场监管的原则

①依法监管原则；②保护投资者利益原则；③“三公”原则，公开、公平、公正；④监督与自律相结合的原则。

(2)证券市场监管的目标

①保护投资者利益；②保证证券市场的公平、效率和透明；③降低系统性风险。

(3)证券市场监管手段

证券市场监管手段包括法律手段、经济手段和行政手段。

(4)证券市场监管机构

我国证券市场逐步形成了以国务院证券监督管理机构、国务院证券监督管理机构的派出机构、证券交易所、国务院批准的其他全国性证券交易场所、行业协会和证券投资者保护基金为一体的监管体系和自律管理体系。其中，国务院证券监督管理机构由中国证券监督管理委员会及其派出机构组成。中国证券监督管理委员会(简称“中国证监会”)成立于1992 年 10 月，是国务院直属事业单位，核心职责为“两维护、一促进”，即维护市场公开、公平、公正，维护投资者特别是中小投资者的合法权益，促进资本市场健康发展。

高频考点十九：投服中心的职责与主要业务

投服中心的职责与主要业务包括：①面向投资者开展公益性宣传和教育；②公益性持有证券等品种，以股东身份或证券持有人身份行权；③受投资者委托，提供调解等纠纷解决服务；④为投资者提供公益性诉讼支持及其相关工作；⑤中国投资者网站的建设、管理和运行维护；⑥调查、监测投资者意愿和诉求，开展战略研究与规划；⑦代表投资者，向政府机构、监管部门反映诉求；⑧中国证监会委托的其他业务。

第四章 股票

高频考点一：股票

(1)股票的定义

股票是一种有价证券，是股份有限公司在筹集资本时向投资者签发的证明股东所持股份和享有权益的凭证。股票实质上代表了股东对股份公司净资产的所有权，这种所有权是一种综合权利，股东凭借股票可以获得公司的股息和红利，参加股东大会并行使自己投票表决、参与公司重大决策等权利，同时也承担相应的责任与风险。

(2)股票的性质

①股票是有价证券。股票本身没有价值，但股票是一种代表财产权的有价证券。②股票是要式证券。③股票是证权证券。④股票是资本证券。股票是一种虚拟资本。⑤股票是综合权利证券。股东依法享有资产收益、重大决策、选择管理者等权利。

(3)股票的特征

收益性、价格波动性和风险性、流动性、永久性、参与性。

(4)股票的分类

①按股东享有权利的不同，股票可以分为普通股票和特别股票；

②按是否记载股东姓名，股票可以分为记名股票和无记名股票；

③按是否在股票票面上标明金额，股票可以分为有面额股票和无面额股票；

④按投资主体的不同性质，股票可以分为国家股、法人股、社会公众股和外资股等。

高频考点二：股份变动

股份公司在首次公开发行股票并在证券交易所上市以后，还会因增发和定向增发、配股、公积金转增股本、股份回购、可转换债券转换为股票、股票分割和合并等而引起公司股份总数的变动并对股票价格产生影响。

(1)增发和定向增发。增发是股份公司向不特定对象公开募集股份的行为，定向增发是股份公司采用非公开方式向特定对象发行股票的行为。增发或定向增发之后，公司注册资本和股份相应增加。

(2)配股。配股是上市公司向原股东配售股份的行为。原股东可以参与配股，也可以放弃配股权。

(3)资本公积金转增股本。

(4)股份回购。

(5)可转换债券转换为股票。

(6)股票分割和合并。不论是分割还是合并，将增加或减少股份总数和股东持有股票的数量，但并不改变公司的实收资本和每位股东所持股东权益占公司全部股东权益的比重。

高频考点三：普通股股东的权利与义务

按照我国《公司法》的规定，普通股股东享有以下权利：①公司重大决策参与权；②公司资产收益权和剩余资产分配权；③其他权利，包括知情权、处置权、优先认股权。优先认股权是指当股份公司为增加公司资本而决定增加发行新的股票时，原普通股股东享有的按其持股比例，以低于市价的某一特定价格优先认购一定数量新发行股票的权利。

普通股股东负有以下义务：①出资义务。股东可以用货币出资，也可以用实物、知识产权、土地使用权等可以用货币估价并可以依法转让的非货币财产作价出资；②不得滥用股东权利的义务。

高频考点四：股东大会

股东大会应当每年召开一次年会。有下列情形之一的，应当在两个月内召开临时股东大会：①董事人数不足《公司法》规定人数或者公司章程所定人数的 2/3 时；②公司未弥补的亏损达实收股本总额 1/3 时；③单独或者合计持有公司 10% 以上股份的股东请求时；④董事会认为必要时；⑤监事会提议召开时；⑥公司章程规定的其他情形。

股东出席股东大会会议，所持每一股份有一表决权。股东大会作出决议，必须经出席会议的股东所持表决权过半数通过。但是，股东大会作出修改公司章程、增加或者减少注册资本的决议，以及公司合并、分立、解散或者变更公司形式的决议，必须经出席会议的股东所持表决权的 2/3 以上通过。

高频考点五：优先股

(1)优先股的定义

优先股是指依照公司法，在一般规定的普通种类股份之外，另行规定的其他种类股份，其股份持有人优先于普通股股东分配公司利润和剩余财产，但参与公司决策管理等权利受到限制。

其“优先”主要体现在：①通常具有固定的股息(类似债券)，并须在派发普通股股息之前派发；②在破产清算时，优先股股东对公司剩余财产的权利先于普通股股东，但在债权人之后。

(2)优先股的特征

①优先股收益相对固定；②优先股可以先于普通股获得股息；③优先股的清偿顺序先于普通股，而次于债权人；④优先股的权利范围小。

高频考点六：外资股

外资股按上市地域，可以分为境内上市外资股和境外上市外资股。

(1)境内上市外资股

境内上市外资股原来是指股份有限公司向境外投资者募集并在我国境内上市的股份，投资者限于：外国的自然人、法人和其他组织；我国香港、澳门、台湾地区的自然人、法人和其他组织；定居在国外的中国公民等。这类股票被称为 B 股。B 股采取记名股票形式，以人民币标明股票面值，以外币认购、买卖，在境内证券交易所上市交易。

(2)境外上市外资股

境外上市外资股是指股份有限公司向境外投资者募集并在境外上市的股份。它也采取记名股票形式，以人民币标明面值，以外币认购。在境外上市时，可以采取境外存股凭证形式或者股票的其他派生形式。在境外上市的外资股除了应符合我国的有关法规外，还须符合上市所在地国家或者地区证券交易所制定的上市条件。

境外上市外资股主要由 H 股、N 股、L 股和 S 股等构成。在中国香港上市的外资股被称为“H 股”，在纽约、新加坡、伦敦上市的外资股分别被称为“N 股”“S 股”“L 股”。

高频考点七：审批制、核准制和注册制

股票发行监管制度主要有三种：审批制、核准制和注册制。审批制是完全计划发行的模式，核准制是从审批制向注册制过渡的中间模式，注册制则是依照法定条件进行证券发行申请注册的模式，是目前成熟股票市场普遍采用的模式。

2020 年 3 月 1 日起，中国股票发行开始全面推行注册制。未经依法注册，任何单位和个人不能公开发行证券。发行人股票在上海证券交易所科创板首次上市，应当经上交所审核并由中国证监会作出同意注册决定。

高频考点八：保荐制度和承销制度

(1)保荐制度

保荐制度是指有资格的证券公司推荐符合条件的公司公开发行股票和上市，对发行人的申请文件和信息披露资料进行审慎核查，督导发行人规范运作。

(2)承销制度

股票发行的最终目的是将股票销售给投资者。发行人销售证券的方法有两种：①自行销售，被称为“自销”；②委托他人代为销售，被称为“承销”。一般情况下，公开发行以承销为主。承销是发行人将股票销售业务委托给专门的证券经营机构(承销商)销售。承销方式有包销和代销两种。

①包销。包销是指承销商将发行人的股票按照协议全部购入或者在承销期结束时将售后剩余股票全部自行购入的承销方式。包销可分为全额包销和余额包销两种。全额包销，是指由承销商先全额购入发行人该次发行的股票，再发售给投资者的承销方式。余额包销，是指承销商按照协议到销售截止日将未售出的剩余股票全部自行购入的承销方式。

②代销。代销是指承销商代发行人发售股票，在承销期结束时，将未售出的股票全部退还给发行人的承销方式。

高频考点九：公开发行股票的基本条件

公开发行股票，是指发行人向不特定对象发行股票或向特定对象发行股票累计超过 200 人，但依法实施员工持股计划的员工人数不计算在内或法律、行政法规规定的其他发行行为。

我国新《证券法》(2020 年 3 月 1 日起施行)规定，公司首次公开发行新股，应当具备健全且运行良好的组织机构，具有持续经营能力，最近三年财务会计报告被出具无保留意见审计报告，发行人及其控股股东、实际控制人最近三年不存在贪污、贿赂、侵占财产、挪用财产或者破坏社会主义市场经济秩序的刑事犯罪，以及经国务院批准的国务院证券监督管理机构规定的其他条件。

高频考点十：首次公开发行股票并在主板(中小企业板)上市的规定

中国证监会发布的《首次公开发行股票并上市管理办法(2020 年修订)》规定，首次公开发行股票并上市应满足以下条件：

(1)发行人依法设立且持续经营时间在三年以上的股份有限公司，但经国务院批准的除外。有限责任公司按原账面净资产值折股整体变更为股份有限公司的，持续经营时间可以从有限责任公司成立之日起计算。

(2)发行人最近三年内主营业务和董事、高级管理人员没有发生重大变化，实际控制人没有发生变更。

(3)发行人规范运行。

(4)最近三个会计年度净利润均为正数且累计超过人民币3000万元，净利润以扣除非经常性损益前后较低者为计算依据。

(5)最近三个会计年度经营活动产生的现金流量净额累计超过人民币5000万元或者最近三个会计年度营业收入累计超过人民币3亿元。

(6)发行前股本总额不少于人民币3000万元。

(7)最近一期末无形资产(扣除土地使用权、水面养殖权和采矿权等后)占净资产的比例不高于20%。

(8)最近一期末不存在未弥补亏损。

(9)发行人的经营成果对税收优惠不存在严重依赖。

(10)发行人不存在重大偿债风险，不存在影响持续经营的担保、诉讼以及仲裁等重大或有事项。

(11)发行人不得有影响持续盈利能力的情形。

高频考点十一：创业板上市公司发行股票的规定

深圳证券交易所于2020年12月31日发布的《深圳证券交易所创业板股票上市规则(2020年12月修订)》规定发行人申请在深交所创业板上市，应当符合下列条件：

(1)符合中国证监会规定的创业板发行条件。

(2)发行后股本总额不低于3000万元。

(3)公开发行的股份达到公司股份总数的25%以上；公司股本总额超过4亿元的，公开发行股份比例为10%以上。

(4)市值及财务指标符合《深交所创业板股票上市规则》规定的标准。

(5)深交所要求的其他上市条件。

高频考点十二：科创板退市的特别规定

《上海证券交易所科创板股票上市规则》规定，科创板上市公司股票被终止上市的，不得申请重新上市。科创板上市公司可能退市的情形主要包括：①重大违法强制退市。②交易类强制退市。③财务类强制退市。④规范类强制退市。

高频考点十三：股票交易程序

(1)开户。中国证券登记结算有限责任公司设置投资者证券总账户(一码通账户)及子账户，投资者的证券账户由一码通账户及关联的子账户共同组成。开立证券账户应坚持合法性和真实性的原则。

(2)证券托管和证券存管。

(3)委托买卖。证券经纪商接受客户委托后应按“时间优先、客户优先”的原则进行申报竞价。

(4)竞价与成交。证券交易所内的证券交易按“价格优先、时间优先”原则竞价成交。采用集合竞价和连续竞价两种竞价方式。客户在委托买卖证券时，需支付佣金、过户费、印花税等多项费用和税收。

①价格优先。成交时价格优先的原则为：较高价格买入申报优先于较低价格买入申报，较低价格卖出申报优先于较高价格卖出申报。

②时间优先。成交时时间优先的原则为：买卖方向、价格相同的，先申报者优先于后申

报者。先后顺序按证券交易所交易主机接受申报的时间确定。

高频考点十四：证券委托的形式

(1)柜台委托：柜台委托是指委托人亲自或由其代理人到证券营业部交易柜台，根据委托程序和必需的证件采用书面方式表达委托意向，由本人填写委托单并签章的形式。

(2)非柜台委托：①人工电话委托或传真委托；②自助和电话自动委托；③网上委托。

高频考点十五：沪港通、深港通和沪伦通

(1)沪港通

沪港通包括沪股通、沪港通下的港股通两部分。

沪股通股票范围包括上证 180 指数成分股、上证 380 指数成分股和 A + H 股上市公司的上交所上市 A 股。(A + H 股上市公司是指在境内注册，其股票同时在香港联交所主板和上交所或者同时在香港联交所主板和深交的公司)

沪港通下的港股通的股票范围是联交所恒生综合大型股指数成分股、恒生综合中型股指数成分股和 A + H 股上市公司的 H 股。

(2)深港通

深港通包括深股通、深港通下的港股通两部分。

深股通的股票范围是成分股定期调整考察截止日前 6 个月 A 股日均市值不低于人民币 60 亿元的深证成分指数和深证中小创新指数的成分股，以及 A + H 股上市公司在深交所上市的 A 股。

深港通下的港股通的股票范围是恒生综合大型股指数的成分股、恒生综合中型股指数的成分股、成分股定期调整考察截止日前 12 个月港股平均月末市值不低于港币 50 亿元的恒生综合小型股指数成分股，以及 A + H 股上市公司在香港联交所上市的 H 股。

(3)沪伦通

沪伦通是指上交所与伦交所的互联互通机制，包括东西两个业务方向。

①东向业务指符合条件的伦交所上市公司在上交所主板上市中国存托凭证。

②西向业务指符合条件的上交所的 A 股上市公司在伦交所主板发行上市全球存托凭证。

高频考点十六：科创板的有关特别规定

科创板股票交易实行投资者适当性管理制度。个人投资者参与科创板股票交易，应当符合下列条件：①申请权限开通前 20 个交易日证券账户及资金账户内的资产日均不低于人民币 50 万元(不包括该投资者通过融资融券融入的资金和证券)。②参与证券交易 24 个月以上；③本所规定的其他条件。

高频考点十七：股票的价值

股票价值包括票面价值、账面价值、清算价值以及内在价值。

(1)票面价值：股票的票面价值又被称为面值，即在股票票面上标明的金额。

(2)账面价值：又被称为股票净值或每股净资产，在没有优先股的条件下，每股账面价值等于公司净资产除以发行在外的普通股票的股数。

(3)清算价值：股票的清算价值是公司清算时每一股份所代表的实际价值。

(4)内在价值：股票的内在价值即理论价值，即股票未来收益的现值。

高频考点十八：股价变动的影响因素

影响股价变动的基本因素包括：①公司经营状况。公司经营状况好，股价上升；反之，股价下跌；②行业与部门因素；③宏观经济与政策因素，主要涵盖经济增长、经济周期循环、货币政策、财政政策、市场利率、通货膨胀、汇率变化及国际收支状况；④影响股价变化的其他因素，包括政治及其他不可抗力的影响、心理因素、政策及制度因素、人为操纵因素。

高频考点十九：股票投资主要分析方法

股票投资分析方法主要有三大类：基本分析法、技术分析法、量化分析法。

(1)基本分析：又称“基本面分析法”，主要包括宏观经济分析、行业和区域分析、公司分析三大内容。

(2)技术分析法：技术分析法是仅从证券的市场行为来分析证券价格未来变化趋势的方法。技术分析的理论基础是建立在三个假设之上的，即市场的行为包含一切信息、价格沿趋势移动、历史会重复。技术分析理论的内容就是市场行为的内容。技术分析法主要有K线理论、切线理论、形态理论、技术指标理论、波浪理论和循环周期理论。

(3)量化分析法：是利用统计、数值模拟和其他定量模型进行证券市场相关研究的一种方法，具有“使用大量数据、模型和电脑”的显著特点。

高频考点二十：货币的时间价值、复利、现值和贴现

1. 货币的时间价值

货币的时间价值是货币随时间的推移而发生的增值。

2. 复利

货币时间价值的存在使得资金的借贷具有“利上加利”的特性，我们将其称之为复利。在复利条件下，一笔资金的期末价值(或称为终值、到期值)计算公式如下：

$$FV = PV \cdot (1+i)^{n}$$

若每期付息 m 次，则到期本利和变为：

$$FV = PV \cdot (1+i/m)^{mn}$$

3. 现值和贴现

对给定的终值(FV)计算现值的过程，称为贴现。现值(PV)计算公式为：

$$PV = FV/(1+i)^{m}$$

第五章　债券

高频考点一：债券的特征及分类

债券的特征是偿还性、流动性、安全性、收益性。偿还性是指债券有规定的偿还期限，债务人必须按期向债权人支付利息和偿还本金。债券收益可以表现为利息收入、资本损益、再投资收益三种形式。债券的分类如下：

(1)按发行主体分类。根据发行主体的不同，债券可以分为政府债券、金融债券和公司债券等主要类型。

(2)按付息方式分类。根据债券发行条款中是否规定在约定期限向债券持有人支付利息，债券可分为零息债券、附息债券、息票累积债券三类。

(3)按债券形态分类。债券有不同的形式，根据债券券面形态可以分为实物债券、凭证式债券和记账式债券。

(4)按利率是否固定分类。债券可以分为固定利率债券、浮动利率债券和可调利率债券。

(5)按期限长短分类。根据偿还期限的不同，债券可分为长期债券、短期债券和中期债券。偿还期限在 1 年以下的为短期债券；偿还期限在 10 年以上的为长期债券；期限在 1 年或 1 年以上、10 年以下(包括 10 年)的为中期债券。

(6)按发行方式分类。债券按发行方式可分为公募债券和私募债券。

(7)按信用状况分类。债券按信用状况分可以分为利率债和信用债。

高频考点二：债券和股票的区别

①权利不同(债券是债权凭证，股票是所有权凭证)。②目的不同。③主体不同。④期限不同。⑤收益不同。⑥风险不同(股票风险较大，债券风险相对较小)。

高频考点三：政府债券的特征

(1)安全性高(信用等级最高，被称为"金边债券")。

(2)流通性强。

(3)收益稳定。

(4)免税待遇。

高频考点四：金融债券、公司债券

(1)金融债券

金融债券是指银行及非银行金融机构依照法定程序发行并约定在一定期限内还本付息的有价证券。金融债券的利率通常低于一般的企业债券，但高于风险更小的国债和银行储蓄存款利率。

(2)公司债券

公司债券是公司依照法定程序发行的、约定在一定期限还本付息的有价证券。

高频考点五：国际债券

按照面值货币与发行债券市场的关系，国际债券可分为外国债券和欧洲债券。

在美国发行的外国债券被称为"扬基债券"，是由非美国发行人在美国债券市场发行的吸收美元资金的债券；在日本发行的外国债券被称为“武士债券”，是由非日本发行人在日本债券市场发行的以日元为面值的债券；在中国发行的以人民币计价的外国债券被称为“熊猫债券”；在英国发行的以英镑计价的外国债券被称为“猛犬债券”。

欧洲债券是指借款人在本国境外市场发行的、不以发行市场所在国货币为面值的国际债券。欧洲债券的特点是债券发行者、债券发行地点和债券面值所使用的货币可以分别属于不同的国家。

高频考点六：资产证券化

(1)资产证券化的定义

资产证券化是以特定资产组合或特定现金流为支持，发行可交易证券的一种融资形式。

(2)资产证券化的参与者

资产证券化涉及的当事人较多，主要包括发起人、特殊目的机构(SPV)、信用增级机构、信用评级机构、承销商、服务商及受托人。SPV 是介于发起人和投资者之间的中介机构，是资产支持证券的真正发行人。

高频考点七：国债的发行方式

(1)发行方式

我国国债的发行方式包括竞争性招标方式和承购包销方式

(2)记账式国债的承销程序

招标发行、分销。

(3)凭证式国债的承销程序

财政部一般委托中国人民银行分配承销数额。承销商在分得所承销的国债后，通过各自的代理网点发售。发售采取向购买人开具凭证式国债收款凭证的方式，发售数量不能突破所承销的国债量。

高频考点八：国债的销售价格的影响因素

国债销售价格的影响因素包括：①市场利率；②承销商承销国债的中标成本；③流通市场中可比国债的收益率水平；④国债承销的手续费收入；⑤承销商所期望的资金回收速度；⑥其他国债分销过程中的成本。

高频考点九：次级债

(1)商业银行次级债务

商业银行次级债务是指由银行发行的，固定期限不低于 5 年(含 5 年)，除非银行倒闭或清算，不用于弥补银行日常经营损失，且该项债务的索偿权排在存款和其他负债之后的商业银行长期债务。

(2)保险公司次级债务

保险公司次级定期债务，是指保险公司为了弥补临时性或阶段性资本不足，经批准募集，期限在 5 年以上(含 5 年)，且本金和利息的清偿顺序列于保单责任和其他负债之后，先于保险公司股权资本的保险公司债务。

(3)证券公司次级债务

证券公司次级债务指证券公司经批准向股东或其他符合条件的机构投资者定向借入的，清偿顺序在普通债务之后，先于证券公司股权资本的债务。次级债务分为长期次级债务和短期次级债务。证券公司借入期限在 2 年以上(含 2 年)的次级债务为长期次级债务，长期次级债务应当为定期债务；借入期限在3个月以上(含3个月)2年以下(不含2年)的次级债务为短期次级债务，短期次级债务不计入净资本。

高频考点十：混合资本债券

混合资本债券指商业银行为补充附属资本发行的、清偿顺序位于股权资本之前但列在一般债务和次级债务之后、期限在15年以上、发行之日起10年内不可赎回的债券。可以公开发行，也可以定向发行。

高频考点十一：远期交易和期货交易

远期交易是双方约定在未来某一时刻(或时间段内)按照现在确定的价格进行交易。期货交易是在交易所进行的标准化的远期交易，即交易双方在集中性的市场以公开竞价方式所进行的期货合约的交易。

远期交易和期货交易的区别主要表现在以下几个方面：

①交易场所不同。期货合约在交易所内交易，具有公开性，而远期合约在场外进行交易；

②合约的规范性不同。期货合约是标准化合约，远期合约的所有事项都要由交易双方一一协商确定；

③交易风险不同。期货交易不存在信用风险，只有价格变动的风险，远期交易存在信用风险；

④保证金制度不同。期货交易双方按规定比例缴纳保证金，远期交易的保证金(或被称为定金)是否要付、付多少，也都由交易双方确定；

⑤履约责任不同。期货合约具备对冲机制，履约回旋余地较大，远期合约如要中途取消，必须双方同意。

高频考点十二：债券的报价方式

债券买卖交易中有公开报价、对话报价、双边报价和小额报价四种报价方式。

高频考点十三：债券评级

(1)债券评级的定义

债券信用评级是以企业或经济主体发行的有价债券为对象进行的信用评级。债券信用评级大多是企业债券信用评级，是对具有独立法人资格企业所发行某一特定债券、按期还本付息的可靠程度进行客观公正的评估，并标示其信用程度的等级。

(2)信用评级的程序

评级业务程序一般包括评级准备、尽职调查、报告撰写、报告审核、等级评定、评级结果反馈与复评、评级结果公布、资料存档和跟踪评级等环节。

高频考点十四：债券估值原理

债券估值的基本原理就是现金流贴现。债券投资者持有债券，会获得利息和本金偿付。把现金流入用适当的贴现率进行贴现并求和，便可得到债券的理论价格。

高频考点十五：债券贴现率的确定

债券的贴现率是投资者对该债券要求的最低回报率，也被称为必要回报率。其计算公式为：

$$债券必要回报率 = 真实无风险收益率 + 预期通货膨胀率 + 风险溢价$$

真实无风险收益率指真实资本的无风险回报率，理论上由社会资本平均回报率决定。预期通货膨胀率是对未来通货膨胀率的估计值。风险溢价根据各种债券的风险大小而定，是投资者因承担投资风险而获得的补偿。债券投资的主要风险因素包括违约风险（信用风险）、流动性风险、汇率风险等。

高频考点十六：利率期限结构的理论

在任一时点上，都有三种因素影响期限结构的形状：对未来利率变动方向的预期、债券预期收益中可能存在的流动性溢价、市场效率低下或者资金从长期（或短期）市场向短期（或长期）市场流动可能存在的障碍。利率期限结构理论就是基于这三个因素分别建立起来的。

（1）市场预期理论。市场预期理论又被称为无偏预期理论，认为利率期限结构完全取决于对未来即期利率的市场预期。如果预期未来即期利率上升，则利率期限结构呈上升趋势；如果预期未来即期利率下降，则利率期限结构呈下降趋势。

（2）流动性偏好理论。在流动性偏好理论中，如果预期利率上升，其利率期限结构是向上倾斜的；如果预期利率下降的幅度较小，其利率期限结构虽然是向上倾斜的，但两条曲线趋向于重合；如果预期利率下降较多，其利率期限结构是向下倾斜的。

（3）市场分割理论。如果短期资金市场供需曲线交叉点利率高于长期资金市场供需曲线交叉点利率，利率期限结构则呈现向下倾斜的趋势；如果短期资金供需曲线交叉点利率低于长期资金市场供需曲线交叉点利率，利率期限结构则呈现向上倾斜的趋势。

第六章　证券投资基金

高频考点一：证券投资基金的概念及特点

（1）概念

投资基金是指通过向投资者募集资金，形成独立基金财产，由专业投资机构（基金管理人）进行基金投资与管理，由基金托管人进行资产托管，由基金投资人共享投资收益、共担投资风险的一种集合投资方式。

（2）特点

①集合理财、专业管理；②组合投资、分散风险；③利益共享、风险共担；④严格监管、信息透明；⑤独立托管、保障安全。

（3）私募基金与公募基金

根据募集方式的不同，可将投资基金分为公募基金与私募基金两大类。公募基金是指向不特定投资者公开进行资金募集的基金；私募基金是只能采取非公开方式、向特定合格投资者进行资金募集的基金。

高频考点二：证券投资基金与股票、债券的区别

（1）反映的经济关系不同

股票反映所有权关系，债券反映债权债务关系，而基金反映信托关系。

（2）筹集资金的投向不同

股票和债券是直接投资工具，筹集的资金主要投向实业，而基金是间接投资工具，筹集的资金主要投向有价证券等金融工具。

（3）收益风险水平不同

股票风险较大，债券风险较小，基金风险小于股票，但收益大于债券。

高频考点三：封闭式基金与开放式基金

按基金运作方式划分，可分为封闭式基金和开放式基金。封闭式基金是指基金份额在存续期内固定不变，基金份额可以在依法设立的证券交易场所交易，但基金份额持有人不得申请赎回的基金。开放式基金是指基金份额总额不固定，基金份额可以在基金合同约定的时间和场所申购及赎回的基金。

两者的主要区别是：

（1）期限不同：封闭式基金有固定的存续期，通常在5年以上，一般为10年或15年。开放式基金没有固定期限。

（2）发行规模限制不同：封闭式基金的基金规模是固定的，在封闭期限内未经法定程序认可不能增加发行。开放式基金没有发行规模限制，投资者可提出申购或赎回申请，基金规模随之增加或减少。

（3）基金份额交易方式不同：封闭式基金的基金份额在封闭期限内不能赎回，持有人只能在证券交易场所交易。开放式基金的投资者可以在首次发行结束一段时间后，向基金管理人或基金销售机构提出申购或赎回申请。

（4）价格形成方式不同。

(5)激励约束机制与投资策略不同。

高频考点四：交易所交易基金(ETF)和上市开放式基金(LOF)

(1)交易所交易基金(ETF)

ETF 通常是以某一选定的指数所包含的成分证券为投资对象，依据构成指数的证券种类和比例，采用完全复制或抽样复制的方法进行被动投资的指数型基金。ETF 在交易所上市交易，基金份额可变，其最大的特点是实物申购、赎回机制。ETF 实行一级市场和二级市场并存的交易制度。

(2)上市开放式基金(LOF)

LOF 是一种既可以同时在场外市场进行基金份额申购、赎回，又可以在交易所进行基金份额交易和基金份额申购或赎回，并通过份额转托管机制将场外市场与场内市场有机地联系在一起的一种开放式基金。

高频考点五：基金市场参与主体

(1)基金市场的参与主体分为基金当事人、基金服务机构、基金的监管机构和自律组织三大类。基金当事人包括基金份额持有人、基金管理人、基金托管人。

(2)基金服务机构包括基金管理人、基金托管人、基金销售机构、基金销售支付机构、基金份额登记机构、基金投资顾问机构、基金评价机构、基金信息技术系统服务机构及其他。

(3)基金的自律组织主要有基金行业自律组织和证券交易所。

高频考点六：基金的募集程序

基金的募集一般要经过申请、注册、发售、基金合同生效四个步骤。

高频考点七：开放基金认购

(1)步骤

开放式基金认购一般分为开户、认购与确认三个步骤。

(2)开放基金认购份额计算

根据规定，基金认购费用将统一按净认购金额为基础收取，相应的基金认购费用与认购份额的计算公式为：

净认购金额 = 认购金额/(1 + 认购费率)

认购费用 = 认购金额 − 净认购金额

认购份额 = (净认购金额 + 认购利息)/基金份额初始面值

(3)开放式基金的申购

申购指申请购买基金份额的行为。申购基金时，基金申购价格未知，申购份额通常在 T+2 日内确认，确认后的下一个工作日就可以赎回基金份额。

高频考点八：封闭式基金的交易

封闭式基金的交易遵从“价格优先、时间优先”的原则。封闭式基金的报价单位为每份基金价格。基金的申报价格最小变动单位为 0.001 元人民币，买入与卖出封闭式基金份额申报数量应当为 100 份或其整数倍，单笔最大数量应低于 100 万份。

高频考点九：基金资产估值

(1)概念

基金资产估值是指通过对基金所拥有的全部资产及所有负债按一定的原则和方法进行估

算，进而确定基金资产公允价值的过程。基金资产净值 = 基金资产总值 − 基金负债。

(2)基金资产估值需考虑的因素

①估值频率；②交易价格的公允性；③估值方法的一致性及公开性。

高频考点十：基金的费用

在基金运作过程中涉及的费用可以分为两大类：①基金销售过程中发生的由基金投资者承担的费用，主要包括申购费(认购费)、赎回费及基金转换费等；②基金管理过程中发生的费用，主要包括基金管理费、基金托管费、持有人大会费用、信息披露费等，这些费用由基金资产承担。

基金管理费、基金托管费及基金销售服务费均是按照前一日基金资产净值的一定比例逐日计提，按月支付。

我国基金的交易费主要包括印花税、佣金、过户费、经手费、证管费。

基金运作费包括审计费、律师费、上市年费、信息披露费、分红手续费、持有人大会费、开户费、银行汇划手续费等

高频考点十一：基金收入的来源及利润分配方式

(1)基金收入的来源

基金收入主要包括利息收入、投资收益以及其他收入。

(2)不同类型基金利润分配的原则

①封闭式基金分配方式。根据规定，封闭式基金只能采用现金分红。

②开放式基金分配方式。开放式基金的分红方式有现金分红和红利再投资转换为基金份额两种。

③货币市场基金分配方式。根据《货币市场基金监督管理办法》，对于每日按照面值进行报价的货币市场基金，可以在基金合同中将收益分配的方式约定为红利再投资，并应当每日进行收益分配。

高频考点十二：基金投资管理过程

(1)研究部门提供研究报告；(2)投资决策委员会决定基金总体投资计划；(3)基金经理拟订投资组合具体方案；(4)交易部门依据基金经理的投资指令执行交易。

高频考点十三：基金投资风险管理

基金投资面临外部风险与内部风险。

(1)外部风险包括市场风险、政策风险等系统性风险和信用风险、经营风险等非系统性风险。

(2)内部风险包括基金管理人的合规风险、操作风险和职业道德风险等。

外部风险根据是否可以通过分散投资来降低风险的标准划分为系统性风险和非系统性风险。内部风险多属于非系统性风险。

高频考点十四：基金业绩评估

(1)考虑因素

①投资目标与范围；②基金风险水平；③基金规模；④时期选择。

系统的基金业绩评估需要从四个方面入手：计算绝对收益；计算风险调整后收益；计算相对收益；进行业绩归因。

(2)基金业绩评价指标

①特雷诺指数：特雷诺指数表示的是基金承受每单位系数风险所获取风险收益的大小，特雷诺指数越大，基金的绩效表现越好；

②夏普指数：夏普指数同时考虑了系统风险和非系统性风险，夏普指数越大，表示基金绩效越好；

③詹森指数：詹森指数是一种在风险调整基础上的绝对绩效度量方法，表示在完全的风险水平情况下，基金经理对证券价格的准确判断能力。

高频考点十五：基金监管

(1)基金监管的目标

基金监管的目标是：①保护投资人及相关当事人的合法权益；②规范基金活动，保证市场的公平、效率和透明，降低系统风险；③促进证券投资基金和资本市场的健康发展。

中国证券投资基金业协会作为我国证券业的自律性组织，对基金业实施行业自律管理；此外证券交易所负责组织和监督基金的上市交易，并对上市交易基金的信息披露进行监督。

(2)基金监管内容

①对基金机构的监管，包括对基金管理人、基金托管人、基金服务机构等的监管；

②对公募基金募集的监管；

③对公募基金销售活动的监管；

④对公募基金投资与交易行为的监管；

⑤对公募基金信息披露的监管。

高频考点十六：基金信息披露

(1)禁止性规定

①禁止进行虚假记载、误导性陈述或者重大遗漏；②禁止对基金的证券投资业绩进行预测；③禁止违规承诺收益或者承担损失；④禁止诋毁其他基金管理人、托管人或者基金销售机构；⑤禁止登载任何自然人、法人或者其他组织的祝贺性、恭维性或推荐性的文字。

(2)基金信息披露的分类

基金信息披露大致可分为基金募集信息披露、运作信息披露和临时信息披露三大类。

基金募集信息披露可以分为首次募集信息披露和存续期募集信息披露。

基金运作信息披露文件包括基金份额上市交易公告书(封闭式基金)、基金净值公告、基金年度报告、中期报告、季度报告(含资产组合季度报告)。基金管理人应在每个季度结束之日起 15 个工作日内编制完成基金季度报告，基金管理人应在会计年度的上半年结束之日起 2 个月内编制完成基金中期报告，基金年度报告在会计年度结束后 3 个月内经过审计后予以公告。

基金发生重大事件，有关信息披露义务人应当在两日内编制临时报告书，并登载在指定报刊和指定网站上。

高频考点十七：私募基金

(1)合格投资者

私募基金应当向合格投资者募集，合格投资者累计不得超过 200 人。合格投资者是指具备相应风险识别和承担能力，投资于单只私募基金的金额不低于 100 万元人民币且符合下列相关标准的单位和个人：

①净资产不低于 1000 万元的单位。

②金融资产不低于300万元或者最近3年个人年均收入不低于50万元的个人。

其中，金融资产包括银行存款、股票、债券、基金份额、资产管理计划、银行理财产品、信托计划、保险产品、期货权益等。

下列投资者视为合格投资者：①社会保障基金、企业年金等养老基金、慈善基金等社会公益基金；②依法设立并在基金业协会备案的投资计划；③投资于所管理私募基金的私募基金管理人及其从业人员；④中国证监会规定的其他投资者。

(2)不得推介的渠道

①公开出版资料；②面向社会公众的宣传单、布告、手册、信函、传真、海报、户外广告；③电视、电影、电台及其他音像等公共传播媒体；④公共、门户网站链接广告、博客等；⑤未设置特定对象确定程序的讲座、报告会、分析会，以及募集机构官方网站、微信朋友圈等互联网媒介；⑥未设置特定对象确定程序的电话、短信和电子邮件等通信媒介；⑦法律行政法规、中国证监会的有关规定和中国基金业协会自律规则禁止的其他行为。

第七章　金融衍生工具

高频考点一：金融衍生工具的定义、特征和分类

(1)定义、特征

金融衍生工具指建立在基础产品或基础变量之上，其价格取决于基础金融产品价格(或数值)变动的派生金融产品。其基本特征有：跨期性、杠杆性、联动性、不确定性或高风险性。

(2)分类

①按产品形态可分为独立衍生工具和嵌入式衍生工具；

②按照金融衍生工具自身交易的方式及特点可分为金融远期合约、金融期货、金融期权、金融互换和结构化金融衍生工具；

③按照基础工具种类可分为股权类产品的衍生工具、货币衍生工具、利率衍生工具、信用衍生工具以及其他衍生工具；

④按照交易场所可分为交易所交易的衍生工具、场外交易市场(简称 OTC)交易的衍生工具。

高频考点二：金融衍生工具发展

(1)发展动因

①金融衍生工具产生的最基本原因是避险；

②20 世纪 80 年代以来的金融自由化进一步推动了金融衍生工具的发展；

③金融机构的利润驱动是金融衍生工具产生和迅速发展的又一重要原因；

④新技术革命为金融衍生工具的产生与发展提供了物质基础与手段。

(2)发展现状

①金融衍生工具以场外交易为主；

②利率衍生品是名义金额最大的衍生品种类；

③远期和互换这两类具有对称性收益的衍生产品比收益不对称的期权类产品大得多；

④场外利率类衍生品名义金额下降较多，场外衍生品整体呈下降趋势，而场内衍生品却大幅增长。

金融衍生工具未来仍将具有很大的发展空间。

高频考点三：金融远期合约、金融期货、金融期权、金融互换

(1)金融远期合约是指交易双方在场外市场上通过协商，按约定价格(被称为远期价格)在约定的未来日期(交割日)买卖某种标的金融资产(或金融变量)的合约。金融远期合约主要包括远期利率协议、远期外汇合约、远期股票合约等。

(2)金融期货是指交易双方在集中的交易场所以公开竞价方式进行的标准化金融期货合约的交易。主要包括货币期货、利率期货、股票指数期货和股票期货四种。

(3)金融期权是指合约买方向卖方支付一定费用(被称为期权费或期权价格)，在约定日期内(或约定日期)享有按事先确定的价格向合约卖方买卖某种金融工具的权利的契约。

(4)金融互换是指两个或两个以上的当事人按共同商定的条件，在约定的时间内定期交换现金流的金融交易。金融互换可分为货币互换、利率互换、股权互换、信用违约互换等类别。

高频考点四：金融期货和金融期权的区别

(1)基础资产不同。一般来说，凡可作期货交易的金融工具都可作期权交易，然而，可作期权交易的金融工具却未必可作期货交易。

(2)交易者权利与义务的对称性不同。金融期货交易双方的权利与义务对称，金融期权交易双方的权利与义务存在着明显的不对称性，期权的买方只有权利没有义务，而期权的卖方只有义务没有权利。

(3)履约保证不同。金融期货交易双方均需开立保证金账户，并按规定缴纳履约保证金。而在金融期权交易中，期权出售者需开立保证金账户，并按规定缴纳保证金，期权的购买者无须开立保证金账户，也无须缴纳保证金。

(4)现金流转不同。金融期货交易成交后，由于实行逐日结算制度，交易双方将因价格的变动而发生现金流转，而期权交易成交后，除了到期履约外，交易双方将不发生任何现金流转。

(5)盈亏特点不同。金融期货交易中双方潜在的盈利和亏损都是无限的。期权购买者潜在亏损是有限的，可能取得的盈利却是无限的；期权出售者所取得的盈利是有限的，而可能遭受的损失却是无限的。

(6)套期保值的作用与效果不同。

高频考点五：金融期货的主要交易制度

金融期货的主要交易制度包括：集中交易制度、标准化的期货合约和对冲机制、保证金制度、结算所和无负债结算制度、限仓制度、大户报告制度、每日价格波动限制及断路器规则、强行平仓制度、强制减仓制度。

高频考点六：金融期货的基本功能

(1)套期保值。套期保值的基本做法是在现货市场买进或卖出某种金融工具的同时，做一笔与现货交易品种、数量、期限相当但方向相反的期货交易。

(2)价格发现。期货价格具有预期性、连续性和权威性的特点，能够比较准确地反映出未来商品价格的变动趋势。

(3)投资功能。期货市场上的投机者也会利用对未来期货价格走势的预期进行投机交易，预计价格上涨的投机者会建立期货多头；反之，则建立空头。

(4)套利功能。期货套利是指利用同一合约在不同市场上可能存在的短暂价格差异进行买卖，赚取价差，被称为“跨市场套利”。包括跨品种套利和跨期限套利。

高频考点七：金融期权

(1)定义

金融期权指购买者在向出售者支付一定费用后，就获得了能在规定期限内以某一特定价格向出售者买进或卖出一定数量的某种金融工具的权利。期权交易实际上是一种权利的单方面有偿让渡。

(2)分类

①按照选择权的性质划分，金融期权可以分为看涨期权和看跌期权。

②按照合约所规定的履约时间的不同，金融期权可以分为欧式期权、美式期权和修正的

美式期权。欧式期权只能在期权到期日执行；美式期权则可在期权到期日或到期日之前的任何一个营业日执行；修正的美式期权也被称为“百慕大期权”或“大西洋期权”，可以在期权到期日之前的一系列规定日期执行。

③按照金融期权基础资产性质的不同，金融期权可以分为股权类期权、利率期权、货币期权、金融期货合约期权、金融互换期权、奇异型期权等。

(3)金融期权的基本功能

金融期权具有以下四个基本功能：套期保值功能、价格发现功能、投机功能、盈利功能。

高频考点八：可转换债券

(1)定义

可转换债券是指其持有者可以在一定时期内按一定比例或价格将之转换成一定数量的另一种证券的证券，可转换债券通常是转换成普通股票。

(2)特征

①可转换债券是一种附有转股权的特殊债券；

②可转换债券具有双重选择权的特征。

(3)可转换债券的发行条件

公开发行可转换债券的公司除应当符合组织机构健全、运行良好、盈利能力具有可持续性、上市公司的财务状况良好等要求外，还应当符合下列规定：

①最近3个会计年度加权平均净资产收益率平均不低于6%。扣除非经常性损益后的净利润与扣除前的净利润相比，以低者作为加权平均净资产收益率的计算依据；

②本次发行后累计公司债券余额不超过最近一期末净资产额的40%；

③最近3个会计年度实现的年均可分配利润不少于公司债券1年的利息。

高频考点九：可交换债券的发行条件

可交换债券是指上市公司的股东依法发行、在一定期限内依据约定的条件可以交换成该股东所持有的上市公司股份的公司债券。申请发行可交换债券，应当符合下列规定：

(1)申请人应当是符合《公司法》《证券法》规定的有限责任公司或者股份有限公司。

(2)公司组织机构健全，运行良好，内部控制制度不存在重大缺陷。

(3)公司最近一期末的净资产额不少于人民币3亿元。

(4)公司最近三个会计年度实现的年均可分配利润不少于公司债券一年的利息。

(5)本次发行后累计公司债券余额不超过最近一期末净资产额的40%。

(6)本次发行债券的金额不超过预备用于交换的股票按募集说明书公告日前20个交易日均价计算的市值的70%，且应当将预备用于交换的股票设定为本次发行的公司债券的担保物。

(7)经资信评级机构评级，债券信用级别良好。

(8)不存在《公司债券发行试点办法》第八条规定的不得发行公司债券的情形。

高频考点十：可转换债券和可交换债券的区别

(1)发行主体不同

可交换债券的发行主体是上市公司的股东，而可转换债券的发行主体是上市公司本身。

(2)用于转股的股份来源不同

可交换债券的股份来源是发行人持有的其他公司已发行在外股份，而可转换债券的股份来源通常是发行人本身未来将发行的新股。

(3)转股对公司股本的影响不同

可转换债券的转股会使标的股票总股本扩大，而可交换债券的转股不会影响标的股票总股本的数量。

高频考点十一：结构化金融衍生产品

结构化金融衍生产品是运用金融工程结构化方法，将若干种基础金融商品和金融衍生产品相结合设计出的新型金融产品。结构化金融衍生产品按联结的基础产品分类可分为股权联结型产品(其收益与单只股票、股票组合或股票价格指数相联系)、利率联结型产品、汇率联结型产品、商品联结型产品等种类。

第八章　金融风险管理

高频考点一：风险

(1)风险是结果的不确定性，是一种变化。

(2)风险是损失发生的可能性，或可能发生的损失。

(3)风险是结果对期望的偏离，是(收益的)波动性。

风险是潜在的损失，即损失的可能性。但是，风险只是损失的可能性，并不等于损失。

高频考点二：风险管理的策略与流程

风险管理策略主要包括风险规避、风险控制、风险分散、风险对冲、风险转移、风险补偿与准备金。

风险管理的流程主要包括风险的识别，风险的衡量(敏感性分析法、波动性分析法和压力测试)，风险的应对，风险的监测、预警与报告。

高频考点三：风险管理的组织架构

(1)董事会及其委员会。承担全面风险管理的最终责任。

(2)高级管理层。对全面风险管理承担主要责任。

(3)风险管理部。在首席风险官的领导下推动全面风险管理工作。

(4)子公司。证券公司将子公司的风险管理纳入统一体系，进行垂直管理。

(5)“三道防线”。业务条线部门是第一道防线，风险管理部门和合规部门是第二道防线，内部审计是第三道防线。

高频考点四：风险限额

风险限额主要分为信用风险限额、市场风险限额、操作风险限额、流动性风险限额、国别风险限额。其中，常用的信用风险限额指标包括：单一客户贷款集中度限额、单一集团客户授信集中度限额、行业限额等。市场风险限额指标包括：VaR 限额，产品或组合敞口限额、敏感度限额、止损限额等；

风险限额管理包括风险限额设定、风险限额监测、超限额处置等环节。

高频考点五：资本充足

(1)资本的定义：资本是金融机构自身拥有的或能永久支配、使用的资金，是金融机构从事经营活动必须注入的资金。

(2)资本功能：为金融机构提供融资；抵御风险损失；向债权人和投资者树立信心；限制业务过度扩张和承担风险；维持金融体系的稳定。

(3)资本的主要类别

①账面资本是各种形式的具有资本本质的项目，依据一定的会计方法和规则，在资产负债表上反映出来的资本。

②经济资本是金融机构为了吸收一定置信水平下的非预期损失而应该具备的资本，数量上等于公司整体损失分布中给定置信水平的在险价值。

③监管资本是按照监管当局的要求计算的资本，金融机构应满足监管的最低要求。

高频考点六：压力测试

压力测试是指证券公司采用以定量分析为主的风险分析方法，测算压力情景下净资本和流动性等风险控制指标、财务指标、证券公司内部风险限额及业务指标的变化情况，评估风险承受能力，并采取必要应对措施的过程。压力测试的原则包括全面性原则、实践性原则、审慎性原则、前瞻性原则。

高频考点七：市场风险的定义、类型及市场风险衡量

(1)市场风险的定义：是指因市场价格变量波动而给经济主体带来损益的风险。

(2)市场风险的类型：根据导致市场风险因素的不同，市场风险一般划分为利率风险、外汇风险、股票价格风险和商品风险四种类型。

(3)市场风险衡量：①敏感性分析。②波动性分析。包括波动率和方差、VaR、期望尾损失。

高频考点八：市场风险的应对

(1)限额管理

常用的市场风险限额包括交易限额、风险限额、止损限额、敏感度限额、情景限额等。

(2)估值管理

主要的估值方法包括盯市和盯模。盯市即按市场价格计值。对存在活跃市场的金融工具或产品，采用盯市法确定市场价格。盯模即按模型计值，当按市场价格计值存在困难时，金融机构可以按照数理模型确定的价值计值。

(3)对冲管理

风险对冲是指通过投资或购买与标的资产收益波动负相关的某种资产或衍生产品，来冲抵标的资产潜在的风险损失的一种风险管理策略，是市场风险缓释措施中十分重要的一种。

(4)绩效和激励管理

高频考点九：证券类机构面临的主要信用风险

按照证券类机构业务类型分类，信用风险主要来自但不限于以下几类业务：①股票质押式回购交易、约定购回式证券交易、融资融券等融资类业务；②互换、场外期权、远期、信用衍生品等场外衍生品业务；③债券投资交易(包括债券现券交易、债券回购交易、债券远期交易、债券借贷业务等债券相关交易业务)，债券包括但不限于国债、地方债、金融债、政府支持机构债、企业债、非金融企业债务融资工具、公司债、资产支持证券、同业存单；④非标准化债权资产投资；⑤其他涉及信用风险的自有资金出资业务。

对于证券类机构来说，交易对手信用风险主要来源于自营非权益类交易和融资类业务。

高频考点十：5Cs 系统

5Cs 系统用于企业信用分析。5Cs 系统是指品德(Character)、资本(Capital)、还款能力(Capacity)、抵押(Collateral)、经营环境(Condition)。

高频考点十一：交易对手信用风险管理

巴塞尔委员会为完善交易对手信用风险的监管出台了以下相应措施：净额结算、提高抵押品和保证金要求、中央交易对手、信用衍生品市场对冲、交易对手信用风险的资本计量和资本监管。

高频考点十二：信用风险管理工具

信用风险管理工具包括传统信用风险缓释、信用风险转移、信用组合管理。

高频考点十三：流动性

流动性包括三个层面的含义：资产的流动性、机构流动性和市场的流动性。

资产的流动性是对流动性的一种常见理解，指资产迅速变现而不受损失的能力；机构流动性包含两层含义：第一，金融机构应该有能力满足其到期的偿债义务，第二，当金融机构的现金流不足以满足其债务要求的时候，该现金流不足可以比较容易地通过内部或外部的多种融资渠道得到满足；市场流动性是指市场使投资者迅速、低成本地交易金融资产的能力。

高频考点十四：流动性风险

流动性风险，是指金融市场参与者无法以合理成本及时获得充足资金，以偿付到期债务、履行其他支付义务和满足正常业务开展的资金需求的风险，通常被分为融资流动性风险和资产流动性风险。

高频考点十五：流动性风险的衡量指标

(1)资产负债结构指标

①流动比率：流动比率 = 流动资产/流动负债

②速动比率：速动比率 = 速动资产/流动负债

速动资产 = 流动资产 - 存货

③净稳定资金率：净稳定资金率 = 可用稳定资金/所需稳定资金 ×100%

④资产负债久期：$D_{GAP} = D_A - UD_L$

(2)证券公司必须持续符合的风险控制指标标准

①风险覆盖率不得低于 100%。

②资本杠杆率不得低于 8%。

③流动性覆盖率不得低于 100%。

④净稳定资金率不得低于 100%。

高频考点十六：操作风险

(1)定义

操作风险是指由不完善或有问题的内部流程、人员和系统以及外部事件所造成损失的风险。该定义包括法律风险，但不包括战略风险和声誉风险。

(2)评估

①风险控制自我评估；②关键风险指标；③损失数据收集。

高频考点十七：声誉风险、国别风险

声誉风险是指由经营、管理及其他行为或外部事件导致利益相关方对金融机构产生负面评价的风险。

国别风险是指由于某一国家或地区经济、政治、社会变化及事件，导致该国家或地区债务人没有能力或者拒绝履行证券公司债务，或使证券公司在该国家或地区的商业存在遭受损失，或使证券公司遭受其他损失的风险。